BIBLIOTHEK FÜRS LEBEN

GESUND ESSEN DURCHS JAHR

Die beste Ernährung
für jeden Monat

SARAH SCHOCKE

BIBLIOTHEK FÜRS LEBEN

GESUND ESSEN DURCHS JAHR

Die beste Ernährung für jeden Monat

»Gesundheit ist nicht selbstverständlich – Gesundheit ist ein Geschenk. Wenn Sie sorgsam damit umgehen, haben Sie vermutlich noch lange etwas davon.«

Geht es Ihnen auch so, dass Sie gar nicht bewusst darüber nachdenken, was für ein Glück es ist, gesund zu sein? Die Pandemie hat gezeigt, wie schnell sich das ändern kann – und was für eine Beeinträchtigung und einschneidende Veränderung Krankheiten für jeden von uns bedeuten.

Mit diesem Buch möchte ich Sie ermutigen, das ganze Jahr über in Ihre Gesundheit zu investieren, sie nicht als selbstverständlich anzunehmen, sondern sich ihr zuzuwenden und aktiv etwas für sich zu tun. Ernährung ist eine wichtige Säule, wenn es um Gesunderhaltung geht. Die anderen sind Bewegung, Entspannung und guter, ausreichender Schlaf. Dieses Buch stellt die erste Säule – ausgewogene Ernährung – in den Fokus. Der Schwerpunkt liegt dabei auf saisonalen, regionalen Lebensmitteln, die voller Nährstoffe stecken, aus heimischer Landwirtschaft stammen und mit kurzen Transportwegen in die Märkte gelangen.

In zwölf Kapiteln lernen Sie Monat für Monat neben saisonalen Lebensmitteln einen anderen Aspekt von gesunder Ernährung kennen. Sie werden schnell feststellen, dass diese für jeden Menschen unterschiedlich aussehen kann. Sie haben keine Lust auf Fasten im März? Kein Problem, aber vielleicht interessiert Sie ja doch das ein oder andere Fastenritual oder Sie testen ein saisonales Rezept? Machen Sie einfach »Gesund Essen durchs Jahr« zu »Mein gesundes Essen durchs Jahr«.

Dieses Buch lädt Sie dazu ein, in kurzen Kapiteln unterschiedliche Bereiche gesunder Ernährung kennenzulernen und so am Ball zu bleiben. Entdecken Sie kreative Rezepte für alte und neue Bekanntschaften aus dem Obst- und Gemüsereich, beherzigen Sie den ein oder anderen Tipp und bleiben Sie mit Freude und Neugier dabei. Es geht nicht darum, abzunehmen, superfit zu werden oder jeden Monat ein strenges Programm durchzuziehen. Es wäre schön, wenn mein Buch in Ihnen die Lust wecken würde, in gesunde Ernährung einzutauchen und hier und da mal etwas Neues auszuprobieren. Ich freue mich, wenn Sie Ihre Gesundheit nicht als Selbstverständlichkeit, sondern als Geschenk betrachten. Und wenn Sie das dazu motiviert, an der ein oder anderen Alltagsschraube zu drehen.

Viel Spaß beim Schwelgen, Mitmachen und Ausprobieren wünscht Ihnen
Sarah Schocke

JANUAR

Ein neues Jahr beginnt und damit auch die Saison der guten Vorsätze. Warum nicht im Januar mal vegan starten? Sind Sie dabei?

GESUND UND KLIMAFREUNDLICH INS NEUE JAHR

Probieren Sie doch, einen Monat lang vegan zu essen: Veganuary. Das neue Jahr ist für viele von uns ein Neustart. Alles ist möglich.

Mit dem ersten Januar und dem Start in ein neues Jahr nehmen sich viele Menschen Dinge vor, die aus ihrer Sicht dringend anders werden müssen. Mit dem Rauchen aufhören, mehr Bewegung und Sport, weniger Zucker oder Pfunde auf den Hüften stehen auf der Hitliste der guten Vorsätze ganz oben. Alle eint der Wunsch nach einem gesünderen Leben. Nie ist die Bereitschaft zur Veränderung von Gewohnheiten größer als im Januar.

Eine internationale Organisation hat sich daher den weltweit existierenden Januarspirit zunutze gemacht. Sie ruft dazu auf, sich einen Monat lang rein pflanzlich zu ernähren und gemeinsam den Veganuary zu feiern. Auch Unternehmen schließen sich mittlerweile der Kampagne an und lenken die Lust zur Veränderung auf die pflanzliche Ernährung: Pack's an – koch vegan. Warum? Sehen wir uns die Auswirkungen einer Ernährung genauer an, die auf tierischen Produkten basiert.

Unser Essen beeinflusst unsere Gesundheit

Während die Deutsche Gesellschaft für Ernährung (DGE) empfiehlt, pro Woche maximal 300–600 g Fleisch zu essen, liegen hierzulande im Schnitt ganze 1,2 kg auf den Tellern und in den Brotboxen. Das ist doppelt bis viermal so viel wie angeraten und hat negative Auswirkungen – nicht nur auf das Klima, sondern auch auf die eigene Gesundheit. Vor allem industriell verarbeitete Fleisch- und Wurstwaren haben den Ruf, ungesund zu sein. Zu Recht? Fakt ist: Sowohl beim Erhitzen von Fleisch als auch beim Pökeln – eine Salzbehandlung zur Haltbarmachung – entstehen gesundheitsgefährdende Stoffe. Kommen also jeden Tag große Mengen Fleisch und Wurst auf den Teller, kann das Ihrer Gesundheit schaden. Daher die Empfehlung, den Anteil dieser Lebensmittel zu reduzieren.

Aber auch ein hoher Milchkonsum ist nicht unumstritten. Milch enthält zwar unter anderem reichlich Kalzium sowie Protein und wird als wichtiges Lebensmittel für die Knochenstabilität angesehen, aber verschiedene Studien zeigen das vermeintliche Powerlebensmittel in einem anderen Licht. Beispielsweise kann man sich die Frage stellen, warum in Ländern, in denen viel Milch getrunken wird, etwa in Schweden, im Alter bis zu dreimal häufiger Hüftfrakturen auftreten im Vergleich zu Ländern mit einem niedrigen Milchkonsum (China, Indonesien). Einerseits schützen fermentierte Milchprodukte (Joghurt) vor Darmkrebs, gleichzeitig steigt das Erkrankungsrisiko für andere Krebsarten. Hier besteht noch reichlich Forschungsbedarf. Wie bei Fleisch und Wurstwaren gilt auch für Milch- und Milchprodukte: Sie liefern wichtige Nährstoffe, bergen aber auch Gesundheitsrisiken. Daher lieber moderat statt massig genießen.

DER VORTEIL PFLANZLICHER KOST

Naturbelassene, pflanzliche Lebensmittel wie Obst, Gemüse, Nusskerne oder Hülsenfrüchte hingegen haben deutlich positive Auswirkungen auf die Gesundheit. Sie versorgen den Körper nicht nur mit jeder Menge Vitamine, Mineral- und Ballaststoffe, sie mindern auch das Risiko für Bluthochdruck, Herz-Kreislauf- und bestimmte Krebserkrankungen, kräftigen das Immunsystem und unterstützen die Verdauung. Übrigens: Die gesundheitsförderlichen Ballaststoffe und sekundären Pflanzenstoffe werden ausschließlich von Pflanzen gebildet. Was Ballaststoffe noch können: Sie sorgen für einen vitalen Darm, der wiederum Auswirkungen auf den Gesamtorganismus hat: vom Immunsystem bis zu den grauen Zellen (mehr dazu s. S. 197). Auch beim Thema Gewichtsmanagement rückt bei Forschenden eine gesunde Darmflora immer mehr in den Fokus. Zudem spielen Ballaststoffe eine wichtige Rolle beim Sattwerden: Sie helfen dabei, den Blutzuckerspiegel stabil zu halten. Das macht länger satt und beugt Heißhunger und Snackattacken vor. Ballaststoffe finden sich übrigens

Bunte Vielfalt: Mit Lagergemüse wie Kartoffeln, Topinambur, Weißkohl und Roten Beten kommen auch im Januar reichlich Nährstoffe und viel Farbe auf den Teller.

nicht nur in Obst, Gemüse und Hülsenfrüchten, sondern auch in Vollkorngetreide. Und was ist mit den sekundären Pflanzenstoffen? Unter dem Begriff versteht man eine Fülle unterschiedlicher Substanzen, die in Pflanzen verschiedene Aufgaben übernehmen, beispielsweise als Lockmittel oder als Schutzstoff gegen Fraßfeinde dienen. Sekundäre Pflanzenstoffe sind für uns Menschen nicht essenziell – das bedeutet, wir können auch ohne sie überleben. Doch selbst wenn noch Forschungsbedarf besteht, ist man sich einig, dass sekundäre Pflanzenstoffe gesundheitsfördernd sind. Sie dämmen etwa Entzündungen im Körper ein oder wirken antibakteriell. Tierische Produkte öfter mal durch pflanzliche zu ersetzen, macht gesundheitlich gesehen also viel Sinn. Warum also das Ganze nicht mal im Veganuary ausprobieren?

Unser Essen beeinflusst das Klima

Im Sinne von Klimaschutz und Klimawandel geht es darum, schädliche Treibhausgase einzusparen und nicht freizusetzen. Unsere Ernährung ist in Deutschland für die Freisetzung eines Fünftels dieser schädlichen Stoffe verantwortlich – ein großer Hebel also, mit dem jede und jeder den Klimawandel ein Stück selbst in der Hand hat. Tierische Produkte wie Butter, Käse, Fleisch, Wurst oder Eier sind in ihrer Herstellung klimaschädlicher als pflanzliche Produkte, also Obst, Gemüse, Getreide, Nüsse und Hülsenfrüchte. Dabei gilt: Je weniger verarbeitet, desto klimafreundlicher ist ein Lebensmittel. Stellt man 1 Kilogramm Rindfleisch her, setzt das im Durchschnitt ca. 14 Kilogramm klimaschädliches

CO_2 frei, 1 Kilogramm Bohnen liefern nur ca. 150 Gramm Klimagase. Für die Fleischerzeugung wird immer mehr Weideland benötigt, Wälder – wichtige CO_2-Speicher – müssen dafür weichen. Das bedroht nicht nur das Klima, sondern auch die Artenvielfalt. Von dieser ist aber so vieles abhängig, etwa sauberes Wasser oder gute Böden, auf denen Lebensmittel gedeihen. Fehlen bestimmte Arten, kann das unser aller Lebensgrundlage bedrohen. Ein einfacher, aber wirksamer Weg, dem entgegenzuwirken, ist: öfter mal vegan essen!

TELLER STATT TONNE

Eine zusätzliche Möglichkeit für mehr Klimaschutz in der Küche: weniger Lebensmittel wegwerfen und bevorzugt saisonale Produkte aus der Region kaufen. Etwa ein Drittel aller weltweit produzierten Lebensmittel landet in der Tonne. Die Herstellung hat aber Energie und andere Ressourcen wie Wasser und Böden verbraucht und klimaschädliches CO_2 freigesetzt. Und am Ende landet das Essen auf dem Müll. Die knappen Ressourcen werden ohnehin immer knapper und durch weggeworfene Lebensmittel ist nicht einmal jemand satt geworden. Um dem entgegenzuwirken, hilft der einfache Trick, öfter in kleinen Portionen einzukaufen und diese dann rasch zu verbrauchen. Auch eine Einkaufsliste unterstützt dabei, sich nicht zu verzetteln und spontane Lustkäufe möglichst gering zu halten. Und: Versuchen Sie doch mal, den Vorratsschrank übersichtlich zu gestalten und etwas zu reduzieren. Wer zu viel lagert, der schafft es nicht immer, alles rechtzeitig zu verbrauchen. Wie wäre es mal mit einer kleinen Januarinventur in Kühlschrank, Gefrierfach und Vorratsregal?

Ein weiterer Hebel für mehr Klimaschutz in der Küche besteht darin, bevorzugt zu saisonalen, regionalen Produkten zu greifen. Das reduziert klimaschädliche Transporte und Lagerungen. Sie bekommen frische, reif geerntete Produkte, die dadurch sehr nährstoffreich sind. Das tut nicht nur dem Klima gut, sondern auch Ihrer Gesundheit. Wer noch einen Schritt weitergehen möchte, kann zu regionalen, pflanzlichen Bioprodukten greifen. Die Ökolandwirtschaft verzichtet auf chemisch-synthetische Dünger und Pflanzenschutzmittel. Das sichert die Artenvielfalt, schont Gewässer und Böden, die Lebensmittel sind mit weniger Rückständen belastet und Ressourcen werden geschont. Denn die Herstellung der Chemiekeulen benötigt reichlich Energie.

Die Faustformel für mehr Klimaschutz auf dem Teller lautet dementsprechend:

- für Einsteiger: öfter mal vegan
- für Fortgeschrittene: möglichst häufig regionale, vegane Biolebensmittel, wenig wegwerfen

6 Tipps für den Veganuary

Wie ersetze ich lieb gewonnene Gewohnheiten? Diese Tipps helfen Ihnen, entspannt in den veganen Januar zu starten.

Statt Butter: Zum Anbraten eignen sich Olivenöl, Rapsöl oder andere Bratöle. Als Brotaufstrich können Sie Senf, Tomatenmark, Pesto oder, zum Beispiel als Grundlage für Marmelade, ein Nussmus verwenden.

Statt Käse und Wurst: Ein feiner Brotbelag sind Gemüseaufstriche, zum Beispiel aus Tomate, Paprika oder Kürbis, oder auch Hummus (Kichererbsenaufstrich). Sie können ebenso Antipastigemüse wie gegrillte Zucchini oder Paprika auf Ihr Brot legen und nach Belieben mit frischen Sprossen garnieren. Auch sehr lecker: kross gebratene Räuchertofustreifen oder in Sojasauce marinierte, gebratene Naturtofustreifen.

Statt Milchkaffee: Sie mögen Ihren Kaffee auch schwarz? Prima! Alle anderen können zu pflanzlichen Milchalternativen wie Hafer-, Soja- oder Mandelmilch greifen. Bei Pflanzenmilch lohnt es sich, verschiedene Sorten und auch verschiedene Hersteller auszuprobieren. Denn hier gibt es riesige Unterschiede. Nur weil die Sojamilch einer bestimmten Marke nicht Ihren Geschmack trifft, heißt das nicht automatisch, dass Sojamilch nichts für Sie ist. Übrigens: Da Milch ein Kalziumlieferant ist, greifen Sie doch ab und zu mal zu einer mit Kalzium angereicherten Pflanzenmilch.

Statt Joghurt: Wie bei Milch gibt es auch für Joghurt pflanzliche Alternativen, zum Beispiel auf der Basis von Kokos, Erbsen oder Soja. Auch hier gilt: Probieren Sie sich einfach mal durch verschiedene Angebote.

Statt Eier: Veganes »Rührei« aus Tofu und Seidentofu wird mit dem Schwefelsalz Kala Namak gewürzt. Zum veganen Backen eignen sich verschiedene Ersatzlebensmittel: Pancakes etwa gelingen mit geschroteten Leinsamen. Es gibt aber auch Ei-Ersatz zum

TIPP

Sojaghurt selber machen

Sie brauchen für selbst gemachten Sojaghurt lediglich 500 ml Sojamilch, 2 EL Sojaghurt (als Starter), einen Thermobecher mit Deckel (zum Beispiel für Kaffee), der mindestens 500 ml Fassungsvermögen hat, ein Thermometer und eine Wärmflasche. Die Sojamilch in einem Topf unter Rühren einmal aufkochen. Dann in den Thermobecher füllen und auf 42–45° abkühlen lassen. Den Sojaghurt mittig in die warme Milch setzen und alles mit dem Deckel verschließen. Den Becher zusammen mit einer Wärmflasche unter eine warme Bettdecke stellen und dort 12 Stunden warm halten.

Backen im Supermarkt zu kaufen. Dabei handelt es sich um eine Kombination verschiedener Stärkearten. Das Ganze wird mit kohlensäurehaltigem Wasser angerührt und zum Binden benutzt.

Statt Fleisch und Fisch: Fleisch und Fisch sind gute Eiweißlieferanten. Fleisch versorgt Sie zudem mit Vitamin B_{12} und Eisen. Fisch liefert wichtige Omega-3-Fettsäuren. Bis auf Vitamin B_{12} können Sie sich mit all diesen Nährstoffen durch andere Lebensmittel versorgen. Eisenreich sind etwa Hafer- oder Hirseflocken, aber auch Kürbiskerne und Sesam. Gute Eiweißlieferanten sind Hülsenfrüchte, Nüsse, Samen oder Getreide. Außerdem liefern Erzeugnisse aus Soja (Tofu, Tempeh) oder Weizeneiweiß (Seitan), aber auch Produkte aus der heimischen Lupine reichlich Protein. Besonders für Einsteiger sind pflanzliche Fleischersatzprodukte eine gute Hilfe. Es gibt sie im Supermarkt bereits als Schnitzel, Würstchen, Braten oder Gyros. Omega-3-Fettsäuren finden sich reichlich in Lein-, Hanf- oder Algenöl, und Jod lässt sich einfach durch jodiertes Speisesalz ersetzen.

Sind vegane Produkte automatisch gesund …

Diese Frage ist nicht einfach zu beantworten. Grundsätzlich gilt: Je naturbelassener ein Lebensmittel ist, desto gesünder ist es

Echtes Superfood: Hülsenfrüchte wie Erbsen liefern nicht nur Eiweiß, sondern auch eine geballte Ladung an Vitaminen (B-Vitamine), Antioxidantien (Beta-Carotin) und Ballaststoffen.

auch. Bei verarbeiteten Produkten ist es immer ratsam – und zwar unabhängig davon, ob es sich um ein veganes Produkt handelt oder nicht –, sich die Zutatenliste und die Nährwerttabelle genau anzuschauen. Einige vegane Produkte enthalten Zusatzstoffe wie künstliche Aromen und Geschmacksverstärker oder auch hohe Mengen an Fett, Salz oder raffiniertem Zucker. Wer auf zugesetzte Aromen und Geschmacksverstärker verzichten möchte, sollte grundsätzlich zu Bioprodukten greifen.

Vegane Produkte sind also nicht automatisch gesund. Im Gegensatz zu tierischen Produkten enthalten sie jedoch kein Cholesterin und größtenteils weniger gesättigte Fette. Generell kann man sagen, dass es gesund ist, sich sehr abwechslungsreich und ausgewogen zu ernähren, zu möglichst naturbelassenen, nährstoffreichen Lebensmitteln zu greifen und selbst zu kochen.

… und klimafreundlich?

Ob ein Lebensmittel besonders klimafreundlich ist, hängt von der Verarbeitung und von der Herkunft der Zutaten ab. So ist ein heimischer Apfel natürlich viel klimafreundlicher als eine Avocado, da der lange Transportweg nicht zu Buche schlägt, er ist aber auch klimafreundlicher als Apfelsaft oder Apfelmus.

Und vegane Fleischersatzprodukte sind aus Klimasicht die bessere Wahl als Rindfleisch, da bei ihrer Erzeugung weniger schädliche Treibhausgase freigesetzt, weniger Wasser und auch weniger Fläche (Boden) verbraucht werden. Am Preis, den Sie im Supermarkt bezahlen müssen, sind diese Vorteile jedoch nicht ablesbar. Im Gegenteil: Sojaschnitzel sind oft teurer als Rindersteak, Hafermilch kostet mehr als Kuhmilch, obwohl für die Kuhmilcherzeugung Kosten

VITAMIN B_{12}

Das essenzielle Vitamin ist unter anderem an der Blutbildung in unserem Körper beteiligt und es ist wichtig für unser Nervensystem. Das für Menschen verwertbare Vitamin B_{12} kommt natürlicherweise in tierischen Produkten vor. Die körpereigenen Vitamin-B_{12}-Speicher reichen mehrere Jahre, sodass ein Mangel häufig erst spät bemerkt wird. Bei einer dauerhaften rein pflanzlichen Ernährung müssen Sie Vitamin B_{12} dringend durch Supplemente oder damit angereicherte Produkte zuführen. Klären Sie das im Zweifelsfall ärztlich ab.

Vielseitige Ersatzprodukte: Statt Milch ein Pflanzen- oder Sojadrink, statt Sahne Creme-Cuisine aus Reis- oder Kokosmilch – im vielfältigen Mix mit Hülsenfrüchten, Getreide, Nüssen und Saaten ergänzen sich die wichtigen Aminosäuren.

für Futter, Wasser, medizinische Versorgung, Haltung und Co. dazukommen. Wie kann das sein? Die umweltschädlichen Folgekosten, die die Produktion von billigem Rindfleisch und Co. hat, zahlen eben nicht nur Fleischliebhaber, sondern wir alle.

Worauf achten bei veganer Ernährung?

Bei einer dauerhaften rein pflanzlichen Ernährung ist Ausgewogenheit und ein solides Wissen rund um die Nährstoffe und Ihren persönlichen Bedarf unabdingbar. Zudem muss Vitamin B_{12} unbedingt der Ernährung durch entsprechende Supplemente zugefügt werden. Auch Omega-3-Supplemente oder Algenöl sind empfehlenswert.

KRITISCHE NÄHRSTOFFE

Weitere Nährstoffe, auf die Sie ein Auge haben sollten: Jod, etwa durch jodiertes Speisesalz, Eisen, zum Beispiel aus Hafer oder Hirse und in Kombination mit Vitamin C (dadurch kann Ihr Körper es besser aufnehmen) und Vitamin B_2, beispielsweise aus Mandeln, Kokos oder Pilzen. Kombinieren Sie zudem verschiedene Eiweißquellen, also Hülsenfrüchte, Getreide, Nusskerne und Weizen- oder Sojaprotein miteinander.

Ist vegane Ernährung gefährlich?

Kritiker warnen immer wieder davor, dass eine einseitige, vegane Ernährung zu einem Nährstoffmangel führen kann, was letzten

Endes natürlich ungesund ist. Dass diese Gefahr tatsächlich besteht, ist unbestritten. Allerdings gilt das auch für jede andere Form der einseitigen Ernährung. Zu viele Kalorien, zu viel tzugesetzter Zucker, schnell verdauliche Kohlenhydrate und andere Formen der Fehlernährung, die ja weitverbreitet sind, können ebenfalls zu massiven Gesundheitsschäden führen. Studien zeigen vor allem, dass eine pflanzliche Ernährung nicht nur das Klima schützt, sondern auch die Gesundheit fördert, etwa durch eine bessere Versorgung mit Ballaststoffen, vielen Vitaminen und Mineralstoffen. Solange man die kritischen Nährstoffe wie oben beschrieben im Auge behält, ist gegen eine ausgewogene vegane Ernährung also nichts einzuwenden. Das gilt insbesondere dann, wenn Sie diese im Rahmen eines Veganuarys nur für einen überschaubaren Zeitraum ausprobieren. Vielleicht finden Sie ja Geschmack an der Vielfalt, die eine solche Ernährungsform bereithält!

Nach Veganuary: wie geht es weiter?

Sie haben es geschafft und dürfen ganz schön stolz auf sich sein: Sie haben einen Monat lang klima- und gesundheitsbewusst gekocht und gegessen. Vielleicht haben Sie einige liebgewonnene Gewohnheiten schmerzlich vermisst, vielleicht haben Sie

IST DIE VEGANE ERNÄHRUNG AUCH FÜR SCHWANGERE UND KINDER GEEIGNET?

Schwangere, Stillende und Kinder gehören zur Risikogruppe, was eine vegane Ernährung betrifft. Warum? Sie haben generell einen erhöhten Nährstoffbedarf beziehungsweise benötigen sie eine höhere Nährstoffdichte, also mehr Nährstoffe pro Gramm Lebensmittel. Eine nährstoffreiche Ernährung sollte übrigens für alle Ernährungsformen die Basis sein. Aber auch für Risikogruppen ist eine gut geplante pflanzliche Ernährung möglich, sofern Vitamin B_{12} supplementiert und obendrein auf die anderen kritischen Nährstoffe besonders geachtet wird. Am besten lassen Sie sich von entsprechend ausgebildeten Ernährungsfachkräften wie Ökotropholog:innen oder Diätassistent:innen beraten und zusätzlich Ihre Blutwerte regelmäßig kontrollieren.

ganz andere, wunderbare neue Erfahrungen gemacht, die Sie in Ihren Essalltag integrieren möchten.
Der Vorteil einer solchen »Radikalkur«: Ihr Geschmackssinn bekommt Zeit, sich umzustellen. Vielleicht empfanden Sie Pflanzenmilch im Kaffee anfangs als furchtbar, am Ende war es aber ganz okay? Gleichzeitig wurden Sie sicherlich kreativ und fanden individuelle Lösungen, beispielsweise für Brotbeläge, die Sie auch über den Januar hinweg beibehalten wollen.
Sich an neue Geschmäcker zu gewöhnen oder neue Gewohnheiten zu etablieren, braucht Zeit, die Ihnen der Veganuary gibt. Vielleicht haben Sie auch Bereiche entdeckt, in denen Sie auf vegetarisch umsteigen möchten. Das ist völlig verständlich und in Ordnung. Es geht nicht darum, irgendetwas zu verbieten. Auch eine vegetarische Ernährung hat zahlreiche Vorteile. So weisen einige Studien darauf hin, dass Vegetarier:innen mit einigen Nährstoffen, darunter Kalium, Folsäure, die Vitamine C und E, aber auch mit den darmfreundlichen Ballaststoffen besser versorgt sind als Menschen, die alles essen (Mischköstler:innen). Und auch die Wahrscheinlichkeit, an bestimmten Leiden wie Diabetes Typ II oder Bluthochdruck zu erkranken, nimmt für Vegetarier:innen ab.

EIN NEUSTART

Der Veganuary bietet Ihnen eine Chance, einen (begleiteten) Neustart zu wagen und einen Monat lang herauszufinden »was wäre, wenn ...«. Ganz von alleine werden Sie merken, was Sie weiterhin benötigen und was Sie ab jetzt easy weglassen können.

Trügerische Idylle: Die Erzeugung von Lebensmitteln tierischer Herkunft ist klimaschädlicher als die pflanzlicher Produkte. So werden für 1 Kilogramm Rindfleisch ca. 14 Kilogramm CO_2 freigesetzt, für 1 Kilogramm Bohnen nur ca. 150 Gramm.

Vielleicht verschieben sich auch einfach die Anteile auf Ihrem Teller und Sie essen ab jetzt öfter mal pflanzenbasiert – also mit großer Gemüse- und kleiner Fleischportion. Für Ihre Gesundheit ist eine abwechslungsreiche, vielfältige Lebensmittelauswahl die beste. Und das Klima wie auch Ihre Gesundheit profitieren im Übrigen auch davon, wenn Sie einfach mal das Auto in der Garage stehen lassen und zu Fuß oder mit dem Rad einkaufen fahren. Keiner erwartet von Ihnen eine Veränderung mit einem großen Knall. Auch kleine Schritte können zusammengenommen Großes bewirken.

GESUNDHEIT UND KLIMAWANDEL: ENG VERKNÜPFT

Wir dürfen nicht vergessen: Über die Lebensmittel, die auf unseren Tellern liegen, haben wir einen großen Einfluss darauf, wie es weiter geht für die nachfolgenden Generationen. Auch wenn sich der Beitrag klein anfühlt, den jeder einzelne von uns

VEGAN, VEGETARISCH, PFLANZENBASIERT: WAS SIND DIE UNTERSCHIEDE?

	Vegan	Vegetarisch	Pflanzenbasiert
Was wird gegessen	pflanzliche Lebensmittel	pflanzliche Lebensmittel ergänzt durch: Eier, Milch und Milchprodukte (Ovo-Lacto-Vegetarier:innen) Eier (Ovo-Vegetarier:innen) Milch und Milchprodukte (Lacto-Vegetarier:innen)	hauptsächlich pflanzliche Lebensmittel ergänzt durch Eier, Milch, Milchprodukte, aber auch Fisch, Geflügel und Fleisch
Besonders achten auf	Vitamin B_{12}, Eisen, Kalzium, Vitamin B_2, Jod, Omega-3-Fettsäuren	ggf. Eisen, ggf. Vitamin B_{12}, Jod, Omega-3-Fettsäuren	Jod
Gesundheitlich nicht empfehlenswert	hochverarbeitete Produkte, zuckerreiche Produkte, energiereiche Produkte		
Aus Klimaschutzgründen nicht empfehlenswert	hochverarbeitete Produkte, häufiger Konsum von Produkten mit langen Transportwegen		

Weniger Verpackungsmüll: Inzwischen gibt es immer mehr Möglichkeiten, Lebensmittel auch ohne klimaschädliche Umverpackung einzukaufen. Machen Sie mit und versuchen Sie, den in Ihrem Haushalt anfallenden Plastikmüll möglichst gering zu halten.

leistet, kann er insgesamt doch Großes bewirken. Daher ist es toll, wenn Sie einige Prinzipien des Veganuary durch den Rest des Jahres weitertragen. Die große Idee dahinter nennt sich »Planetary Health Diet« – eine Ernährung, die nicht nur unserer Gesundheit, sondern auch der Gesundheit unseres Planeten und der unserer Kinder und Enkelkinder dient. So kann ich gesund und klimafreundlich essen:

- Pflanzliche Lebensmittel machen einen Großteil meiner Ernährung aus.
- Ich kaufe bevorzugt regionale und saisonale Lebensmittel.
- Es landen möglichst unverarbeitete Produkte in meinem Einkaufswagen.
- Ich verschwende keine Lebensmittel, verwerte viel und schmeiße wenig weg.
- Zum Einkaufen gehe ich zu Fuß, fahre Fahrrad oder nehme Bus und Bahn.
- Ich bevorzuge möglichst unverpackte Lebensmittel (auch Verpackungen produzieren CO_2).
- Ich kaufe immer öfter regionales **Bio**-Obst und -Gemüse.
- Ich trinke vornehmlich Leitungswasser.
- Ich verzichte weitestgehend auf stark verarbeitete Produkte, Fast Food und Fertiggerichte.
- Immer öfter schwinge ich selbst den Kochlöffel.
- Ich achte auf nährstoffreiche Lebensmittel mit wenig Zucker und Salz.

Einfach mal anfangen

Das hört sich alles anstrengend und undurchsichtig an, als wäre es kaum zu schaffen? Zugegeben, das Thema Ernährung scheint immer komplizierter zu werden. Aber Sie können auch in kleinen Schritten einen wertvollen Beitrag für Ihre Gesundheit und eine klimafreundliche Ernährung leisten, zum Beispiel indem Sie öfter mal tierische Produkte durch pflanzliche ersetzen. Besser Quinoa aus Peru als Rindfleisch aus Argentinien. Wenn Sie sich etwas eingegroovt haben, können Sie ja einfach zur heimischen Goldhirse oder zu Dinkel greifen. Oder Sie kaufen Möhren im Bund statt im Plastikbeutel. Sie haben das Auto stehen gelassen und sind mit dem Fahrrad zum (Super-)Markt gefahren? Super, zwei weitere Gründe, sich selbst auf die Schulter zu klopfen, denn das tut sowohl Ihrer Gesundheit als auch dem Klima gut.

JANUAR-HELDEN

Im Veganuary steht Ihnen eine bunte Auswahl an knackigem Wintergemüse zur Verfügung. Zu langweilig? Dann ergänzen Sie es einfach durch Tiefkühlware.

Grünkohl

Dieses Blattgemüse zählt zu den Winterstars. Es hat sich als sogenanntes Superfood einen Namen gemacht und trumpft mit hohen Konzentrationen an Vitaminen, Mineralstoffen und bioaktiven Substanzen auf: Ob Folsäure, Vitamine A, K und C sowie Carotinoide und Senfölglykoside – sie sind allesamt gut für die Gesundheit. Das macht Grünkohl konkret: Er stärkt das Immunsystem, wirkt antibakteriell und fördert die Mikrobiota. Er schmeckt roh und gegart, als Brotaufstrich, in Aufläufen, Nudelgerichten oder auch als selbst gemachte Kale-Chips aus dem Backofen.

Topinambur

Topinambur ist eine bräunlich, manchmal violett gefärbte Knolle mit weißlich-gelbem Fruchtfleisch. Roh schmeckt sie erdig, gegart hingegen leicht nussig. Topinambur kann, wie Kartoffeln auch, mit oder ohne Schale gegessen werden. Er schmeckt roh, zum Beispiel in Scheiben gehobelt als Salat, aber auch gegart, etwa als Cremesuppe. Wenn Sie die Knolle roh verwenden, beträufeln Sie diese am besten mit Zitronensaft, sonst wird das Fruchtfleisch schnell braun. Topinambur ist reich an Ballaststoffen und fördert die Verdauung.

Pastinaken

Das Wurzelgemüse schmeckt leicht süßlich und ist daher auch in Babybreien eine beliebte Zutat. Zudem sind Pastinaken gut verträglich und unterstützen die Verdauung. Sie können leicht mit Petersilienwurzeln verwechselt werden, da sie sich äußerlich stark ähneln – beide sind Wurzelgemüse mit weißer Schale.

Einkaufstipps Pastinaken

Kleine Exemplare schmecken besonders zart. Und greifen sie nur dann zu, wenn das Grün noch frisch und saftig aussieht. Die Blätter sind welk oder gelblich verfärbt? Die Schale ist beschädigt, runzlig oder bräunlich verfärbt? Dann besser liegen lassen.

Kochtipps Pastinaken

Einfach waschen, schälen und los geht's: klein würfeln und anbraten, zum Beispiel für eine Gemüsepfanne. Mit Kartoffeln und Pflanzensahne zu einem cremigen Püree verarbeiten oder auch zu einer Cremesuppe. Ersetzen Sie bei einem Kartoffelauflauf einfach mal die Hälfte der Kartoffeln durch Pastinaken. Übrigens: Pastinaken können Sie wie Möhren verwenden, also auch roh knabbern oder in Salate reiben oder hobeln.

ROTKOHLSALAT

Knackig frisch

mit Topinambur

Für 4 Personen
40 Min. Zubereitung
30 Min. Wässern
Pro Portion ca. 315 kcal, 7 g E, 24 g F, 17 g KH

500 g Topinambur
½ Kopf Rotkohl (ca. 500 g)
Salz
3 Orangen
1 rote Zwiebel
50 g Walnusskerne
4 EL Walnussöl
2 EL Rotweinessig
2 EL Aceto balsamico
Pfeffer
3 EL Rapsöl

1. Die Hälfte der Topinamburknollen ca. 30 Min. in kaltes Wasser legen, anschließend mit dem Sparschäler schälen und auf dem Gemüsehobel in dünne Scheiben hobeln.

2. Den Rotkohl putzen und längs halbieren, den Strunk herausschneiden. Den Rotkohl auf dem Gemüsehobel in feine Streifen hobeln. Die Rotkohlstreifchen mit 1 TL Salz bestreuen und mit den Händen ca. 3 Min. kneten. Die restlichen Topinamburknollen schälen und fein raspeln.

3. Eine Orange auspressen, die übrigen beiden bis ins Fruchtfleisch schälen, sodass auch die weiße Haut entfernt wird. Die Filets zwischen den Trennwänden herausschneiden, den abtropfenden Saft auffangen. Die Zwiebel schälen und fein würfeln. Die Walnusskerne hacken.

4. In einer Pfanne das Walnussöl bei kleinster Hitze erwärmen, gehackte Walnusskerne und Zwiebelwürfel darin 2–3 Min. andünsten. Den ausgepressten und aufgefangenen Orangensaft dazugießen, beide Essigsorten hinzufügen und alles mit Pfeffer würzen. Den Rotkohl, die Topinamburraspel und die Orangenfilets mit dem Dressing mischen und darin ziehen lassen.

5. In der Zwischenzeit das Rapsöl in einer großen Pfanne erhitzen. Die Topinamburscheiben darin in 3–4 Min. goldbraun braten. Dann herausnehmen, auf Küchenpapier kurz abtropfen lassen und leicht salzen. Zum Servieren den Rotkohlsalat auf Tellern anrichten und mit den Topinambur-Chips bestreuen. Den Salat sofort genießen.

TOPINAMBURSUPPE *mit Grünkohl*

Cremig

Zutaten für 4 Personen
40 Min. Zubereitung
Pro Portion ca. 245 kcal, 5 g E, 15 g F, 16 g KH

Grünkohlchips

150 g Grünkohl
2 EL Rapsöl
Salz

Suppe

200 g mehligkochende Kartoffeln
400 g Topinambur
1 Zwiebel
2 EL Rapsöl
600 ml Gemüsefond (ersatzweise Gemüsebrühe)
100 ml trockener Weißwein
100 g Pflanzencreme (z. B. Hafercuisine)
Salz
Pfeffer

1. Für die Grünkohlchips den Ofen auf 120° (Umluft) vorheizen, ein Backblech mit Backpapier belegen. Den Grünkohl waschen, trocken schütteln, die Blätter vom Strunk trennen und grob zerzupfen.

2. Die Grünkohlstücke mit dem Öl mischen, auf dem Backblech verteilen und im Ofen (Mitte) in ca. 25 Min. kross rösten. Dabei einen Holzlöffelstiel in die Ofentür klemmen, damit die Feuchtigkeit entweichen kann. Die Grünkohlchips aus dem Ofen nehmen und salzen.

3. Inzwischen für die Suppe die Kartoffeln schälen, die Topinamburknolle gründlich waschen. Beides in 1 cm große Stücke schneiden. Zwiebel schälen und fein hacken.

4. Das Öl in einem Topf erhitzen und die Zwiebel darin bei mittlerer Hitze in ca. 1 Min. glasig dünsten. Kartoffel- und Topinamburstücke ca. 1 Min. mitrösten. Dann Fond und Wein zugießen, aufkochen und das Gemüse zugedeckt bei mittlerer Hitze in ca. 15 Min. weich garen.

5. Zuletzt die Pflanzencreme zugießen und die Suppe mit dem Pürierstab cremig-fein pürieren. Mit ½ TL Salz und etwas Pfeffer abschmecken. Die Suppe in Schalen anrichten. Mit den Grünkohlchips garnieren und servieren.

GRÜNKOHLTOPF *mit Mandeln*

Mit Biss

Für 2 Personen
15 Min. Zubereitung
50 Min. Garen
Pro Portion ca. 635 kcal, 19 g E, 47 g F, 29 g KH

500 g TK-Grünkohl (gehackt)
1 rote Zwiebel
150 g Champignons
60 g Rauchmandeln (geröstet und gesalzen)
100 g Pflanzencreme
2 EL Rapsöl
200 ml Gemüsebrühe
Salz
Pfeffer
1 TL mildes Currypulver
300 g festkochende Kartoffeln
ca. 2 TL mittelscharfer Senf

1. Den TK-Grünkohl ca. 10 Min. antauen lassen. Zwiebel schälen und klein würfeln. Champignons putzen und bei Bedarf mit einem feuchten Tuch abreiben.

2. 100 g Champignons grob schneiden, dann zusammen mit 30 g Mandeln und der Pflanzencreme im Mixer pürieren. Übrige Pilze (50 g) in Scheiben schneiden. In einem Topf (ca. 20 cm Ø) in 1 EL Öl unter Rühren bei großer Hitze 2–3 Min. anbraten. Herausnehmen, beiseitestellen.

3. Übriges Rapsöl im Topf erhitzen und die Zwiebelwürfel darin 1–2 Min. anbraten. Grünkohl, Champignonpüree und Brühe dazugeben und alles aufkochen. Mit Salz, Pfeffer und Currypulver abschmecken. Dann zugedeckt bei kleiner Hitze ca. 10 Min. köcheln lassen.

4. Inzwischen die Kartoffeln schälen, waschen und in ca. 1,5 cm große Würfel schneiden. Die Kartoffelwürfel unter den Grünkohl rühren. Zugedeckt 35–40 Min. weitergaren, dabei ab und zu umrühren. Falls der Eintopf zu dickflüssig wird, esslöffelweise Wasser dazugeben.

5. Vor dem Servieren den Senf unterrühren, alles mit Salz und Pfeffer abschmecken und in tiefe Schalen füllen. Die Pilze und restlichen Mandeln daraufgeben.

GRÜNKOHLPESTO *mit Walnuss*

Raffiniert

Für 10 Portionen
15 Min. Zubereitung
Pro Portion ca. 125 kcal, 7 g E, 10 g F, 2 g KH

90 g Grünkohlblätter (geputzt 60 g)
Salz
1 Knoblauchzehe
½ Bio-Zitrone
20 g Walnusskerne
100 ml Olivenöl
Pfeffer
2 Msp. Chiliflocken

1. Den Grünkohl gründlich waschen, die Blätter in Stücken vom harten Strunk zupfen.

2. In einem Topf reichlich Wasser aufkochen, salzen, den Grünkohl hineingeben und in 1–3 Min. blanchieren. Anschließend in ein Sieb abgießen, mit kaltem Wasser abschrecken. Grünkohl gut ausdrücken und grob hacken.

3. Den Knoblauch schälen und grob hacken. Die Zitrone heiß abwaschen und abtrocknen, die Schale fein abreiben. Den Saft der Zitronenhälfte auspressen.

4. Grünkohl, Knoblauch, Parmesan, Walnusskerne, Zitronenschale und 2 EL Zitronensaft in einen hohen Rührbecher geben. Das Öl hinzufügen und alles pürieren. Das Pesto mit Salz, Pfeffer und Chiliflocken würzen.

PASTINAKEN *mit Bohnen und Äpfeln*

Sattmacher

Für 4 Personen
45 Min. Zubereitung
Pro Portion ca. 260 kcal, 10 g E, 10 g F, 30 g KH

200 g Gemüsezwiebel
500 g Pastinaken
6 Salbeiblätter
3 EL Olivenöl
1 TL getrocknetes Bohnenkraut
400 ml Gemüsebrühe
1 Bund glatte Petersilie
2 Äpfel (ca. 300 g)
2 Dosen große weiße Bohnenkerne (à 250 g Abtropfgewicht)
Salz
Pfeffer
3–4 TL Sumach
½–1 TL Chiliflocken
2 TL Schwarzkümmel
150 g Sojaghurt

1. Die Zwiebel schälen, längs halbieren und in Streifen schneiden. Die Pastinaken schälen und 1–2 cm groß würfeln. Die Salbeiblätter abbrausen und trocken schütteln.

2. Die Zwiebelstreifen in der Hälfte des Öls glasig andünsten. Die Pastinaken mit dem Bohnenkraut dazugeben und 2–3 Min. unter Rühren mitdünsten, ohne dass sie Farbe annehmen. Die Brühe angießen, die Salbeiblätter dazugeben. Alles aufkochen und zugedeckt 10–15 Min. köcheln lassen, bis die Pastinaken knapp gar sind.

3. Inzwischen die Petersilie abbrausen und trocken schütteln, die Blätter abzupfen, fein hacken. Äpfel schälen, vierteln, entkernen und in Spalten schneiden. Im restlichen Öl in 6–8 Min. goldgelb und weich braten.

4. Die Bohnen in ein Sieb abgießen, waschen und abtropfen lassen. Unter die Pastinaken mischen und erhitzen. Mit Salz, Pfeffer, Sumach, Chili und der Hälfte des Schwarzkümmels würzen. Die Hälfte der Petersilie untermischen. Die Äpfel darauf verteilen. Sojaghurt leicht salzen und in Klecksen dazwischen setzen. Alles mit restlicher Petersilie und übrigem Schwarzkümmel bestreuen.

FEBRUAR

Der Februar lässt uns spüren, was saisonale Ernährung bedeutet. Das erste Grün wird sehnsüchtig erwartet. Wie wäre es mit Microgreens, frisch von der Fensterbank?

ENDLICH FRISCHES GRÜN AUF DEM TELLER

Zwischen Winter und Frühling steckt eine Kraft. Es heißt jetzt dranbleiben und neue Gewohnheiten etablieren.

Auch wenn der Februar der kürzeste Monat ist, ist er sehr kraftvoll und zudem der Monat des Wandels. Während Anfang Februar häufig noch tiefster Winter herrscht, zeigt sich am Ende des Monats oft schon der Frühling. Wer jetzt aufmerksam durch Wald und Wiesen streift, findet schon bald die ersten Wildkräuter, kann seinen Teller mit jungen Trieben auffrischen und in Sachen Gesundheit punkten.

Noch leichter: Züchten Sie einfach zu Hause Sprossen oder Keimlinge! Das klappt auch auf der Fensterbank und bringt frisches Grün, reichlich Nährstoffe und mehr Abwechslung in den Essalltag. Erste Wildpflanzen und selbst gezüchtete Sprossen verkürzen die Wartezeit bis zum Frühling.

Essen Sie hin und wieder mal Brennnesseln

Doch irgendwann gegen Ende Februar ist es endlich so weit. Die ersten frischen Brennnesselpflanzen lugen aus dem angetauten Erdboden hervor. Die Brennnessel zählt zu den ältesten Heilpflanzen. Sie hat einen hohen Vitamin- und Mineralstoffgehalt, ist beispielsweise ähnlich reich an Eisen wie

Spinat und enthält mehr Vitamin C als Zitronen. Brennnesseln wirken entwässernd, daher wird Brennnesselblättertee bei Problemen mit der Blase oder Harnwegsinfekten gegeben. Aber auch bei Rheuma und Gicht kommt die Heilpflanze zum Einsatz.
Die jungen, zarten Blätter können Sie in der Küche roh verwenden. Wenn Sie mit einem Nudelholz über die Blätter rollen, zerstört das die Brennhaare und das Brennen geht verloren. Aber auch wenn Sie die Blätter pürieren, zum Beispiel für ein Pesto, oder in einem Smoothie zerkleinern, spüren Sie kein Brennen mehr. Brennnesselblätter schmecken zudem blanchiert sehr gut, also einfach wie Spinat zubereiten oder mit diesem kombinieren. Aus den getrockneten Blätter können Sie einen Tee herstellen.

Gesundheitliche Vorteile von Löwenzahn

Neben der Brennnessel gehört Löwenzahn zu den Pflanzen, die sich schon früh im Jahr zeigen. Wie die Brennnessel ist er den meisten eher als Unkraut oder Kaninchenfutter denn als schmackhafte Wildpflanze bekannt. Löwenzahn wächst vor allem auf Wiesen und an Wegrändern, aber auch im heimischen Garten. Sie können junge Blätter, Knospen, Blüten und sogar die Wurzeln verwenden. Nehmen Sie vor allem die Blätter, die gerade nach oben stehen. Sie sind erst wenige Tage alt.
Löwenzahn wirkt, genau wie die Brennnessel auch, harntreibend, er unterstützt Leber und Verdauung und aktiviert den Stoffwechsel – perfekt für einen fitten Start ins Frühjahr. Außerdem ist Löwenzahn ein guter Lieferant von Kalium und Bitterstoffen. Kalium unterstützt die Weiterleitung von Reizen im Körper, senkt den Blutdruck und ist wichtig für unseren Wasserhaushalt. Bitterstoffe helfen bei der Verdauung, indem sie die Verdauungssäfte ordentlich fließen lassen. Zudem schütten Galle und Bauchspeicheldrüse, angeregt durch Bitterstoffe, mehr Enzyme aus – dadurch können Nährstoffe besser aufgenommen werden. Nicht zuletzt sorgen sie dafür, dass der Hunger auf Süßes gebremst wird. Alle, die ein paar Pfunde loswerden wollen, könnten zum Beispiel hin und wieder ein Blättchen Löwenzahn knabbern.
Junge Löwenzahnblätter können Sie waschen, fein hacken und als bitteren Akzent zur Abrundung in Salate geben, aber auch über Gemüsegerichte streuen. Löwenzahnwurzeln können Sie waschen, hacken und zum Beispiel mit anderem Gemüse zusammen anbraten. Die geschlossenen Blüten lassen sich wie Kapern salzig einlegen, die geöffneten eignen sich als Farbtupfer auf Salaten oder auf belegten Broten.

Das Plus an Wildpflanzen

Wildkräuter und -pflanzen wachsen, der Name verrät es schon, wild und frei in der Natur. Sie wurden also nicht gezielt angebaut oder gezüchtet. Allerdings gibt es von manchen wilden Vertretern gezüchtete

Vorboten des Frühlings: Brennnessel und Löwenzahn sind unter den ersten essbaren Wildpflanzen, die Ende Februar aus dem winterlichen Erdreich spitzen und für frisches Grün auf dem Teller sorgen.

Verwandte im Supermarkt. Dabei unterscheiden sich Wild- und Zuchtform häufig sowohl hinsichtlich ihrer Inhaltsstoffe als auch im Geschmack. Vergleichen Sie mal gekaufte Minze und eine wild gewachsene Urminze – Sie werden staunen, wie unterschiedlich die Aromen sind. Auch Schnittlauch, Sauerampfer oder Löwenzahn finden Sie im Supermarktregal wie auch wild gewachsen auf der Wiese. Wildpflanzen zeichnen sich unter anderem durch einen hohen Gehalt an sekundären Pflanzenstoffen und eine gute Portion Bitterstoffe aus.

SEKUNDÄRE PFLANZENSTOFFE

Sie sind wertgebende Bestandteile, ohne Nährwert zu haben, dennoch sind sie wichtig für unsere Gesundheit: sekundäre Pflanzenstoffe. Sie unterstützen beispielsweise das Immunsystem, sind wirksamer Schutz gegen schädigende Substanzen, dämmen Entzündungen ein und wirken sich positiv auf Herzgesundheit und Krebsrisiko aus. Pflanzen bilden sekundäre Pflanzenstoffe aus unterschiedlichsten Gründen, beispielsweise als Schutz gegen Fraßfeinde oder UV-Strahlung, als Lockmittel zur Bestäubung oder als Farb- oder Aromastoffe. Es gibt sehr viele sekundäre Pflanzenstoffe und längst nicht alle sind bereits erforscht. Zu den sekundären Pflanzenstoffen zählen unter anderem ätherische Öle, Flavonoide, Gerb- und Schleimstoffe. Pflanzen, die einen hohen Anteil an ätherischen Ölen enthalten, wie beispielsweise Schafgarbe, dienen auch als Heilpflanzen, etwa um Entzündungen zu lindern oder Krämpfe zu lösen. Flavonoide in höheren Mengen kommen zum Beispiel in echter Kamille vor. Sie fördern die Durchblutung und das Herz-Kreislauf-System und schützen vor schädigenden freien Radikalen. Gerbstoffe sitzen oft in Wurzeln, Rinden und Schalen. Sie schützen die Schleimhäute und wirken reizmildernd. Schleimstoffe, auch bekannt als Pektine, wirken ebenfalls reizmildernd, zudem hemmen sie Entzündungen und unterstützen die Verdauung.

NICHT BELIEBT, ABER GESUND – BITTERSTOFFE

Bitterstoffe zählen ebenfalls zu den sekundären Pflanzenstoffen. Doch ihr bitterer Geschmack ist nicht besonders beliebt. Daher enthalten heutzutage nur noch wenige Lebensmittel nennenswerte Mengen an Bitterstoffen – der Gefälligkeit halber wurden sie weitestgehend rausgezüchtet. Nun schmeckt das Gemüse zwar deutlich milder, die wertvollen Bitterstoffe fehlen jedoch. Dabei regen sie die Verdauung und die Produktion der Verdauungssäfte an, stimulieren die Darmbewegungen und fördern die Verdaulichkeit der Mahlzeit. Und Bitterstoffe können noch weitaus mehr! Sie

- stoppen den Appetit auf Süßes.
- regen die Verdauung an.
- wirken entzündungshemmend.
- senken den Blutdruck.
- unterstützen das Immunsystem.

IN WELCHEN LEBENSMITTELN STECKEN BITTERSTOFFE?

Wildkräuter wie Löwenzahn bringen einen hohen Gehalt an Bitterstoffen mit. Es lohnt sich also, durch Wald und Wiesen zu streunen und den Speiseplan mit Wildpflanzen anzureichern. Sie haben keine Lust auf »Unkräuter« wie Löwenzahn, Gänseblümchen oder Vogelmiere? Natürliche Bitterstoffe stecken vor allem auch in Salaten wie Chicorée, Rucola, Endiviensalat, heimischen Kohlsorten wie Grünkohl und Rosenkohl, grünen Gemüsesorten wie Mangold oder Spinat, bitteren Gewürze wie Kurkuma,

LEBENSMITTEL REICH AN BITTERSTOFFEN

Kategorie	Lebensmittel
Wildpflanzen	Gänseblümchen Löwenzahn Brennnesseln Vogelmiere
Gartenkräuter	Rosmarin Oregano Pfefferminze Salbei
Obst & Gemüse	Artischocken Oliven Grapefruits Zitronen-/Orangenschale
Salat	Rucola Endivie Radicchio Chicorée
Getränke	Espresso grüner Tee

Senfkörnern, Thymian, Estragon oder Zimt, Artischocken, Ingwer, Oliven und Auberginen. Bitterstoffe lassen sich übrigens auch trinken, als Espresso, Salbeitee, Grapefruitsaft oder als grüner Tee.

Wildkräuter sammeln

Die Wildkräutersaison in Deutschland dauert von Frühling bis Herbst. Je nach Wetterlage können sich aber schon Ende Februar Brennnesseln und Löwenzahn zeigen. Es lohnt zudem, frühzeitig nach Bärlauch Ausschau zu halten. Während es früher gang und gäbe war, den Wald nach Essbarem zu durchforsten, kennt sich heute kaum noch jemand mit Wildpflanzen aus. Oder wussten Sie, dass man Birkenblätter essen kann oder frische Fichtentriebe?

Wenn Sie jetzt losziehen wollen, um nach jungem Grün zu suchen, beherzigen Sie bitte diesen Rat: Sammeln und verwerten Sie nur, was Sie zweifelsfrei identifizieren können. Bitte kein Raten und Abgleich mit Internetfotos oder Abbildungen in Büchern – eine Verwechslung kann schlimme Folgen haben, denn einige Wildpflanzen haben giftige Doppelgänger. Es gibt aber Kurse und Kräuterwanderungen, bei denen Sie Ihr Wissen auffrischen können.

WO UND WIE SAMMELN?

Verlassen Sie den Weg oder die Straße und achten Sie darauf, dass Sie nicht an einem beliebten Hundepfad sammeln. In Naturschutzgebieten ist das Sammeln von Pflanzen strengstens verboten. Wenn Sie Kräuter gefunden haben, nehmen Sie nur eine klei-

WIE LAGERE ICH KRÄUTER RICHTIG?

Sammeln Sie am besten lediglich kleine Mengen und verbrauchen Sie diese umgehend. Sollten Sie es nicht gleich schaffen, die Kräuter zu verarbeiten, stellen Sie diese mit den Stängeln in ein Glas mit kaltem Wasser und bewahren sie so im Kühlschrank auf. Die Kräuter halten sich dort ein paar Tage, verlieren aber zunehmend an Aroma. Durch Tiefkühlen werden sie jedoch matschig und unansehnlich. Für eine längere Lagerung sollten Sie Kräuter deshalb besser trocknen. Dazu die Kräuter an einem luftigen, schattigen Ort zu Sträußen gebunden ein bis drei Wochen aufhängen. Anschließend trocken und luftdicht verschlossen, etwa in einer Dose, an einem dunklen Ort lagern.

Von wegen Unkraut: Brennnesseln punkten durch ihren hohen Vitamin- und Mineralstoffgehalt und gelten aufgrund ihrer gesundheitsfördernden Inhaltsstoffe als Heilpflanze. Gegen ihre »brennenden Eigenschaften« helfen beim Pflücken der Blätter und Triebe feste Handschuhe, bei der Zubereitung kräftiges Walken mit dem Nudelholz oder der Einsatz des Pürierstabs.

ne Menge, damit noch genügend nachwachsen kann. Am besten pflücken Sie nicht die gesamte Pflanze, sondern trennen allein die oberen Triebe ab. So kann die Pflanze weiterwachsen, zudem schmecken junge Triebe weniger bitter. Achten Sie darauf, dass Pflanze und Blätter unversehrt und unbeschmutzt sind. Pflanzen mit verformten Blättern, Belag an der Blattunterseite oder Verfärbungen besser stehen lassen.

KRÄUTER TRANSPORTIEREN

Zum Transportieren eignet sich eine Dose oder Papiertüte, darin werden die Kräuter nicht unnötig gequetscht und sie schwitzen nicht wie in einer Plastiktüte.

TIPP

Küchentipps für Wildkräuter

Wenn die Kräuter nicht verschmutzt sind und aus verlässlicher Quelle stammen, dann besser nur ausschütteln oder abtupfen, da sie sehr empfindlich sind. Waschen kann bereits einige Inhaltsstoffe zerstören. Das gleiche gilt für Hitze beim Garvorgang oder längere Lagerzeiten. Geben Sie die Kräuter erst ganz zum Schluss zu, dadurch bleiben die Inhaltsstoffe bestmöglich erhalten.

SPECIAL

FÜNF AKTIVITÄTEN FÜR MEHR WOHLBEFINDEN

Während der Januar voller Elan und guter Vorsätze gestartet ist, fungiert der Februar als Brücke. Diese lässt sich nutzen, um energiegeladen ins Frühjahr zu starten. Verschiedene Aktivitäten stimulieren Gesundheit und Wohlbefinden auf verschiedenen Ebenen und lassen sich leicht in den Alltag einbauen.

Nicht nur bei Sonne: Ein Spaziergang an der frischen Luft lässt auch im Winter und bei unwirtlichem Wetter Körper und Seele aufatmen.

Winterspaziergang

Ein Winterspaziergang stärkt Immunsystem und Lunge. Der Aufenthalt in der Natur senkt Ihr Stresslevel, macht den Kopf frei und die Muskeln locker. Durch diese Entspannung wird auch Ihr Schlaf erholsamer und die Laune steigt. Bewegung an der frischen Luft wirkt sich positiv auf Ihre Konzentrationsfähigkeit und das Denken aus. Und Menschen, die sich regelmäßig draußen bewegen, bleiben im Alter geistig länger fit.

Schlittschuh- oder Schlittenfahren

Manche Aktivitäten sind nur im Winter möglich. Rodeln macht so viel Spaß, dass Sie gar nicht merken, wie anstrengend es ist. Es ist unkompliziert und Sie benötigen wenig Ausrüstung. Häufig können Sie sich in Skigebieten sogar Schlitten leihen. Achten Sie darauf, dass der Bremsbereich am Rodelhang ausreichend groß ist und nicht an einer Straße oder einem Gewässer endet. Liegt gerade kein Schnee, probieren Sie es doch mal mit Schlittschuhlaufen. Manche Bahnen sind unter freiem Himmel, sodass Sie am frühen Abend bei gutem Wetter einen schönen Blick in den Sternenhimmel haben. Auch hier benötigen Sie nicht viel Ausrüstung. Die Bewegung löst Stress, stärkt Ihre Abwehrkräfte und Ihr Körper schüttet Glückshormone aus.

Leseabend

Lassen Sie den Fernseher doch mal aus und greifen Sie zu einem guten Buch. Lesen hilft beim Stressabbau. Zu verlockend ist es, nach einem anstrengenden Tag den Fernseher anzuschalten und sich berieseln zu lassen. Lesen jedoch unterstützt Körper und Geist dabei, zu entspannen und die Gedanken zu beruhigen. Sie schlafen schneller ein und die Schlafqualität verbessert sich. So können Sie mit Energie in den nächsten Tag starten.

Endlich Schnee! Fallen die ersten Schneeflocken, wird sofort der Rodel hervorgekramt. Ob Groß oder Klein – Schlittenfahren macht einfach mächtig viel Spaß und sorgt ganz nebenbei auch für reichlich Bewegung.

Tee trinken

Sich mit einer Tasse Tee auf das Sofa zu kuscheln, entschleunigt und entspannt nicht nur, Tee ist auch gesund. So bringt er nennenswerte Mengen Fluorid mit, ein Schutzstoff für die Zähne. Die sekundären Pflanzenstoffe aus Tee wirken entzündungshemmend und können vermutlich sogar Krebs vorbeugen. Bestimmte Inhaltsstoffe in grünem Tee wirken entspannend und beruhigend. Und: Grün- sowie Schwarztee enthalten Koffein, das dabei hilft, sich besser zu konzentrieren und sich wacher zu fühlen. Wer auf die anregende Wirkung verzichten möchte, greift zu Rooibostee, Kräuter- oder Fruchtaufgüssen.

Pures Wohlbefinden: Der Wechsel von Heiß und Kalt beim Saunieren pusht nicht nur den Stoffwechsel und das Immunsystem, sondern verhilft auch zu wohliger Entspannung.

Sauna

An kalten Tagen wirkt ein Saunaaufenthalt Wunder und schafft Entspannung und Wohlbefinden. Saunabäder regen den Stoffwechsel an und stärken das Immunsystem, vor allem wenn Sie regelmäßig saunieren. Ein Saunagang dauert bis zu 15 Minuten. Danach folgt die Abkühlung mit kaltem Wasser und eine Ruhepause, in der Sie Ihre Flüssigkeitsspeicher mit Wasser oder ungesüßtem Tee auffüllen können. Der regelmäßige Gang in die Sauna beugt Erkältungen vor. Wenn Sie jedoch schon angeschlagen sind, verzichten Sie besser auf ein Saunabad. Denn dann braucht Ihr Körper alle Energie für den Heilungsprozess.

1

2

3

Step 1: Das Saatgut dicht an dicht, aber nicht übereinander säen. Standort: hell und warm (18–22 Grad).

Step 2: Die Erde immer feucht halten, am besten mit einer Sprühflasche, dann zeigt sich nach ein bis zwei Wochen üppiges Grün.

Step 3: Sind zwei bis drei Blättchen am Stiel, können die Microgreens oberhalb des Samens geerntet werden. Mit etwas Glück treiben die Samen in der Erde noch einmal aus.

Powerpakete Microgreens

Im Februar ist die Sehnsucht nach frischem Grün groß, denn der Winter dauert nun schon lange, die Bestände von Lagergemüse werden kleiner und damit die Vielfalt auf dem Teller. Um die Wartezeit bis zum ersten Frühlingsgemüse etwas zu verkürzen, können Sie zu sogenannten Microgreens greifen. Was genau das ist?
Microgreens sind so etwas wie Sprossen, doch sie dürfen etwas länger wachsen. Während Sprossen aus gekeimten Samen bestehen, sind Microgreens gekeimte Samen mit zwei bis drei Blättern – der Samen wird nicht mitgegessen. Und während Sprossen in nur wenigen Tagen im Glas essbereit sind, werden Microgreens in der Erde ausgesät und wachsen ein bis drei Wochen. Wer Microgreens ziehen möchte, muss also etwas Geduld mitbringen.

WORAUF ACHTEN?

Viele Pflanzen eignen sich zum Verzehr als Microgreens, beispielsweise Rote Bete, Radieschen, Brokkoli oder Spinat. Kaufen Sie am besten Saatgut, das zur Herstellung von Sprossen geeignet ist, bestenfalls in Bioqualität. Bei Sprossen und auch bei Microgreens gilt: Verzichten Sie auf Nachtschattengewächse wie Tomaten, Auberginen oder Kartoffeln. Diese enthalten giftiges Solanin. Und: Schwangere, Babys und Kleinkinder sowie Menschen mit einem schwachen Immunsystem sollten sicherheitshalber auf rohe Microgreens verzichten.

VORSICHT, SCHIMMELGEFAHR!

Zu viel, aber auch zu wenig Wässern birgt die Gefahr, dass sich Schimmel bildet. Ist es zu warm oder die Belüftung ist unzureichend, hat sich schnell mal ein Schimmelpilz ausgebreitet. Sie erkennen ihn am weißen Flaum und modrigen Geruch. Dann müssen Sie die Anzucht entsorgen und noch einmal von vorn beginnen.

WAS MACHT MICROGREENS UND SPROSSEN SO BESONDERS?

Viele der kleinen Pflänzchen enthalten jede Menge Vitamine und Mineralstoffe, aber auch sekundäre Pflanzenstoffe, Eiweiße und Ballaststoffe. Sie sind echte Powerpakete für unsere Gesundheit. Das Keimen führt dazu, dass der Gehalt einiger Nährstoffe häufig steigt. Microgreens vom Rotkohl enthalten zum Beispiel reichlich Vitamin C und Vitamin K. Allerdings bleibt zu bedenken, dass die Micro-Pflänzchen häufig nur in Mini-Mengen auf unserem Teller landen. Dennoch: Sie bringen Abwechslung und ein Plus an Nährstoffen mit. Deswegen gibt es eine klare Empfehlung für Microgreens, vor allem im Januar und Februar.

SPROSSEN ZÜCHTEN? GEHT GANZ EINFACH

Während Microgreens in der Erde gezogen werden, brauchen Sprossen nur Licht, Wärme und Wasser. Sie wachsen ratzfatz, zum Beispiel in einem speziellen Keimglas. Samen und Keimgerät werden vorher gründlich gespült, das Gerät gereinigt. Die Samen werden nun in einer dünnen Schicht auf einem Siebeinsatz verteilt, das Wasser kann ablaufen – ein Schutz vor Schimmel. Das Glas wird nun verschlossen. Zwei- bis dreimal am Tag müssen die Samen mit frischem Wasser gespült werden. An einem hellen, warmen Ort sind die Sprossen nach drei bis fünf Tagen essbereit.

TIPP

Wie verwende ich Microgreens und Sprossen in der Küche?

Die zarten Pflänzchen schmecken je nach Sorte entweder scharf, süßlich oder auch leicht würzig und bringen tolle Farben auf den Teller. Dadurch sind sie die perfekten Begleiter für Sandwiches und Wraps, Suppen, Salate, Bowls oder Gemüsegerichte. Und sie peppen ganz einfach das gute alte Butterbrot auf oder das Quarkbrot, das Gemüsebrot und vieles mehr. Übrigens: Verspeisen Sie Microgreens und Sprossen am besten sofort nach der Ernte, aber spätestens am nächsten Tag.

FEBRUAR-HELDEN

Der Februar steht im Zeichen von Lagergemüse wie Karotten, Kartoffeln, Kohl, Rote Beten oder Pastinaken. Aber auch Chicorée hat jetzt Saison und gegen Ende des Monats sprießen die ersten Wildkräuter.

Chicorée

Die Zichorie, wie Chicorée auch genannt wird, kann man theoretisch ganzjährig anbauen. Sie ist aber vor allem in den Wintermonaten beliebt und verfügbar, wenn es sonst nicht viel Frisches gibt. Chicorée schmeckt etwas herb und bitter, ist dabei aber sehr zart. Die Bitter- und Ballaststoffe aus den weißen, kalorienarmen Kolben fördern die Verdauung. Darüber hinaus bringt Chicorée eine gute Portion Vitamine und Mineralstoffe mit.

Einkaufs- und Küchentipps

Chicorée gibt es in weiß oder rötlich-violett. Letztere Variante stammt aus einer Kreuzung mit Radicchio. Braune Stellen oder welke Blätter sind Hinweise auf eine schlechte Qualität. Grüne Stellen sprechen für einen hohen Gehalt an Bitterstoffen. Sie sollten das Gemüse lichtgeschützt und kühl aufbewahren und zügig verwenden. Chicorée schmeckt nicht nur roh im Salat, sondern eignet sich auch prima für Gratins und für den Grill!

Wildkräuter

Löwenzahn, Brennnessel, Giersch und Gänseblümchen sind eigentlich als »Unkraut« bekannt. Pflücken, waschen, zerpflücken und probieren Sie doch mal die wilden Pflanzen. Wildkräuter bringen jede Menge Nährstoffe, sekundäre Pflanzenstoffe und kräftige Bitternoten mit, die unter anderem die Verdauung unterstützen. Auch kulinarisch sind sie interessant und runden das eine oder andere Wintergericht ab. Am besten vorsichtig dosiert als Gewürz einsetzen und erst zum Schluss zugeben.

Sprossen und Microgreens

Die Mini-Pflänzchen gedeihen ganz leicht auch im Winter auf der Fensterbank und bringen frisches Grün auf Ihren Winterteller. Sprossen brauchen nicht viel, nur Licht, Wärme und Wasser – Microgreens zudem etwas Anzuchterde. In wenigen Tagen bis Wochen ernten Sie dann die nährstoffreichen Powerlebensmittel im Miniaturformat.

YOGASTULLE *mit Himbeeren*

Zum Frühstück

Für 2 Personen
20 Min. Zubereitung
Pro Portion ca. 460 kcal, 21 g E, 14 g F, 58 g KH

100 g Schafskäse (Feta)
1 EL Holunderblütensirup (alternativ Agavendicksaft)
1 EL Weißweinessig
Pfeffer
1 kleine Ringelbete (ersatzweise Rote oder Gelbe Bete)
½ Zwiebel
½ Handvoll Löwenzahnblätter (selbst gepflückt oder vom Gemüsehändler)
1 Stängel Zitronenmelisse
2 EL Himbeeren (alternativ Birne oder Physalis)
4 Scheiben Saatenbrot

1. Den Schafskäse in eine Schüssel bröckeln. Holunderblütensirup und Essig zugeben und alles mit einer Gabel zu einer Creme verrühren. Die Creme mit Pfeffer würzen.

2. Die Ringelbete schälen, die Enden abschneiden und die Knolle mit einem Spiralschneider in zwei gleich lange, hauchdünne Spiralen schneiden. Die Zwiebel schälen und ebenfalls hauchdünn in Halbringe schneiden.

3. Löwenzahn und Zitronenmelisse kurz abbrausen und trocken schütteln. Den Löwenzahn in grobe Stücke, die Blätter der Zitronenmelisse in feine Streifen schneiden. Die Himbeeren behutsam waschen, trocken tupfen.

4. Die Brotscheiben mit der Fetacreme bestreichen. Dann zwei Scheiben mit den Bete-Spiralen belegen, die Zwiebelringe, Löwenzahnstücke und Zitronenmelissestreifen dazwischenstreuen. Die Himbeeren darauf verteilen und alles mit den restlichen Brotscheiben abdecken.

BOHNENSALAT *mit Parmesan*

Ballaststoffreich

Für 2 Personen
25 Min. Zubereitung
Pro Portion ca. 415 kcal, 39 g E, 17 g F, 23 g KH

175 g grüne Bohnen
Salz
100 g Parmesan
125 g Joghurt (1,5 % Fett)
2 EL Zitronensaft
Pfeffer
1 Dose weiße Bohnen (ca. 250 g Abtropfgewicht)
1 kleine rote Zwiebel
50 g rote Rettichsprossen
100 g Hähnchenbrustaufschnitt (in dünnen Scheiben)

1. Die grünen Bohnen putzen, waschen und in einem kleinen Topf in wenig leicht gesalzenem Wasser zugedeckt in ca. 10 Min. weich dünsten. Alternativ die Bohnen in einem Dämpfeinsatz über kochendem Wasser dämpfen.

2. Den Parmesan grob raspeln. 2 EL davon beiseitestellen, den Rest mit dem Joghurt und dem Zitronensaft verrühren, mit etwas Salz und Pfeffer abschmecken.

3. Die weißen Bohnen in ein Sieb abgießen, kalt abspülen und gut abtropfen lassen. Die Zwiebel schälen und in sehr feine Spalten schneiden. Die Rettichsprossen in einem Sieb kalt abbrausen und trocken tupfen.

4. Die grünen Bohnen abgießen und abtropfen lassen. Mit den weißen Bohnen und den Zwiebelspalten mischen. Den Bohnensalat mit dem Hähnchenbrustaufschnitt auf zwei Tellern anrichten. Das Dressing darüber verteilen, die Rettichsprossen und den Parmesan daraufstreuen.

INFO In Sprossen steckt neben viel Geschmack auch eine Fülle an Vitaminen und Mineralstoffen.

BRENNNESSELSUPPE

Vitaminschub im Frühjahr

Für 4 Personen
20 Min. Zubereitung
Pro Portion ca. 190 kcal, 7 g E, 14 g F, 4 g KH

150 g junge, zarte Brennnesselblätter
Salz
je 1 Handvoll Löwenzahn- und Sauerampferblätter
4 kleine Frühlingszwiebeln
2 Knoblauchzehen
1 l Gemüsebrühe
2 EL Butter
100 g Sahne
100 ml Milch
Pfeffer
frisch geriebene Muskatnuss
2 Eigelb
essbare Wildblüten für die Garnitur (z. B. Taubnesseln, Primeln, Veilchen)
1 Msp. gemahlener Safran (nach Belieben)

1. Die Brennnesseln auf der Arbeitsfläche auslegen (dazu am besten Küchenhandschuhe anziehen) und mit dem Nudelholz darüberrollen – dadurch werden die Nesselzellen zerstört und das Kraut brennt nicht mehr. Alle harten Stiele entfernen. Die Blätter in kochendes Salzwasser geben und ca. 30 Sek. blanchieren, dann in ein Sieb abgießen und unter kaltem Wasser abschrecken.

2. Löwenzahn und Sauerampfer putzen, kurz abbrausen und trocken schleudern. Die Frühlingszwiebeln putzen und waschen, den Knoblauch schälen. Die vorbereiteten Zutaten separat fein hacken. Die Brühe erhitzen.

3. In einem Topf die Butter schmelzen. Darin zunächst die Frühlingszwiebeln andünsten. Es folgen der Knoblauch und ein paar Sekunden später alle Kräuter. Kurz andünsten, dann die heiße Brühe angießen und alles einmal aufkochen. Nun die Sahne und Milch dazugießen und die Suppe mit Salz, Pfeffer und ein wenig Muskatnuss abschmecken. Ab sofort darf die Suppe nicht mehr kochen!

4. Mit einer Schöpfkelle etwas Suppe aus dem Topf nehmen und in einer Schüssel mit den Eigelben verrühren. Dann zurück in die Suppe geben. Die Temperatur auf kleiner bis mittlerer Stufe halten, damit das Ei nicht gerinnt.

5. Die Wildblüten lediglich bei Bedarf vorsichtig abbrausen und trocken tupfen. Die Suppe vor dem Servieren nach Belieben mit Safran verfeinern, auf tiefe Teller oder Suppenschalen verteilen und mit den Blüten dekorieren.

CHICORÉEPASTA

One-Pot-Pasta

Für 4 Personen

20 Min. Zubereitung

Pro Portion ca. 530 kcal, 15 g E, 16 g F, 57 g KH

Salz
200 g Bandnudeln (10 Min. Garzeit)
1 kleine Dose Ananas in Stücken (ca. 340 g Abtropfgewicht)
750 g Chicorée
2 EL Butter
1 EL mildes Currypulver
Pfeffer
100 g Sahne
100 g Putenschinken (in Scheiben)

1. In einem Topf 1 l Wasser und 1 TL Salz aufkochen und die Bandnudeln darin nach Packungsanweisung bissfest garen. Anschließend in ein Sieb abgießen.

2. Die Ananasstücke in ein Sieb geben, abtropfen lassen und dabei den Saft auffangen. Den Chicorée putzen, waschen und in fingerdicke Scheiben schneiden.

3. Die Butter in einer Pfanne erhitzen, die Chicoréescheiben darin bei mittlerer Hitze anbraten. Mit Currypulver, Salz und Pfeffer würzen. Die Bandnudeln dazugeben. 250 ml Ananassaft und Sahne angießen.

4. Pasta zugedeckt ca. 2 Min. ziehen lassen, zwischendurch umrühren und wenn nötig Wasser dazugeben.

5. Inzwischen den Putenschinken in dünne Streifen schneiden und mit den Ananasstücken unter die Pasta heben. Alles abschmecken und auf Teller verteilen.

GERSTENRISOTTO

Aus Dänemark

Für 4 Personen
30 Min. Zubereitung
12 Std. Quellen
Pro Portion ca. 515 kcal, 21 g E, 22 g F, 52 g KH

700 ml Gemüsefond (ersatzweise Gemüsebrühe)
250 g Gerstengraupen
150 g TK-Erbsen
2 Schalotten
1 Knoblauchzehe
200 g Ziegenweichkäse
2 Schalen Kresse
4 EL Rapsöl
100 ml trockener Weißwein
Salz
Pfeffer

1. Den Fond in einem Topf aufkochen. Dann den Herd ausschalten, die Graupen in den heißen Fond geben und ca. 12 Std. (über Nacht) zugedeckt quellen lassen.

2. Am nächsten Tag die TK-Erbsen in ein Sieb geben und über einer Schüssel antauen lassen. Schalotten schälen und fein würfeln. Knoblauch schälen und sehr fein hacken. Käse grob würfeln. Kresse waschen, trocken schütteln und vom Beet schneiden. Die eingeweichten Graupen in ein Sieb abgießen, dabei den restlichen Fond auffangen.

3. Das Öl in einem Topf erhitzen, Zwiebel und Knoblauch darin in ca. 1 Min. glasig dünsten. Graupen hinzufügen und ca. 1 Min. anschwitzen. Den Wein angießen und bei mittlerer Hitze unter Rühren einkochen lassen. Dann den Fond dazugeben und weiter kochen, bis die Graupen die Flüssigkeit fast vollständig aufgesogen haben.

4. Die angetauten Erbsen zugeben und ca. 3 Min. mitkochen. Zuletzt den Käse unterheben und den Risotto mit Salz und Pfeffer abschmecken. Den Risotto in vier Schalen anrichten, mit der Kresse bestreuen und servieren.

MÄRZ

Haben Sie schon mal gefastet? Der März bietet sich dafür an. Durch Fasten schenken Sie sich eine kraftvolle Auszeit, die Ihrer Gesundheit und Ihrer Seele gut tun wird.

NEUE KRAFT SCHÖPFEN DURCH FASTEN

Fasten bedeutet Gewinn durch Verzicht. Dieser Gewinn sieht bei jedem anders aus: neue Leichtigkeit, Erkenntnisse, Energie …

Es geht langsam auf Ostern zu, die christliche Fastenzeit hat begonnen. Viele Menschen nutzen diese 40 Tage, um auf etwas zu verzichten, das sie selbstverständlich nutzen oder das ihnen das Leben versüßt: Alkohol, Süßigkeiten, Fernsehen, Autofahren oder Social Media. Beim traditionellen Fasten vor Ostern wird zudem freitags kein Fleisch gegessen. Die religiöse Bedeutung der Fastenzeit beruht auf Buße, Besinnung und der Begegnung mit Gott. Das Fasten soll dazu dienen, neue Wege zu gehen und sich selbst für Veränderungen und neue Gewohnheiten zu öffnen.

In Bewegung kommen

Sich in Verzicht zu üben, gibt Dingen und Lebensmitteln wieder einen höheren Wert – man nimmt sie bewusst wahr. Der zeitweise Verzicht auf Alkohol, Süßigkeiten, Zucker oder Fleisch hat darüber hinaus einen hohen gesundheitlichen Nutzen und führt idealerweise zu einer generellen Anpassung des Lebensstils. Und: Alte Gewohnheiten zu unterbrechen, bringt Bewegung in eingefahrene Routinen und öffnet Raum für Neues. Grundsätzlich scheint Verzicht unserer Überflussgesellschaft gleich auf mehreren Ebenen gutzutun.

Welche Fastenmethoden gibt es eigentlich?

Beim Heilfasten verzichten Fastende eine Woche lang vollständig auf feste Nahrung. Es gibt aber auch Formen, die sich einfacher in den Alltag integrieren lassen, etwa das Intervallfasten oder auch das Scheinfasten.

HEILFASTEN

Seit Tausenden von Jahren nutzen Menschen die gesundheitliche Kraft des Heilfastens vorbeugend oder auch zur Heilung von bestimmten Erkrankungen. Laut Otto Buchinger, Arzt und Erfinder dieser Fastenmethode, wirkt traditionelles Heilfasten nicht nur auf körperlicher, sondern auch auf psychischer und spiritueller Ebene. Während auf körperlicher Ebene durch den Nahrungsverzicht erwiesenermaßen bestimmte Stoffwechselprozesse angestoßen werden, berichten viele Fastende, auch mental davon zu profitieren. Die Vorteile des Heilfastens bei bestimmten Beschwerden sind wissenschaftlich belegt.
Heilfasten dauert in der Regel zwischen sieben und zehn Tagen, hinzu kommen ein Entlastungstag, der das Fasten vorbereitet, sowie drei Tage nach dem Fastenbrechen, die wieder zum normalen Essverhalten hinführen. Heilfasten sollte möglichst unter ärztlicher Aufsicht oder in Begleitung geschulter Fastenleiter:innen stattfinden. Als Diät, also zum Gewichtsverlust, ist Heilfasten nicht geeignet, es kann jedoch der Auftakt einer Ernährungsumstellung sein.

INTERVALLFASTEN

Es gibt verschiedene Konzepte des Intervallfastens, auch bekannt als intermittierendes Fasten (IF). Allen gemein ist, dass Zeiten des Nahrungsverzichts und normales Essverhalten kontinuierlich wechseln. Je nach Ansatz gibt es zwei aufeinanderfolgende Fastentage pro Woche (Zwei-Tage-Diät) oder alle zwei Tage keine Nahrung (alternierendes Fasten). Man kann auch zwei Fastentage pro Woche einlegen (5:2-Diät) oder eine Essenspause von 16 Stunden täglich (16:8-Diät). Dabei gibt es keine Vorgaben, was Sie in Nicht-Fastenzeiten zu sich nehmen dürfen. Alles ist erlaubt!
Dieser Aspekt wird häufig kritisiert, da eine langfristige Ernährungsumstellung hin zu einer gesunden Ernährung ausbleibt. Die Ursprungsidee dahinter: je weniger Vorschriften, desto größer die Wahrscheinlichkeit, dass die Menschen am Ball bleiben. Auch der Zeitraum ist nicht beschränkt, im Gegenteil – diese Fastenform soll sich für den dauerhaften Gebrauch eignen. Häufig wird durch Intervallfasten ein Gewichtsverlust angestrebt. Studien deuten jedoch darauf hin, dass auch die Gesundheit im Allgemeinen vom Intervallfasten profitiert.

SCHEINFASTEN

Beim Scheinfasten (»fasting mimicking diet«) wird ein Fastenzustand imitiert, der auf Körperzellebene wirkt. Im Gegensatz zum Heilfasten darf gegessen werden, und zwar pro Tag 700–1000 Kilokalorien. Kohlenhydrate- und Eiweißmengen sollen ge-

Bevorzugt Obst & Gemüse: Beim Basenfasten kommen vor allem Gemüse und Früchte auf den Tisch, ebenso bei Detox-Entgiftungskuren. Letztere setzen dabei bevorzugt auf Säfte. Wissenschaftliche Belege für die Wirksamkeit dieser Kuren fehlen.

ring sein, die Nahrungszusammensetzung folgt einem festgelegten Schema. Scheinfasten dauert fünf Tage und darf nur einmal im Monat praktiziert werden. Die Studienlage ist noch dünn, bisherige Ergebnisse zeigen jedoch positive Effekte auf die Gesundheit.

BASENFASTEN

Die Idee hinter dem Basenfasten: Säurebildende Lebensmittel stören den Säure-Basen-Haushalt. Um den Körper zu entsäuern, kommen beim Basenfasten nur Lebensmittel auf den Teller, die als basisch gelten: Gemüse, Obst, Salate, einige Nüsse, Lein-, Oliven-, Rapsöl sowie Wasser und Kräutertee. Verzichtet wird auf Säurebildner wie Getreide oder proteinreiche tierische Produkte (Fleisch, Wurst, Käse). Wissenschaftliche Belege für diese Annahmen fehlen. Da ein ausgeglichener Säure-Basen-Haushalt für den Organismus immens wichtig ist, setzt unser Körper auf verschiedene Systeme, die den pH-Wert im Blut selbstständig und dauerhaft streng regulieren und optimal einstellen. Treten Störungen im System auf, liegt das an einer ernsten Erkrankung.

DETOX

»Detox« ist eine Entgiftungskur, bei der das Ziel darin besteht, den Körper zu reinigen, zu entgiften und zu entschlacken. Dadurch sollen Haut, Lymphe und Darm von sogenannten »Schlacken« befreit werden. Die Dauer von Detox-Kuren variiert von regelmäßigen wöchentlichen Detox-Tagen bis hin zu ein bis zwei Wochen pro Jahr.

Die meisten Detox-Kuren sind Saftkuren, die dem Basenfasten ähneln – basische Lebensmittel werden bevorzugt, säurebildende vermieden. Auf die Darmentleerung folgen Safttage, an denen nur Obst- und Gemüsesäfte neben Wasser und Kräutertee erlaubt sind. Feste Lebensmittel werden im Anschluss daran langsam wieder in den Ernährungsplan eingeführt, beginnend mit Rohkost. Wissenschaftlich sind die Wirkungen von Detox-Kuren nicht bewiesen; eine Reinigung des gesunden Körpers von Schadstoffen ist zudem laut Deutscher Gesellschaft für Ernährung (DGE) nicht erforderlich: »Ein gesunder menschlicher Organismus

AUF EINEN BLICK – FASTENMETHODEN

	Heilfasten (Buchinger)	Intervallfasten	Scheinfasten	Basenfasten	Detox
Wie lange?	7–10 Tage + Entlastungstag + Aufbautage	nach Belieben, dauerhaft möglich	5 Tage	1–2 Wochen mit Option auf Verlängerung	von 1 Tag bis zu 2 Wochen
Welche Ernährung?	ausschließlich Fastengetränke (Wasser, Kräutertee, Obst- oder Gemüsesaft, Brühe)	keine Vorgaben; Zeiten des Nahrungsverzichts und normales Essverhalten wechseln kontinuierlich	pro Tag max. 700–1000 kcal; geringe Kohlenhydrat- und Eiweißmengen; Ernährungsplan folgt einem festen Schema	basische Lebensmittel sind erlaubt (v. a. Gemüse, Salate, Keimlinge, Nüsse), säurebildende Lebensmittel verboten (v. a. tierisches Eiweiß)	häufig Saftkur aus Obst- und Gemüsesäften, dazu Wasser und ungesüßte Kräutertees
Welches Ziel?	Immunsystem entlasten, Zellen reparieren, Entzündungen eindämmen	Abnehmen, Immunsystem unterstützen, unterstützende Therapie bei Diabetes, Allergien u. a.	Immunsystem unterstützen; Studien prüfen Einsatz bei Diabetes, chronische Darmentzündungen u. a.	Darm entlasten, Gesundheit stärken: u. a. Nieren, Blutdruck und Herz-Kreislauf	Haut, Lymphe und Darm von »Schlacken« befreien, reinigen und entgiften

kann sich selbst ‚reinigen', indem er unerwünschte Stoffe über Leber, Nieren, Darm, Haut und die Atmung ausscheidet.«

Was passiert beim Fasten?

Ein fastender Körper stellt seine Energiegewinnung um. Normalerweise gelangen mit dem Essen Energieträger wie Fett und Kohlenhydrate in den Körper. Ein fastender Organismus muss die benötigte Energie quasi »aus sich heraus« gewinnen – und das zum Großteil aus gespeichertem Fett.

Am Anfang steht die Darmentleerung. Sie bewirkt, dass der Blutzuckerspiegel sinkt und die Hormone Glukagon und Adrenalin vermehrt ausgeschüttet werden. Diese veranlassen zwei Prozesse: Zucker wird aus den körpereigenen Kohlenhydratspeichern, vor allem Leber und Muskeln, ausgelöst. Parallel wird Fett freigesetzt, das die Muskeln für ihren Energieverbrauch nutzen. Die Kohlenhydratspeicher sind jedoch schon nach den ersten Fastentagen leer.

Das Gehirn ist allerdings auf Zucker als Energiequelle angewiesen, und zwar in Form von Glukose. Es kann im Gegensatz zu Muskeln keine Fettsäuren verwerten. Deswegen stellt sich der Stoffwechsel um und produziert selbst Glukose, um das Gehirn damit versorgen zu können. Ausgangsstoff sind körpereigene Proteine. Zunächst wird Eiweiß in der Leber, dann in den Muskeln abgebaut. Es findet aber noch eine weitere Änderung statt: Der Körper wandelt Fettsäuren in Ketonkörper um. Diese können leichter von den Muskelzellen aufgenommen werden. Als netter Nebeneffekt dämpfen Ketonkörper Hungergefühle. Und

REDUCE, REUSE, RECYCLE

Ein Begriff, der häufig im Zusammenhang mit Fasten fällt, ist Autophagie. Damit ist eine Art innere Recyclinganlage gemeint. Nicht mehr Benötigtes oder Fehlerhaftes wird in seine Einzelteile zerlegt. Brauchbares wird anderweitig verwendet, der Rest entsorgt. Somit gewinnt der Organismus neue Energie aus alten Bestandteilen – ein wirtschaftlicher Umgang mit knappen Ressourcen! Unser Körper ist nämlich sehr schlau und schont dadurch Organe und Muskeln. Unter normalen Umständen dauert Erneuerung und Reparatur deutlich länger; Fasten jedoch beschleunigt diesen Vorgang.

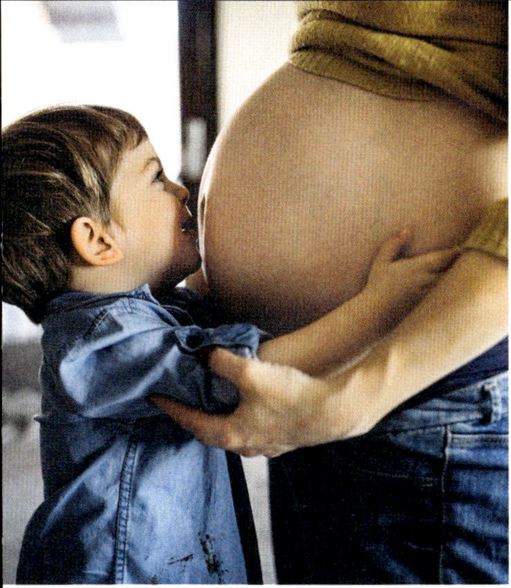

Schwangere und Stillende sollten besser nicht fasten: Für eine gesunde körperliche Entwicklung von Kindern ist eine gleichmäßige Versorgung mit allen benötigten Nährstoffen entscheidend.

nach und nach lernt auch das Gehirn, Ketonkörper zu nutzen. Es braucht also nicht mehr so viel selbst gebaute Glukose; das reduziert den Eiweißabbau. In den ersten Tagen ist der Proteinabbau daher recht hoch und nimmt dann nach und nach ab.

EIWEISSABBAU – NICHT PER SE SCHLECHT

Beim Eiweißabbau im Rahmen einer Heilfastenkur geht der Körper insbesondere an Fehlerhaftes oder nicht mehr Benötigtes (s. Info links). Dadurch werden auch solche Eiweißablagerungen beseitigt, die Transportwege verstopfen oder im Fall von Proteinablagerungen im Gehirn sogar Krankheiten wie Alzheimer fördern können. Um übermäßigen Eiweißabbau zu verhindern, sind geringe Mengen an Fruchtsaft oder Honig im Rahmen eines Heilfastenprogramms aber durchaus vorgesehen.

FASTEN ALS GESUNDHEITS-PLUS

Wer richtig fastet, tut damit seiner Gesundheit nachweislich etwas Gutes:

- Stärkung des Immunsystems
- Entlastung des Darmes
- Linderung chronischer Entzündungen wie beispielsweise Rheuma
- Steigerung Zellrecycling und -reparatur
- Verbesserung des Lebensgefühls

Aber auch noch weitere positive Veränderungen werden im Zusammenhang mit Fasten diskutiert, etwa eine Verbesserung der Hirnfunktion oder die Linderung von Depressionen. Einige Zusammenhänge sind klar belegt, andere werden noch erforscht. Einig ist sich die Forschung aber darüber, dass richtig durchgeführtes Fasten Körper und Seele gleichermaßen guttut.

NICHT FÜR JEDEN GEEIGNET

Obwohl Fasten jede Menge gesundheitlicher Vorteile mit sich bringt, ist der bewusste Verzicht auf Nahrung nicht für jeden empfehlenswert. Kinder oder Jugendliche befinden sich gerade im Wachstum. Organe wie das Gehirn sind noch nicht vollständig entwickelt und benötigen zuverlässig Nachschub an allen wichtigen Nährstoffen, um gesund wachsen zu können. Schwangere, Stillende oder alte Menschen sollten gleichfalls nicht fasten. Auch bei bestimmten Erkrankungen wie Essstörungen, fortgeschrittener Demenz, Leber- oder Nierenerkrankungen ist Fasten eher gesundheitsschädlich denn gesundheitsfördernd.

Interview mit Laura Junge

FASTEN IST WIE EINE MYSTERY-BOX

Laura Junge ist medizinische Ernährungswissenschaftlerin, ärztlich geprüfte Fastenleiterin und genießt regelmäßig die heilende Kraft des Verzichts. Außerdem hat sie den »Club der leeren Teller« gegründet – eine Plattform, auf der sie Fastende als Mentorin begleitet.

Liebe Laura, wie bist du zum Fasten gekommen?

Ich kann kaum glauben, dass ich seit acht Jahren zweimal pro Jahr sieben bis zwölf Tage faste. Nach 24 Jahren mit Hauterkrankungen, gepaart mit Verdauungsbeschwerden und Unverträglichkeiten, hat erst das Fasten mit Ernährungsumstellung eine deutliche Besserung und Heilung erzielt. Ich hätte mir nie träumen lassen, dass ich dadurch so viel Lebensqualität gewinne.

Was ist für dich das Besondere?

Das Besondere am Fasten ist neben den biochemischen Prozessen, die unsere Zellgesundheit verbessern, die mentale Veränderung. Fasten ist wie eine Mystery-Box: Man weiß nicht, was die nächste Fastenphase mit einem macht. Damit will ich in keinster Weise Sorge schüren, ein methodisch sicheres Fasten für Gesunde ist völlig unbedenklich. Fasten bedeutet für mich vielmehr einen starken Impuls zu einer nachhaltigen Veränderung des eigenen Lebensstils. Ein Rückzug, um die Kraft in sich selbst zu mobilisieren und Reparaturmechanismen zu aktivieren – ein Reset auf allen Ebenen.

Was ist der »Club der leeren Teller«?

Damit möchte ich einen Ort für ein modernes und fundiertes Fasten schaffen. Meine Mission ist es, jedem einen Zugang zum Fasten zu ermöglichen. Einigen reicht ein Buch mit Grundlagenwissen und einer praktischen Anleitung, andere wünschen sich eine intensivere Betreuung. Das versuche ich mit meinem Angebot auf @ClubderleerenTeller abzudecken.

Warum sollte man fasten?

Die verschiedenen Fastenarten unterscheiden sich hinsichtlich Methodik und Zielsetzung. Ich mache zweimal pro Jahr Heilfasten und baue das Intervallfasten regelmäßig und intuitiv in den Alltag ein. Das Heilfasten ist ein modifiziertes Wasserfasten, bei dem eine gewisse Menge an Gemüsebrühe und Saft erlaubt sind. Es bewirkt tiefgreifende Stoffwechselveränderungen, die uns gesundheitlich zugutekommen können. Mittlerweile gibt es fundiertes Wissen darüber, welche gesundheitsförderlichen Mechanismen in uns aktiviert werden können. Nehmen wir etwa die Autophagie: Sie wird als Recyclingsystem auf Zellebene durch einen Nahrungsverzicht hochreguliert. Dabei werden kaputte Proteinstrukturen, Viren, Bakterien und andere pathogene Strukturen in ihre Einzelteile zerlegt und wiederverwertet, um die eigene Zellgesundheit zu fördern und zu erhalten.

Mehr von Laura Junge unter lustesser.de oder instagram.com/lustesser/.

Muss ich mich beim Fasten bewegen oder geht's auch ohne?

Da höre ich jetzt vielleicht einige Seifenblasen platzen, aber die positiven Effekte bekommt man nicht wartend auf der Couch geschenkt. Keine Sorge, einen Marathon muss man nicht laufen, aber eine moderate Bewegung ist wichtig und gehört fest zur Methodik dazu. Besonders wichtig ist sie in den ersten Tagen, da sich dadurch die Zuckerspeicher schneller leeren. Letztendlich kommt es so eher zum sogenannten »metabolischen Switch« wobei der Körper von der Ernährung von außen auf eine Ernährung von innen aus unseren Fettdepots umschaltet. Zudem unterstützen wir mit der Bewegung unser Lymph-, unser Herz-Kreislauf-System und unsere Haut bei ihrer Arbeit. Der Impuls für die Muskeln sorgt dafür, dass nur minimal kostbare Muskelmasse abgebaut wird.

Was empfiehlst du Menschen, die sich keine Auszeit nehmen können?

Man sollte sich einen passenden Zeitpunkt suchen. Vielen hilft es, eine Fastenwoche zu buchen, sich in eine Fastenklinik zurückzuziehen oder auch problemlos während der Arbeit zu fasten. Ich empfehle trotzdem eine durch Experten angeleitete Betreuung. Diese passt das Fasten individuell an die eigenen Bedürfnisse an und unterstützt bei möglichen »Fastenkrisen«. Generell gilt: Personen mit Vorerkrankungen fasten lieber unter medizinischer Betreuung.

Kleine Anleitung zum Heilfasten nach Buchinger

Fasten ist mehr als nur »Nichtessen« und unterscheidet sich vom Hungern dadurch, dass es ein bewusster und freiwilliger Verzicht auf Nahrung ist; der Zeitraum ist begrenzt. Begleitet wird Fasten durch eine innere wohlwollende Haltung, Bewegung, Ruhe und häufig kommen auch gezielte Fastenrituale zum Einsatz.

BEVOR ES LOSGEHT

Für ein gelungenes Fastenerlebnis ist es hilfreich, sich innerlich darauf einzustellen. Sie freuen sich auf das, was kommen wird: Regeneration, Ruhe, Entschleunigung. Der Alltag sollte in der Fastenzeit bestenfalls außen vor bleiben, daher sind Fastenwochen in speziellen Einrichtungen so beliebt und professionelle Anleitung für das erste Mal sehr sinnvoll. So können Sie sicher sein, dass Sie die Methode richtig erlernen und Unterstützung bei Unsicherheiten erhalten. Erfahrene können auch zu Hause auf Nahrung verzichten. Machen Sie es sich gemütlich und versuchen Sie am besten, Stress und Pflichten zu vermeiden. Denn Stress schadet Ihrem fastenden Körper.

DER ENTLASTUNGSTAG

Vor dem eigentlichen Fasten steht ein Entlastungstag, um Ihren Körper auf den Nahrungsverzicht vorzubereiten. Er besteht aus Mahlzeiten, die überwiegend Kohlenhydrate, kaum Fett und wenig Eiweiß enthalten, also beispielsweise gedünstetes Gemüse mit Naturreis oder Hafervollkornflocken mit Wasser und Obst oder Gemüse. Sie sollten maximal 600–1000 Kilokalorien pro Tag zu sich nehmen und reichlich Wasser oder ungesüßten Tee trinken (mindestens 2 Liter). Koffein, Alkohol, Süßigkeiten und Nikotin sind an den Entlastungstagen und während der ganzen Fastenzeit tabu. Leichte körperliche Bewegung gehört auch am Entlastungstag bereits dazu.

DIE DARMENTLEERUNG

Der Fasteneinstieg beginnt nach dem Entlastungstag mit einer Darmentleerung. Typischerweise kommt hierbei Glaubersalz zur Anwendung. 30–40 Gramm Salz werden in 0,75–1 Liter Wasser aufgelöst. Sie können zur geschmacklichen Verbesserung Zitronensaft zufügen und sollten alles in 20 Minuten ausgetrunken haben. Trinken Sie nach einer halben Stunde mindestens 500 Milliliter Wasser oder ungesüßten Tee. Es folgt eine Darmentleerung, die an Durchfall erinnert. Wer einen sensiblen Magen-Darm-Trakt hat, kann alternativ abends Abführtee trinken oder in den ersten Tagen täglich einen Einlauf machen.

FASTENERNÄHRUNG

Während der Fastenzeit steht klassischerweise fünf bis sieben Tage keine feste Nahrung auf dem Programm. Der Körper stellt sich nach und nach von äußerer Ernährung auf eine Versorgung von innen um. Die Fastengetränke liefern Vitamine, Mineralstoffe und wenig Kohlenhydrate. Trinken Sie schluckweise und zwischen den Mahlzeiten so viel Wasser, wie Sie mögen – eher ein bisschen mehr. Etwa 2,5–3 Liter täglich sind ideal. Ein Tagesplan könnte aussehen, wie in der untenstehenden Tabelle gezeigt.

FASTENBRECHEN

Ein Apfel läutet mittags das Ende der Fastenzeit ein. Er wird langsam und bewusst verspeist. Abends gibt es statt der Gemüsebrühe eine Kartoffel-Gemüse-Suppe.

AUFBAUTAGE

An den Tagen nach der Fastenzeit wird die Alltagsernährung schrittweise wieder aufgebaut – mit einer vegetarischen, ballaststoffreichen Ernährung bestehend aus reichlich Obst, Gemüse und Vollkorngetreide sowie pflanzlichen ungesättigten Fetten und wenig Salz. Tierische Eiweiße und Fette sollten Sie nach und nach langsam einführen. Planen Sie mindestens vier Aufbautage ein. Schwerverdauliche Zutaten wie Hülsenfrüchte, Kohl und Zwiebeln lassen Sie in den ersten Tagen bestenfalls weg.

Während der Aufbauphase sind am ersten Tag ca. 800, am zweiten etwa 1000, am dritten 1200 und danach 1600 Kilokalorien möglich. Weiterhin steht viel Flüssigkeit zwischen den Mahlzeiten auf dem Plan. Achten Sie unbedingt darauf, die Kalorienmenge nur langsam anzuheben. Wird diese zu schnell gesteigert, kann das mit einem Jo-Jo-Effekt einhergehen. Wer die Zeit nach dem Fasten stressfrei und bewusst gestaltet, hat die Chance auf eine nachhaltige, gesunde Ernährungsumstellung.

FASTEN NACH BUCHINGER

Tageszeit	Fastengetränke
morgens	2 Tassen Kräutertee (ungesüßt) oder ein heißer Ingweraufguss
vormittags	1 l Wasser
mittags	250 ml frisch gepresster Obst- oder Gemüsesaft, 1:1 mit Wasser verdünnt
nachmittags	2 Tassen Früchtetee mit Zitrone und je ½ TL Honig
abends	250 ml frisch gekochte Gemüsebrühe (ohne Brühwürfel, mit wenig Salz)

SPECIAL

BEWEGUNG UND FASTEN

Nichts essen und trotzdem Sport machen? Klingt gewöhnungsbedürftig. Aber Bewegung ist ein essenzieller Bestandteil einer Fastenkur und gehört dazu.

Die Bewegung sollte sich an Ihrer individuellen Fitness orientieren. Sind Sie der ruhige Typ, kommen für Sie Spaziergänge, Wanderungen oder leichte Gymnastik infrage, betätigen Sie sich hingegen regelmäßig körperlich, können Sie weiterhin Ihrem Sport nachgehen. Nur die Intensität dürfen Sie etwas reduzieren. Bewegung stärkt das Immun-, das Herz-Kreislauf-System und die Stimmung. Zudem lenkt sie davon ab, ständig ans Essen zu denken, und sie schützt ihre Muskeln. Der Fastenstoffwechsel greift auf Proteine zur Energiegewinnung zurück. Wenn Sie Ihre Muskeln nicht betätigen, kann Ihr Körper davon ausgehen, Sie bräuchten sie nicht, und zieht sie zur Energiegewinnung heran. Zudem erleichtert Bewegung die Energiegewinnung aus den Fettzellen, das reduziert ebenfalls den Eiweißabbau. Und die Durchblutung wird angeregt, dadurch werden Gewebe und Organe optimal versorgt und Abfallprodukte besser abtransportiert. Bewegung wirkt folgenden Symptomen entgegen:

- Hungergefühl
- frieren
- Stimmungsschwankungen

Welche Sportarten sind am besten geeignet?

Abhängig von Ihrer Fitness und eventuellen Vorerkrankungen gibt es kaum Einschränkungen. Wandern, Radfahren, leichtes Schwimmen, Yoga oder Fitnessübungen können Sie individuell Ihrem Leistungsstand anpassen. Vielleicht nutzen Sie auch die Fastenauszeit, um etwas völlig Neues auszuprobieren! Wie wäre es beispielsweise mit Tanzen, leichtem Eislaufen oder Tai Chi? Wichtig ist, dass es Ihnen Spaß macht. So besteht die Chance, dass Sie diese Routinen auch nach dem Fasten beibehalten.

Die verschiedenen Arten

Es gibt viele verschiedene Sportarten, die unterschiedliche Kernbereiche trainieren. Die bekanntesten sind Ausdauer- und Krafttraining, es gibt aber auch die Bereiche Beweglichkeit und Koordination. Die meisten Sportarten vereinen gleich mehrere dieser Bereiche.

Ausdauer: Ausdauersportarten sind Wandern, Laufen, Radfahren, Schwimmen oder Inline-Skaten. Durch das Training sollen körpereigene Heilungsprozesse unterstützt und angeregt werden.

Yoga kräftigt, fördert Beweglichkeit und Koordination und lädt ein zum Innehalten.

Das fastenbegleitende Ausdauertraining ist ein moderates, bei dem Sie sich gut unterhalten können, und sollte mindestens 30 Minuten andauern.

Kraft: Beim Krafttraining geht es nicht um maximalen Muskelzuwachs, sondern um moderate Belastung. Krafttraining können Sie mit dem eigenen Körpergewicht oder mit Hanteln oder Stretch-Bändern umsetzen. Um Verletzungen zu vermeiden, lassen Sie sich Übungen von einem geschulten Trainer zeigen.

Beweglichkeit: Dehnbarkeit von Muskelgewebe, Sehnen und Bändern zu fördern, hilft Zerrungen oder andere Verletzungen zu vermeiden. Sie können durch Stretchingübungen Ihre Dehnbarkeit verbessern, aber auch Yoga- oder Pilatesübungen helfen dabei.

Koordination: Damit ist die Zusammenarbeit zwischen Gehirn, Nervensystem und Muskeln gemeint. Die ist angeboren, kann aber durch Training verbessert werden. Wer ein gutes Koordinationsvermögen hat, schützt sich vor Verletzungen. Koordinationsübungen wie der Einbeinstand schulen die Balance und das Reaktionsvermögen. Auch Übungen auf einem Wackelbrett (Balance Pad) fördern das Gleichgewicht.

Die fünf häufigsten Fehler beim Heilfasten

Heilfasten ist mehr als nur »nichts essen«. Ein paar Regeln helfen Ihnen, von dieser besonderen Zeit zu profitieren und gestärkt zurück in den Alltag zu gehen.

1. FEHLER: KEINE VORBEREITUNG

Idealerweise gönnen Sie sich in der Fastenwoche eine Auszeit von Arbeit und Alltag, damit Sie Ihr Fasten durch Entspannung und leichte Bewegung begleiten und gleichzeitig zur Ruhe kommen können. Vor dem Fastenbeginn steht mindestens ein Entlastungstag, an dem Sie bereits auf Alkohol, Nikotin und Koffein verzichten und leichte, ausgewogene Mahlzeiten zu sich nehmen.

2. FEHLER: ZU WENIG TRINKEN

Schon ohne Fasten trinken viele Menschen eher zu wenig denn zu viel. Dabei besteht der menschliche Körper zu einem Großteil aus Wasser, je nach Alter (Kinder > Erwachsene) und Geschlecht (Männer > Frauen) zu 60 bis 80 Prozent. Unser Körper braucht regelmäßig Nachschub, um gut funktionieren zu können. Beim Fasten stellt sich der Stoffwechsel um, Abbauprodukte müssen ausgeschieden werden. Das passiert zum Beispiel über die Niere (Urin). Dafür braucht der Körper ausreichend Flüssigkeit. Manchmal lässt das Durstgefühl beim Fasten nach, daher einfach regelmäßig trinken, trinken, trinken und zwar Wasser und ungesüßte Früchte- oder Kräutertees. Greifen Sie optimalerweise zu Mineralwasser mit einem hohen Gehalt an Natrium und Kalzium.

FASTENRITUALE

Fasten ist bestenfalls eine ganzheitliche Erfahrung, bei der es nicht nur um Nahrungsverzicht geht, sondern um eine neue Balance von Körper und Geist. Um den fastenden Körper bestmöglich zu unterstützen, gibt es verschiedene Rituale. Meditation, autogenes Training oder EFT (Emotional Freedom Techniques, eine Methode, die Spannungen durch Klopfen auf Akupressurpunkte lösen soll) unterstützen seelisch-geistige Prozesse, die durch das Fasten angestoßen werden. Aber auch Organe wie Leber, Nieren und Darm können durch äußere Anwendungen entlastet werden. Einläufe etwa helfen dem Darm, Leberwickel sind gut für die Lebern und den Nieren hilft, wennn Sie ausreichend trinken.

Wasser ist ideal, um die Flüssigkeitsspeicher aufzutanken. Für mehr Geschmack sorgen eine Scheibe Zitrone oder ein Zweig Minze.

3. FEHLER: ZU VIEL RUHE

Entspannung und Entschleunigung gehören zum Fasten dazu, Bewegung aber auch. Den ganzen Tag eingekuschelt auf dem Sofa liegen und lesen hört sich gemütlich an und ist zeitweise eine schöne Fastenbegleitung. Aber Sie sollten auch aktiv bleiben, damit Ihr Körper nicht auf Sparflamme schaltet und Sie zudem Muskeln verlieren. Frieren beispielsweise kann ein Zeichen dafür sein, dass Sie sich zu wenig bewegen. Probieren Sie einfach mal, sich warm anzuziehen und eine lange Wanderung oder einen leichten Lauf an der frischen Luft einzulegen.

4. FEHLER: ZU WENIG RUHE

Ein fastender Körper braucht zwar Bewegung, aber auch Ruhepausen. In den ersten Tagen ist die Umstellung des Stoffwechsels eine große Anstrengung für Ihren Organismus. Da ist er besonders darauf angewiesen, dass sonstige Stressoren ausgeschaltet bleiben und Sie ein paar Gänge runterfahren. Doch auch in der Zeit des sogenannten Fasten-Highs, in dem viele Fastende eine unglaubliche Schöpferkraft in sich spüren, sind regelmäßige Pausen zur Entspannung wichtig. Ideal sind 30 Minuten täglich, zum Beispiel beim Saunieren, Meditieren, Journaling (Tagebuch schreiben) oder bei anderen Entspannungsmethoden.

5. FEHLER: KEIN ÜBERGANG

Nach dem Fasten steht das bewusste Fastenbrechen, traditionellerweise mit einem saftigen Apfel. Gut geeignet sind auch grüne Smoothies oder ungezuckerte Pflanzendrinks. Darauf folgen mehrere Aufbautage, in denen Sie langsam wieder Ihren normalen Essalltag aufnehmen. Warum? Ihr Körper hat sich während des Fastens verändert. Der Stoffwechsel hat sich umgestellt, die Verdauungssäfte fließen in nur geringen Mengen. Nach dem Fasten muss sich der Organismus langsam wieder umgewöhnen. Wer einfach zu Pizza, Pommes und Präsentationen zurückkehrt, riskiert Magen-Darm-Beschwerden und Unwohlsein. Zudem bietet ein langsamer Übergang die Chance, neue Ernährungsgewohnheiten weiter einzuüben. Und auch die anderen positiven Veränderungen, wie viel zu trinken und sich regelmäßig zu bewegen, können Sie durch einen sanften Übergang leichter in Ihren neuen Alltag mitnehmen.

MÄRZ-HELDEN

Der Speisplan wird abwechslungsreicher. Im März freuen wir uns auf Bärlauch und jungen Spinat. Lauch und Champignons haben das ganze Jahr über Saison. Daraus lässt sich doch was machen.

Spinat

Stark wie Popeye – das wäre doch was! Spinat verleiht zwar keine Superkräfte, aber er ist dennoch ein gesundheitlich äußerst bedeutsames Gemüse, vollgepackt mit Nährstoffen wie Magnesium, Folsäure, Vitamin A und Vitamin K. Spinat ist zweimal im Jahr reif, einmal von März bis Mai und dann von Juli bis Oktober. Gartenspinat, der schon sehr lange steht und in die Höhe »geschossen« ist, dicke Rippen und Stängel hat, sollten Sie lieber nicht mehr verzehren. Zu viel gesundheitsschädliches Nitrat kann dann darin vorhanden sein.

Bärlauch

Das Frühlingskraut gibt es im Wald und mittlerweile auch im Supermarkt. Selbst sammeln sollten Sie ihn nur, wenn Sie ihn auch zweifelsfrei erkennen. Denn er hat giftige Doppelgänger. Bärlauch schmeckt ähnlich wie Knoblauch und wird in der Küche auch so eingesetzt. Nach dem gründlichen Waschen können Sie daraus ein Pesto zubereiten, damit einen Kräuterquark verfeinern oder rohe Blätter, fein gehackt, zum Würzen in Salat und andere herzhafte Gerichte geben.

Champignons

Zuchtchampignons sind mittlerweile das ganze Jahr über reif und erhältlich, denn sie werden in speziellen Tunneln gezüchtet. Dort reifen sie in vier bis fünf Wochen heran. Champignons gibt es in braun oder weiß und in unterschiedlichen Größen. Sie schmecken roh und gebraten, gegrillt und gedünstet. Champignons lassen sich allerdings nicht lange lagern. Im Gemüsefach des Kühlschranks halten sie sich zwei bis drei Tage. Waschen Sie Champignons nicht, sie werden sonst schwammig, abbürsten oder mit einem Tuch abreiben reicht.

Lauch

Porree, wie der Lauch auch genannt wird, ist eng mit Zwiebeln und Knoblauch verwandt, aber milder und besser bekömmlich. Lauch bringt reichlich Ballaststoffe und Vitamin C mit. Durch seine Würzigkeit ist er fester Bestandteil von Suppengrün und darf in keinem Eintopf fehlen. Lauch eignet sich aber auch einfach so als Gemüsebeilage oder Hauptdarsteller einer saftigen Lauchquiche. Er steckt einige Tage Lagerung im Kühlschrank locker weg. Vor der Zubereitung sollten Sie ihn putzen und gründlich waschen, damit Sie sich später nicht an feinen Sandkörnchen die Zähne ausbeißen.

1/2 TSP - 2.5 ml

KARTOFFELSALAT *mit Bärlauchdressing*

Frühlingssalat

Für 2 Personen
30 Min. Zubereitung
Pro Portion ca. 530 kcal, 13 g E, 32 g F, 46 g KH

400 g kleine, junge Kartoffeln
3 kleine, dünne Möhren
Salz
100 g TK-Erbsen
1 Avocado
1 EL Zitronensaft
25 g Bärlauch
1 große Handvoll Kerbel
2 Stängel Estragon
100 g saure Sahne
1 EL Weißweinessig
Pfeffer
2 Msp. Chilipulver

1. Kartoffeln waschen und mit einer Bürste abschrubben. In ausreichend kochendem Wasser in 15–20 Min. weich garen, dann abgießen, ausdampfen lassen und mitsamt der Schale je nach Größe halbieren oder vierteln.

2. Inzwischen die Möhren schälen und in ca. 3 mm dicke Scheiben schneiden. Ausreichend Wasser zum Kochen bringen, salzen. Möhren hineingeben und in 5–7 Min. bissfest garen, dabei gegen Ende für 3 Min. die gefrorenen Erbsen dazugeben und mitgaren. Dann das Gemüse in ein Sieb abgießen und kurz kalt abbrausen, abtropfen lassen.

3. Während Kartoffeln und Möhren garen, die Avocado halbieren und den Kern entfernen. Fruchtfleisch mit einem Löffel aus den Schalen lösen und quer in nicht zu dünne Scheiben schneiden. Sofort in dem Zitronensaft wenden, damit die Scheiben nicht braun werden.

4. Bärlauch waschen und trocken schütteln, Stiele abschneiden, die Blätter in dünne Streifen schneiden. Die Kräuter abbrausen, trocken schütteln, die Blätter abzupfen und separat grob schneiden. Die Hälfte des Bärlauchs und Kerbels mit dem gesamten Estragon, 1 EL saurer Sahne und dem Essig pürieren. Übrige Sahne unterrühren. Das Dressing mit Salz, Pfeffer und Chilipulver würzen.

5. Die lauwarm abgekühlten Kartoffeln mit Möhren, Erbsen und dem Dressing mischen. Den Salat mit Salz und Pfeffer abschmecken. Und zum Schluss noch die Avocado und den restlichen Kerbel und Bärlauch unterheben.

PILZ-CARPACCIO *mit Spinat und Linsen*

Gute Proteinquelle

Für 4 Personen
30 Min. Zubereitung
30 Min. Garen
Pro Portion ca. 270 kcal, 10 g E, 20 g F, 12 g KH

50 g grüne Le Puy-Linsen
Salz
1 kleine rote Zwiebel
20 g getrocknete Apfel-Chips
4 EL Olivenöl
3 EL Apfel-Balsamico
100 ml Gemüsebrühe
2 EL Walnussöl
Pfeffer
50 g Baby-Blattspinat
400 g Champignons
80 g geräucherter Scamorza-Käse

1. Die Linsen nach Packungsanweisung in Wasser in ca. 20 Min. zugedeckt knapp gar kochen, dann salzen und auf dem abgeschalteten Herd ca. 10 Min. nachziehen lassen. In ein Sieb abgießen und abtropfen lassen.

2. Die Zwiebel schälen, klein würfeln, die Apfel-Chips im Blitzhacker zerkleinern. 1 EL Olivenöl in einer kleinen beschichteten Pfanne erhitzen, die Zwiebelwürfel darin bei mittlerer Hitze glasig dünsten, dabei die zerkleinerten Chips mitdünsten. Den Balsamico und die Brühe angießen, dann alles vom Herd nehmen und mit den Linsen, dem Walnussöl und dem übrigen Olivenöl verrühren. Das Dressing mit Salz und Pfeffer kräftig abschmecken.

3. Spinat waschen, verlesen und trocken schleudern. Die Champignons putzen, bei Bedarf feucht abreiben und in möglichst dünne Scheiben schneiden. Diese auf Tellern auslegen und mit den Spinatblättern belegen.

4. Das Champignon-Carpaccio kurz vor dem Servieren mit dem Linsendressing beträufeln. Den Scamorza-Käse mit einem Sparschäler in dünne Späne hobeln und darüberstreuen. Dazu passt Vollkornbrot oder -baguette.

MÖHRENBRÜHE

Fastensüppchen

Für 4 Personen
30 Min. Zubereitung
Pro Portion ca. 15 kcal, 1 g E, 0 g F, 2 g KH

250 g Möhren
50 g Petersilienwurzel
50 g Sellerie
½ Stange Lauch
4 Stängel Petersilie
Meersalz
Gemüsebrühe (Instant)
frisch geriebene Muskatnuss
2 TL Hefeflocken (nach Belieben)

1. Möhren, Petersilienwurzel und Sellerie jeweils putzen, waschen und mitsamt der Schale klein schneiden. Den Lauch gründlich waschen und in Ringe schneiden. Das vorbereitete Gemüse in 1 l kochendem Wasser zugedeckt bei kleiner Hitze in 10–20 Min. weich garen.

2. In der Zwischenzeit die Petersilie waschen und trocken schütteln, die Blättchen abzupfen und fein hacken.

3. Am Ende der Garzeit die Suppe durch ein feines Sieb streichen und mit 1 Prise Meersalz, etwas Gemüsebrühe und Muskatnuss abschmecken. Mit der gehackten Petersilie und nach Belieben den Hefeflocken bestreuen.

TIPP Wenn es im Sommer sehr heiß ist, können Sie die Gemüsebrühen auch einmal kalt genießen. Das bringt Abwechslung und erfrischt. Die Brühe sollte aber nicht eiskalt sein, darum vor dem Verzehr rechtzeitig aus dem Kühlschrank nehmen und ca. 1 Std. warten.

APFEL-LAUCH-GEMÜSE

Echt scharf!

Für 4 Personen

35 Min. Zubereitung

Pro Portion ca. 195 kcal, 3 g E, 11 g F, 19 g KH

800 g Lauch
8 Zweige Thymian
4 EL Olivenöl
2 grüne Chilischoten
5 Äpfel (ca. 900 g)
Kräutersalz
frisch gemahlener grüner Pfeffer
4 TL Apfelbalsamessig

1. Den Lauch putzen, gründlich waschen und abtropfen lassen. Nur die festen, vor allem weißen Teile verwenden und diese in schmale Ringe schneiden. Die Thymianzweige abbrausen und trocken schütteln.

2. In einer beschichteten Pfanne das Olivenöl erhitzen. Lauchringe und 4 Thymianzweige darin in ca. 5 Min. bei mittlerer Hitze andünsten, ohne dass sie Farbe annehmen.

3. Inzwischen die Chilischoten waschen, längs halbieren, Stielansatz, weiße Trennwände und Kerne entfernen. Die Hälften klein würfeln und zum Lauch geben. Die Äpfel schälen, vierteln, entkernen, in schmale Spalten schneiden und mit dem Lauch in weiteren 8–10 Min. weich dünsten.

4. Das Apfel-Lauch-Gemüse mit Kräutersalz, Pfeffer und Essig würzen, die mitgegarten Thymianzweige entfernen. Von den restlichen Thymianzweigen die Blättchen abstreifen und über das Gemüse streuen. Dazu passt Hirse.

GARNELEN-RAMEN

Aus Japan

Für 2 Personen
35 Min. Zubereitung
Pro Portion ca. 575 kcal, 39 g E, 13 g F, 71 g KH

30 g Wakame-Algen-Salat (frisch oder TK; Asienladen)
800 ml Fischfond
15 g getrocknete Kombu-Alge (Asienladen)
10 g Bonito-Flocken (getrockneter, geräucherter Thunfisch; Asienladen)
15 g Mungbohnensprossen (ersatzweise Rettich- oder Sojasprossen)
30 g Baby-Blattspinat
1 Ei (M)
100 g rohe küchenfertige Garnelen (geschält)
400 g vorgegarte Ramen-Nudeln (Asienladen)
6 EL Sojasauce
1 TL Knoblauchöl

1. Wakame gegebenenfalls auftauen. Den Fond in einem breiten Topf aufkochen und in 10 Min. bei großer Hitze offen auf ca. 600 ml reduzieren lassen. Dann die Kombu-Alge zugeben und 15 Min. bei ausgeschalteter Hitze ziehen lassen. 2 Min. vor Ende der Ziehzeit die Bonito-Flocken zugeben. Anschließend alles durch ein feines Sieb abgießen, den Fond dabei auffangen und zurück in den Topf geben. Kombu-Alge und Bonito-Flocken entfernen.

2. Die Sprossen abspülen und abtropfen lassen. Spinat verlesen, waschen und trocken schütteln. Das Ei in kochendem Wasser in ca. 6 Min. wachsweich garen, danach herausnehmen, kalt abspülen, pellen und in Eiswasser vollständig auskühlen lassen. Dann längs halbieren.

3. Den Fond erneut erhitzen. Die Garnelen darin bei kleiner Hitze in 3–4 Min. gar ziehen lassen, anschließend herausnehmen. Nudeln nach Packungsanweisung bissfest garen, abgießen und abtropfen lassen.

4. Je 3 EL Sojasauce auf zwei Schalen verteilen und den Fond darübergießen. Die Nudeln hinzufügen und mit einer Gabel spiralförmig aufdrehen. Sprossen, Spinat, die Eihälften, Wakame und Garnelen darauf anrichten. Die Ramen mit Knoblauchöl beträufeln und sofort servieren.

APRIL

Endlich geht es los: Überall blüht und sprießt es, die Spargelzeit kommt, aber auch die Heuschnupfenzeit. Und begleitend zu Ostern haben Eier Hochkonjunktur.

HATSCHI, DER FRÜHLING IST DA!

Jetzt blüht es wirklich überall – Heuschnupfen hat Hochsaison, genau wie Eier. Was hat das mit Lebensmittelallergien zu tun?

Nicht für alle ist der Frühling eine Zeit ungetrübter Lebensfreude. Der Blütenstaub frühblühender Bäume und Sträucher wie Hasel, Birke oder Erle ist neben Gräsern und Beifuß häufig der Auslöser für eine Pollenallergie. Das Symptom: Heuschnupfen, der meist mit tränenden oder juckenden Augen, Niesreiz und einer laufenden Nase einhergeht. Das Phänomen heißt übrigens deshalb »Heuschnupfen«, weil man die allergische Reaktion erstmals im Zusammenhang mit Heu oder Gras im 19. Jahrhundert erkannt und genauer untersucht hat.

Pollenallergie

Doch wie kommt es eigentlich dazu? Jede Allergie ist eine Überreaktion des Körpers auf an sich harmlose Fremdstoffe aus der Umwelt. Bei der Pollenallergie sind das Eiweiße bestimmter Pollen. Allergieauslösende Pollen sind sehr klein und durch ihr geringes Gewicht besonders flugfähig - manche können bis zu 300 Kilometer weit durch die Luft treiben. Nach dem ersten Kontakt bildet der Körper Antikörper. Das geschieht meist unbemerkt, weil noch keine Symptome auftreten. Der Körper wird bei diesem Erstkontakt sensibilisiert,

er wird also empfindlich für den allergieauslösenden Stoff. Bis sich die Symptome zeigen, können übrigens Monate bis Jahre vergehen!
Die Antikörper heften sich beim nächsten Kontakt mit dem Allergen an bestimmte Zellen des körpereigenen Immunsystems. Diese schütten daraufhin Entzündungsbotenstoffe aus, sogenannte Histamine. Und diese lösen dann die typischen Beschwerden aus. Weil die Pollen vor allem mit der Nasen-, Rachen- oder Augenschleimhaut in Berührung kommen, sind diese Körperstellen besonders stark von der allergischen Reaktion betroffen. Manchmal ist es sogar nicht nur eine Pflanze, auf die Ihr Körper reagiert, sondern gleich mehrere.
Eine laufende Nase und Kratzen im Hals können allerdings auch schlicht die Anzeichen einer gewöhnlichen Erkältung sein. Woran also ist Heuschnupfen zu erkennen?

- Eine Erkältung dauert etwa zwei Wochen, eine Pollenallergie kann die Betroffenen die ganze Saison begleiten.
- Bessern sich die Symptome nach längeren Regenphasen? Das ist lediglich bei einer Pollenallergie der Fall.
- Bei einer Erkältung ist das Nasensekret oft zähflüssig und gelblich, bei Heuschnupfen fließend und klar. Niesen tritt bei einer Allergie anfallsartig auf, bei einer Erkältung nur gelegentlich.
- Eine »normale« Erkältung tritt im Winter häufiger auf, Heuschnupfen lässt zu dieser Jahreszeit aber nach.
- Inhalationen zeigen lediglich bei einer Erkältung die erwünschte Wirkung.

Ganz wichtig: Zur genauen Abklärung der Symptome lieber einen Allergologen oder eine Allergologin aufsuchen, damit Sie sich nicht falsch behandeln!
Heftige Reaktionen werden schon durch wenige Pollen ausgelöst, und das sehr schnell nach dem Kontakt, weil die Pollenallergie zum »Soforttyp« der Allergien gehört. Dies zeigt sich durch heftige Niesattacken, eine laufende Nase, tränende Augen, eine entzündete Nasenschleimhaut oder Bindehautentzündung. Aber auch Magen- und Darmbeschwerden können auftreten, wenn Betroffene die Pollen schlucken. Sogar Konzentrationsschwierigkeiten, Schlafprobleme und Müdigkeit sind mögliche Folgen. Deshalb sollten Sie die Symptome nicht auf die leichte Schulter nehmen, denn eine adäquate Behandlung ist wichtig, damit kein »Etagenwechsel« in Richtung obere Atemwege stattfindet und nachfolgend allergisches Asthma entsteht.

Das Kreuz mit den Lebensmittelallergien

Mehr als die Hälfte der Pollenallergiker:innen reagiert auch auf bestimmte Nahrungsmittel allergisch, da sich die Eiweißstoffe der verschiedenen Pflanzen strukturell so stark ähneln, dass sie der Körper nicht auseinanderhalten kann. Dann liegt eine pollenassoziierte Nahrungsmittelallergie vor. Kribbeln und Jucken im Mund nach dem Kontakt mit dem entsprechenden Lebensmittel sind typische Symptome dafür, aber auch Schwellungen der Mund- und Rachenschleimhaut, Magen- und Darmbeschwerden bis hin zum lebensbedrohlichen allergischen Schock können die Reaktionen sein. Bekannte Kreuzallergien mit Nahrungsmitteln treten häufig bei Menschen auf, die gegen Frühblüher allergisch sind.

Wie beim Heuschnupfen kann auch bei einer Nahrungsmittelallergie die Empfindlichkeit gegen die Allergene durch einen Haut- oder Bluttest herausgefunden werden. Fallen die Tests positiv aus, sollten Sie auf keinen Fall nur deswegen auf bestimmte Lebensmittel verzichten. Denn ob wirklich eine Nahrungsmittelallergie vorliegt, zeigt sich erst durch eine ärztlich begleitete Eliminationsdiät. Dabei wird das möglicherweise allergieauslösende Lebensmittel eine Zeit lang vom Speiseplan gestrichen. Danach kommt es wieder auf Ihren Teller. Und wenn Sie dann darauf reagieren, ist der Fall klar. Erst danach erfolgt eine Ernährungsberatung, beispielsweise durch eine allergologisch geschulte Ernährungsfachkraft. Diese berät Sie darin, wie Sie weiterhin genussvoll und abwechslungsreich, aber auch ausgewogen essen und trinken können – trotz eingeschränkter Auswahl.

Nahrungsmittelallergie oder -unverträglichkeit?

Manchmal treten nach dem Genuss von Milch, Rotwein oder Obst Beschwerden auf. Ist das dann schon eine Allergie?

Dazu muss man wissen: Bei einer Allergie ist das Immunsystem beteiligt, schon kleinste Mengen eines Allergens reichen

HÄUFIG AUFTRETENDE KREUZALLERGIEN

Allergisch auf	Mögliche Kreuzallergie
Baumpollen von Birkengewächsen (z. B. Birke, Erle, Hasel)	Stein- und Kernobst, Erdbeeren, Kirschen, rohe Tomaten, Möhren und Äpfel, Sellerie, Kartoffeln, Walnüsse, Erdnüsse, Haselnüsse
Baumpollen von Esche, Liguster, Flieder	Erbsen, Kiwis, Tomaten, Melone, Majoran, Oregano, Rosmarin, Basilikum, Pfefferminz
Gräserpollen	Tomaten, Erdnüsse, Soja, Gewürze, Hafer, Gerste, Weizen, Roggen, Linsen, Bohnen, Erbsen
Beifußpollen	Sellerie, Tomaten, Gewürze, Paprika, Gurken

Histaminreiche Lebensmittel sind Alkohol, haltbargemachtes Fleisch (Schinken, Kassler), Dauerwürste (Salami) und gereifter Käse.

aus, um eine heftige Reaktion auszulösen. Bei einer Unverträglichkeit dagegen tritt das Immunsystem nicht in Aktion, sondern der Körper hat Schwierigkeiten, bestimmte Lebensmittel aufzunehmen und/oder zu verarbeiten. Das zeigt sich unter anderem durch akute Verdauungsprobleme, Bauchschmerzen oder Durchfall. Laktose (Milchzucker), Fruktose (Fruchtzucker) und Histamin (bioaktives Amin = kleiner Helfer im Körper) sind die häufigsten Stoffe, die eine Nahrungsmittelintoleranz zur Folge haben. Anders als bei einer Allergie werden aber oft kleine Mengen vertragen und die Beschwerden treten nicht sofort nach dem Verzehr der Lebensmittel auf. Wichtig zu wissen: Eine Unverträglichkeit lässt sich nicht durch Blut- oder Hauttests nachweisen! Auch Gluten (Getreideeiweiß) vertragen viele Menschen nicht. Die Glutensensitivität gehört zu den Nahrungsmittelintoleranzen. Eine Zöliakie hingegen ist eine Autoimmunerkrankung, bei der Betroffene nicht mal mit Spuren von Gluten in Kontakt kommen dürfen.

Was ist eine Histaminintoleranz?

Wie bei Heuschnupfen ist hier wieder – wie der Name schon sagt – Histamin im Spiel. Es übernimmt nicht nur bei der Immunabwehr eine wichtige Rolle, sondern auch im Verdauungssystem. Problematisch kann der Stoff für die Menschen werden, deren Körper zu wenig von dem Enzym, das das Histamin abbaut (Diaminooxidase), produziert beziehungsweise bei denen es nicht ausreichend arbeitet. Nehmen sie dann über Lebensmittel viel Histamin auf, zeigen sich Symptome wie Kopfschmerzen, Magen-Darm-Probleme oder die Nase läuft. Besonders histaminreich sind lang gereifte Käsesorten, Rotwein, Schokolade, Sauerkraut oder Rohwurst wie Salami.

GUT ZU WISSEN

Eiweiße ändern unter dem Einfluss von Hitze ihre Struktur, viele wirken dann weniger allergen. Darum werden manche Lebensmittel in gegartem Zustand besser vertragen. Und bei Äpfeln zeigt sich, dass alte Sorten, wie man sie beispielsweise noch auf Streuobstwiesen findet, für Allergiker:innen besser geeignet sind als neuere Züchtungen.

Allergene Lebensmittel: Trotz der großen Vielfalt sind für 90 Prozent der »echten« Nahrungsmittel-Allergien jedoch nur wenige Lebensmittel verantwortlich: Kuhmilch, Haselnuss, Walnuss, Erdnuss, Sojabohne, Hühnerei, Weizen, Fisch & Meeresfrüchte.

Allergene Lebensmittel

Weil viele Menschen sensibel auf bestimmte Lebensmittel reagieren, müssen diese laut EU-Verordnung auf Lebensmittelverpackungen gekennzeichnet werden. Auch für lose Lebensmittel ist die Kennzeichnung verpflichtend. Oft findet man zusätzlich den freiwilligen Hinweis für Allergiker:innen »Kann Spuren von ... enthalten«. Er weist darauf hin, dass durch die Verarbeitung im Betrieb möglicherweise unbeabsichtigt allergene Stoffe in das Lebensmittel gelangen können. Es bedeutet also nicht, dass wirklich Spuren der Allergene im Lebensmittel enthalten sein müssen. Aber weil es nicht auszuschließen ist, wird vorsichtshalber darauf hingewiesen.

AUFGEPASST!

Lebensmittel oder Erzeugnisse daraus, die Allergien oder Unverträglichkeiten auslösen und damit kennzeichnungspflichtig sind:

- Eier
- Erdnüsse, Sesam
- Fisch, Krebstiere, Weichtiere, z. B. Muscheln
- Gluten, Schwefeldioxid und Sulfit (>10 mg/kg oder mg/l)
- Lupinen, Sojabohnen
- Milch und Milchprodukte (insbesondere Laktose)
- Schalenfrüchte, z. B. Haselnüsse
- Sellerie
- Senf

Jetzt geht's rund: Alles über Hühnereier

Zu Ostern steht natürlich das Ei im Mittelpunkt – und damit auch die Allergie gegen Hühnereier. Dabei sind es bestimmte Eiweiße im Eiklar, die die Allergie auslösen. Die Allergie gegen Hühnereier zeigt sich schon im Säuglingsalter und gehört zu den am weitesten verbreiteten Allergien. Die gute Nachricht: Nach ein paar Jahren hat sich diese Allergie zumeist verwachsen, bei Erwachsenen ist sie dann sehr selten.

KLEIN UND KOSTBAR

Schon gewusst? Hühnereier gehören zu den wertvollsten Nahrungsmitteln, die uns zur Verfügung stehen. Vor allem ihr hochwertiges Eiweiß macht sie zu etwas ganz Besonderem: Es kann nahezu zu 100 Prozent in körpereigenes Eiweiß umgewandelt werden. Eier enthalten alle Aminosäuren (Eiweißbestandteile), die unser Körper braucht, um daraus wiederum neue Proteine zu bauen. Damit sind Eier eine wichtige Eiweißquelle. Kombiniert man sie mit pflanzlichen Lebensmitteln wie Kartoffeln oder Hülsenfrüchten, wird deren Eiweiß noch hochwertiger für unseren Körper. Eier enthalten darüber hinaus knochenstärkendes Vitamin D, Vitamin A für die Sehfunktion sowie B-Vitamine und Mineralstoffe. Da steckt ganz schön viel Gutes unter der Schale! Das Eigelb enthält zudem Fett und Cholesterin. Letzteres wird von der Leber gebildet oder über die Nahrung aufgenommen. Als Bestandteil der Zellmembranen

EIER UND DER CHOLESTERINSPIEGEL

Eier sind cholesterinreich. Zu viel Cholesterin im Blut begünstigt die Entstehung von Atherosklerose. Inzwischen weiß man jedoch, dass das über die Nahrung zugeführte Cholesterin kaum einen Einfluss auf den Cholesterinspiegel hat. Die körpereigene Cholesterinproduktion wird einfach daran angepasst. Also darf man Eier theoretisch unbegrenzt genießen. Im Rahmen einer ausgewogenen, pflanzenbetonten Mischkost ist aber ein moderater Verzehr von Eiern angebracht.
Eine völlig andere Situation ist bei Menschen gegeben, die sensibel auf Cholesterin reagieren: Bei ihnen wird die körpereigene Cholesterinproduktion nicht gedrosselt, wenn Nahrungscholesterin ins Blut gelangt. Sie sollten die Eiermenge auf zwei Stück pro Woche begrenzen.

Bunte Mischung: Je nach Rasse, Alter und Individuum legen Hennen unterschiedlich große und verschiedenfarbige Eier. Gefleckte Eier haben jedoch nur ihre kleineren Verwandten, die Wachteln, zu bieten.

ist es ein lebensnotwendiger Stoff, zudem ist es an der Produktion von Vitamin D beteiligt wie auch von Gallensäuren, die eine wichtige Rolle bei der Fettverdauung spielen. Nicht zuletzt ist Cholesterin für die Bildung mehrerer Hormone unerlässlich.

VIER MYTHEN RUND UMS EI

Braune Eier sind gesünder: Die Farbe sagt nichts über den Gehalt an Mineralstoffen und Vitaminen und somit über den Nährwert des Hühnerprodukts aus. Auch stimmt es nicht, dass weiße Hühner weiße Eier und braune Hühner braune Eier legen. Forscher haben nachgewiesen, dass die Färbung der Eier genetisch festgelegt und somit von Huhn zu Huhn verschieden ist. Außerdem hängt sie von der jeweiligen Rasse ab.

Durch Abschrecken lassen sich gekochte Eier besser pellen: Ob sich die Schale gut entfernen lässt, hängt in erster Linie vom Alter des Eies ab. Bei sehr frischen Eiern gelingt dies schwerer als bei älteren.

Dunkle Eidotter sind gesünder: Die Farbe des Eigelbs wird vom Futter beeinflusst. Da viele Leute Eidotter mit einer kräftigen Farbe bevorzugen, werden dem Hühnerfutter Farbstoffe beigemischt, wie Carotinoide. Bei Hennen aus ökologischer Haltung ist dies verboten, darum legen sie meist Eier mit hellerem Eigelb. Wenn sie Carotinoide über natürliche Nahrungsquellen aufnehmen, ist auch der Dotter ihrer Eier dunkler.

Das Eiklar enthält besonders viel Protein: Auch wenn die Bezeichnung »Eiweiß« es anders vermuten lässt – tatsächlich steckt im Eigelb mehr Protein als im Eiklar.

EIKLASSE

Eier gibt es in den Größen S (<53 Gramm), M (53 bis unter 63 Gramm), L (63 bis unter 73 Gramm) und XL (>73 Gramm). Die Eiergröße hängt neben der Hühnerrasse übrigens auch vom Alter der Henne ab: Jüngere Hühner legen kleinere Eier als ältere.

EIER TRENNEN

Oft benötigt man in Rezepten entweder nur das Eiweiß oder nur das Eigelb, der Inhalt des Hühnereies muss also getrennt werden. Dabei sollte man behutsam vorgehen, vor allem wenn man das Eiweiß zum Schlagen von Eischnee verwenden möchte. Denn schon eine kleine Spur Eigelb im Eiweiß sorgt dafür, dass der Schnee nicht mehr steif wird. Ein Trick, der Ihnen das Eiertrennen erleichtern kann: Schlagen Sie das Ei über einer Schaumkelle auf, natürlich mit einem Auffangbehälter darunter. So läuft das Eiweiß durch die Löcher hindurch, das Eigelb bleibt obenauf liegen.

Falls es beim Trennen trotzdem mal daneben geht, macht das nichts – dann wird eben improvisiert. Aus dem »verunglückten« Ei lässt sich zum Beispiel Eierstich zaubern. Damit hat schon Oma klare Suppen aufs Köstlichste verfeinert. Dazu zwei Eier mit etwas gehackter Petersilie (nach Belieben), Salz, Pfeffer und ein bis zwei Prisen Muskat verquirlen. Ein Schraub- oder Einmachglas mit Öl fetten, die Eiermasse hineingeben und den Deckel zuschrauben. Wasser in einem Topf auf den Siedepunkt erhitzen, das Glas hineingeben (die Form sollte zu zwei Dritteln im Wasser stehen) und darin ziehen lassen, bis die Eiermasse vollständig gestockt ist. Das dauert je nach Glasgröße 10–20 Minuten. Das Glas aus dem Wasser heben, den Deckel abnehmen, den Eierstich mithilfe eines Messers aus dem Glas stürzen und klein schneiden.

TIPP

Was tun mit Eierschalen?

Dünger: Fein zerkleinert auf den Kompost geben oder direkt auf der Erde verteilen, denn Eierschalen bringen wichtige Mineralien wie Kalzium ein.

Mini-Blumentopf: Ausgelöffelte Eierschalen reinigen, ein Wattepad hineinlegen, befeuchten, Kressesamen aufstreuen und feucht halten. Nach ein paar Tagen bekommt der »Eierkopf« eine schöne Frisur. Kresse ist ein super Vitamin-C-Lieferant.

Für weißere Wäsche: Gesäuberte, zerkleinerte weiße Eierschalen in ein Säckchen füllen und mit der Weißwäsche in die Waschmaschine geben.

EIER RICHTIG LAGERN

Im Kühlschrank sind Eier bei bis zu 7 Grad am besten aufgehoben. Temperaturschwankungen bekommen ihnen weniger, da die feine Schutzschicht davon Risse bekommt und Mikroorgansimen leichter eindringen können: Die Kühlschranktür ist also kein geeigneter Ort für die Lagerung, da dort die Temperatur durch das wiederholte Öffnen am unbeständigsten ist. Auch neben stark riechenden Lebensmitteln sollten Eier nicht platziert werden, sie nehmen schnell Gerüche an! Am besten lässt man sie im Eierkarton, das hat auch den Vorteil, dass man das Haltbarkeitsdatum im Blick hat.

WIE LANGE SIND EIER HALTBAR?

Laut Vorschrift beträgt die Mindesthaltbarkeit für Eier in Deutschland 28 Tage ab Legedatum. Auch danach können Eier noch verwendet werden, sollten aber gut durcherhitzt werden. Am besten schmecken Eier zwischen dem dritten und zehnten Tag nach dem Legen. Zwei einfache Tests geben Auskunft darüber, ob das Ei noch frisch ist:

- **Schwimmtest:** Das Ei in ein mit Wasser gefülltes Glas legen. Sinkt es zu Boden, ist es sehr frisch. Ein Ei, das zwei bis drei Wochen alt ist, steht senkrecht im Wasser. Schwimmt es dagegen oben – da die Luftkammer im Ei vergrößert ist –, sollte es nicht mehr verwendet werden, da es verdorben sein könnte.
- **Aufschlagtest:** Das Ei auf einen Teller aufschlagen. Liegt das Eigelb mittig in einem gut sichtbaren Ring aus Eiklar, ist das Ei frisch. Verläuft dagegen das Eiklar, ist das Ei schon zu alt.

SALMONELLEN UND EIER

Eier können mit Salmonellen belastet sein und Magen-Darm-Infektionen verursachen. Besonders für Säuglinge, kranke und sehr alte Menschen kann dies problematisch werden. Salmonellen vertragen keine Hitze, daher sind durchgegarte Eier für diese Personen besser geeignet. Hände, Küchengeräte und Arbeitsflächen sollten nach dem Kontakt mit rohem Ei mit Spülmittel und Wasser gereinigt werden. Und lieber nur frische, unbeschädigte Eier verwenden, keine stark verschmutzten. Eier sollten nicht gewaschen werden. Dadurch wird die Schutzschicht der Schale zerstört und Keime können leichter eindringen.

Aqua faba: Das dickflüssige Kochwasser von Kichererbsen oder Bohnen (aus der Konserve oder selbst gekocht) kann wie Eiklar zu luftig-lockerem Schnee aufgeschlagen und beispielsweise zur Herstellung von Baiser verwendet werden. Das sogenannte Aqua faba ist damit der Star der veganen Backstube!

(K)EIN EI GEWÜNSCHT?

Hier sind die besten Ersatzmöglichkeiten! Wer allergisch auf Eier reagiert oder im Rahmen einer veganen Ernährung auf Eier verzichtet, kann sie vor allem beim Backen leicht ersetzen. Ein Ei lässt sich zum Beispiel austauschen durch:

- 1 EL geschrotete **Leinsamen oder Chiasamen**, verrührt mit 3 EL Wasser: Das sorgt für Bindung.
- 60 g **Apfelmus** oder eine halbe zerdrückte **Banane**: Beides passt gut zu süßen Backwaren, die das fruchtige Aroma gut vertragen können.
- 60 g **Seidentofu**: Er schmeckt noch etwas durch, ist aber für Muffins oder Käsekuchen wunderbar geeignet. Aus einer Kombination von Seiden- und Naturtofu lässt sich auch veganes »Rührei« zaubern, das mit Kala Namak (Schwefelsalz) sogar einen typischen Eiergeschmack bekommt.
- Aqua faba, die Flüssigkeit aus Kichererbsenkonserven (Dose oder Glas), lässt sich wunderbar aufschlagen. Das dauert etwa 10 Minuten, bis es sich in eine luftige Masse verwandelt hat, die Eischnee zum Verwechseln ähnlich ist.
- ½ EL Pfeilwurzelstärke mit 3 EL kalter (!) Flüssigkeit anrühren.
- Im Handel gibt es Ei-Ersatzpulver, eine Mischung aus verschiedenen Stärken, Mehlen und pflanzlichen Proteinen.

APRIL-HELDEN

Endlich gibt es wieder das erste knackig-frische Gemüse. Wie haben wir auf den Spargel gewartet. Aber auch Radieschen, Frühlingszwiebeln und Eier sind die Stars im Frühling.

Spargel

Ob weiß, grün oder violett: Die edlen Stangen sind das typische Frühlingsgemüse. Grüner Spargel schmeckt aromatischer als weißer und muss nur im unteren Drittel geschält werden. Außerdem enthält er mehr Provitamin A, das gut fürs Immunsystem ist.

Einkaufstipp Spargel

Schon gewusst? Frischen Spargel erkennt man daran, dass die Stangen beim Aneinanderreiben quietschen und die Schnittflächen nicht eingetrocknet sind.

Frühlingszwiebeln

Die Mini-Zwiebeln schmecken milder als ihre große Schwester, die Speisezwiebel, und ihre grünen Blätter erinnern an Schnittlauch oder Lauch. Roh oder kurz gegart sind sie köstlich. Gesund sind Frühlingszwiebeln ebenfalls: In ihnen stecken unter anderem Vitamin C, Provitamin A und Kalzium.

Radieschen

Ob rot und kugelig oder weiß und zapfenförmig: Radieschen gibt es in vielen Formen. Schön scharf und knackig sollen sie sein. Den würzigen Geschmack verdanken sie übrigens sekundären Pflanzenstoffen, die antibakteriell wirken. Im Gemüsefach des Kühlschranks bleiben Radieschen länger frisch, wenn man die Blätter zuvor entfernt: Aus denen lässt sich zum Beispiel Suppe oder Pesto zubereiten.

Eier

Der Nährwert von Eiern ist einfach spitze: Neben hochwertigem Eiweiß liefern sie Mineralstoffe wie Kalzium, Kalium, Eisen und Phosphor und zudem die fettlöslichen Vitamine A und D. Auch für das B-Vitamin Biotin sind sie eine gute Quelle, es sorgt für gesunde Haut, Haare und Nägel.

GEMÜSE-PORRIDGE *mit Ei*

Herzhaft

Für 2 Personen

30 Min. Zubereitung

Pro Portion ca. 505 kcal, 32 g E, 21 g F, 40 g KH

250 ml Milch (1,5 % Fett)
250 ml Gemüsebrühe
Salz
Pfeffer
frisch geriebene Muskatnuss
100 g zarte Haferflocken
2 Eier (M)
8 Radieschen
2 dünne Frühlingszwiebeln
100 g Champignons
1 EL Olivenöl
1 EL Aceto balsamico
200 g körniger Frischkäse (mind. 20 % Fett i. Tr.)
½ Beet Kresse

1. Milch, Gemüsebrühe, Salz, Pfeffer und 1 Prise Muskatnuss in einem Topf langsam aufkochen. Die Haferflocken unterrühren, kurz aufkochen und anschließend zugedeckt bei kleiner Hitze ca. 10 Min. quellen lassen. Inzwischen die Eier in kochendem Wasser in 8–10 Min. hart kochen, dann abgießen, kalt abschrecken und pellen.

2. Die Radieschen putzen, waschen und je nach Größe vierteln oder sechsteln. Die Frühlingszwiebeln putzen, gut waschen und schräg in dünne Ringe schneiden. Pilze putzen, feucht abreiben und in dünne Scheiben schneiden.

3. Das Öl in einer Pfanne erhitzen und die Pilze darin bei großer Hitze ca. 3 Min. anbraten. Die Champignons mit dem Essig ablöschen und mit Salz und Pfeffer würzen.

4. Das Porridge in zwei Schalen füllen. Eier halbieren, zusammen mit den Radieschen, den Frühlingszwiebeln, den Champignons und dem Frischkäse auf dem Haferbrei anrichten. Die Kresse vom Beet schneiden. Porridge mit der Kresse bestreuen und sofort servieren.

OMELETT *mit Lachs*

Powerfrühstück

Für 4 Personen

40 Min. Zubereitung

Pro Portion ca. 410 kcal, 25 g E, 33 g F, 3 g KH

¼ Bund Dill (ersatzweise 2 EL TK-Dill)
8 Radieschen mit Grün
1 kleine rote Zwiebel
200 g Lachsfilet ohne Haut
8 Eier (M)
4 TL Butter
150 g saure Sahne

1. Den Dill waschen, trocken schütteln und zerpflücken. Radieschen samt Grün waschen. Die Radieschen putzen und in dünne Scheiben schneiden, das Grün trocken schütteln und in feine Streifen schneiden. Zwiebel schälen, halbieren und in feine Streifen schneiden. Lachs mit Küchenpapier trocken tupfen und fein hacken.

2. Den Backofen auf 80° vorheizen. In einem Rührbecher 2 Eier mit dem Schneebesen verquirlen. Eine beschichtete Pfanne bei mittlerer Hitze erwärmen. 1 TL Butter darin schmelzen, die Eiermasse hineingießen und zugedeckt bei kleiner Hitze in 8–12 Min. stocken lassen.

3. Das Omelett dann wenden und von der anderen Seite ca. 30 Sek. braten. Herausnehmen. In gleicher Weise noch 3 weitere Omeletts zubereiten. Fertige Omeletts auf einem Teller zwischen Backpapier im Ofen warm halten.

4. Die Omeletts auf vier Teller legen, die saure Sahne in Klecksen darauf verteilen. Den Lachs dazwischen anrichten. Dann alles mit Radieschenscheiben, Zwiebel, Dill und Radieschengrün bestreuen und servieren.

MAKKARONI

Macht gute Laune

mit Spargel und Tomaten

Für 4 Personen
30 Min. Zubereitung
Pro Portion ca. 500 kcal, 5 g E, 17 g F, 67 g KH

Salz
1 Bund grüner Spargel
1 kleines Bund Basilikum (nach Belieben)
1 Knoblauchzehe
2 vollreife Tomaten
350 g Makkaroni (ersatzweise andere kurze Nudeln)
5 EL Olivenöl
Pfeffer
1 TL flüssiger Honig
1 Msp. abgeriebene Bio-Zitronenschale (nach Belieben)
40 g Parmesan

1. Für die Nudeln reichlich Salzwasser in einem großen Topf aufkochen. Inzwischen den grünen Spargel waschen, trocknen und holzige Enden abschneiden. Die Stangen im unteren Drittel schälen, dicke Stangen längs halbieren. Die Spargelspitzen abschneiden, die übrigen Stangen schräg in kleine Stücke schneiden. Das Basilikum waschen und trocken schütteln. Die Blättchen abzupfen und in Streifchen schneiden. Knoblauch schälen und fein hacken.

2. Die Tomaten kreuzweise einschneiden, mit kochend heißem Wasser überbrühen und kurz ziehen lassen. Dann die Tomaten häuten, halbieren, Stielansätze und Kerne entfernen. Das Fruchtfleisch in feine Würfel schneiden.

3. Nudeln im kochenden Salzwasser nach Packungsanweisung bissfest garen, abgießen und abtropfen lassen.

4. Inzwischen das Öl in einer hohen beschichteten Pfanne erhitzen. Die Spargelstücke darin bei mittlerer Hitze unter Rühren 3–4 Min. leicht anbraten. Dann die Hitze reduzieren und Knoblauch und etwas Nudelwasser dazugeben. Den Spargel in weiteren 2–4 Min. bissfest garen, dabei immer mal umrühren. Zum Schluss die Tomatenwürfel dazugeben. Alles mit Salz, Pfeffer und Honig abschmecken. Das Basilikum unterrühren.

5. Die Nudeln in die Pfanne geben und untermischen. Alles nochmals mit Salz, Pfeffer und nach Belieben mit etwas abgeriebener Bio-Zitronenschale abschmecken. Den Parmesan mit einem Sparschäler darüberhobeln.

TORTELLONISALAT

Frühlingsrezept

mit gebratenen Radieschen

Für 4 Personen

25 Min. Zubereitung

Pro Portion ca. 500 kcal, 26 g E, 23 g F, 45 g KH

1 Bund Radieschen
50 g Rucola
200 g Zuckerschoten (ersatzweise TK-Brokkoli)
200 g Schafskäse (Feta)
1 Orange (ersatzweise 50 ml Orangendirektsaft)
100 ml Buttermilch
Salz
Pfeffer
1 EL Öl
500 g (Käse-)Tortelloni (Kühlregal)

1. Die Radieschen waschen, trocknen, putzen und vierteln. Den Rucola waschen, trocken schütteln und grob in Stücke schneiden. Die Zuckerschoten waschen und abtropfen lassen. Den Schafskäse grob zerbröseln.

2. Die Orange auspressen, den Saft in einer Schüssel mit Buttermilch, Salz und etwas Pfeffer verrühren.

3. Das Öl in einer Pfanne erhitzen und die Radieschen darin bei großer Hitze unter gleichmäßigem Wenden rundherum ca. 5 Min. anbraten, bis sie glasig werden.

4. In einem Topf reichlich Salzwasser zum Kochen bringen. Tortelloni hineingeben und nach Packungsanweisung bissfest garen, die Zuckerschoten mitgaren. Anschließend beides in ein Sieb abgießen und gut abtropfen lassen.

5. Tortelloni und Zuckerschoten mit Radieschen und Rucola in die Schüssel zum Dressing geben und alles gründlich mischen. Den Nudelsalat auf vier Teller verteilen, mit Schafskäse bestreuen und servieren.

SPARGELFLAMMKUCHEN

Edel

Für 4 Stück
40 Min. Zubereitung
15 Min. Backen
Pro Portion ca. 700 kcal, 18 g E, 49 g F, 48 g KH

Teig

15 g Hefe
250 g Mehl
Salz

Belag

8 Stangen weißer Spargel
8 Stangen grüner Spargel
100 g geräucherten Schinkenspeck
300 g Crème fraîche
Meersalz
Pfeffer aus der Mühle
4 EL Olivenöl zum Beträufeln

Außerdem:

Butter für das Backblech
Mehl zum Arbeiten

1. Die Hefe in 125 ml lauwarmes Wasser bröckeln und glatt rühren. Hefe, Mehl und 1 Prise Salz mit den Knethaken des Handrührgeräts verkneten, dann mit den Händen zu einem glatten Teig kneten. Den Teig zugedeckt an einem warmen Ort ca. 30 Min. gehen lassen.

2. Inzwischen den weißen Spargel ganz, den grünen Spargel im unteren Drittel schälen und die holzigen Enden abschneiden. Die Stangen schräg in dünne Scheiben schneiden. Den Speck in feine Streifen schneiden.

3. Den Backofen auf 250° vorheizen. Zwei Backbleche (oder vier Pizzableche) einfetten. Den Teig in vier Portionen teilen und auf einer bemehlten Arbeitsfläche zu sehr dünnen Kreisen (à ca. 24 cm Ø) ausrollen. Je 2 Teigkreise auf die Bleche (je 1 Fladen in die Pizzableche) legen.

4. Den Teig mit Crème fraîche bestreichen, Spargel und Speck darauf verteilen. Mit Meersalz und Pfeffer würzen und mit Öl beträufeln. Im Ofen (Mitte) 12–15 Min. backen.

MAI

Vitamine sind lebenswichtige Stoffe. Wie gut, dass sich die Marktstände nach und nach mit vitaminreichen Lebensmitteln füllen.

RUNDUM GUT VERSORGT MIT VITAMINEN

Vitamine sind in vielerlei Hinsicht unentbehrlich für unsere Gesundheit – Grund genug, sie sich näher anzusehen.

Anders als Fett, Eiweiß oder Kohlenhydrate tragen Vitamine nicht zur Energieversorgung des Körpers bei. Dennoch gehören sie zu den lebenswichtigen Nährstoffen, ohne die unser Stoffwechsel nicht funktionieren würde. Und dabei leisten sie Großes! Ob Knochenaufbau, Sehkraft, Immunabwehr oder Zellteilung – überall sind Vitamine im Spiel.

Man unterscheidet zwischen fett- und wasserlöslichen Vitaminen. Gut zu wissen: Zusammen mit etwas Fett werden fettlösliche Vitamine besser vom Körper verwertet. Weil unser Körper Vitamine nicht beziehungsweise nicht in ausreichender Menge selbst herstellen kann, müssen wir sie über die Nahrung zuführen. Das klappt prima, wenn Sie sich ausgewogen ernähren, also eine möglichst bunt gemischte Kost auf den Tisch bringen. Der Schwerpunkt sollte dabei auf den pflanzlichen Lebensmitteln liegen – idealerweise fünf Portionen Gemüse und Obst am Tag gehören zu einer gesunden Ernährung dazu. Grundsätzlich gilt: Je vielfältiger es auf dem Teller zugeht, desto nährstoffreicher und gesünder ist auch die Ernährung! Und das ist die beste Voraussetzung, damit unser Organismus bestens mit allen Nährstoffen versorgt ist.

Vitaminversorgung ohne Stress

Es gibt Vitamine, die unser Körper speichern kann, dazu gehört etwa Vitamin A. Andere, wie Vitamin B_1, bleiben nicht lange im Körper und müssen daher täglich mit der Nahrung aufgenommen werden. Wer gesund ist und sich abwechslungsreich ernährt, hat sehr gute Chancen, über die Nahrung optimal mit allen Nährstoffen und Vitaminen versorgt zu sein. Sicher kennen Sie das – es gibt Tage, da klappt es mit der ausgewogenen Ernährung gut, an anderen landen Fertigpizza und Co. auf dem Tisch. Das ist aber kein Grund, gleich an eine Vitamin-Unterversorgung zu denken. Das Wichtigste ist, dass unterm Strich die Mischung stimmt und Gesundes den generellen Vorrang hat. Kleine Schritte können helfen, die Vitaminversorgung im Alltag so einfach wie möglich zu gestalten. Das fängt schon beim Einkauf an – vielleicht greifen Sie einfach öfter zu regionalen Produkten. Damit unterstützen Sie nicht nur die heimische Landwirtschaft. Saisonal geerntetes Obst und Gemüse punkten auch mit Frische und hohem Vitamingehalt und schonen dank kurzer Transportwege das Klima. Im Familienleben geht's oft hektisch zu und die Zeit zum Kochen ist begrenzt? Dann sind tiefgekühltes Obst und Gemüse die Rettung. Und im Büro? Da ist eine Tüte Studentenfutter in der Schreibtischschublade eine klasse Nervennahrung auf Vorrat. Sie sehen also: Man muss sich nicht verrückt machen, um sich mit allem Wichtigen zu versorgen. Das klappt oft ganz einfach.

ANTIOXIDANTIEN – EIN VITAMIN-TRIO ALS RADIKALFÄNGER

In unserem Stoffwechsel entstehen ständig freie Radikale. Das sind sehr reaktionsfreudige Sauerstoffverbindungen, die gesunde Zellen schädigen und unter anderem das Risiko für Krebs, Herzinfarkt oder frühzeitige Alterung steigern. Durch Rauchen, UV-Strahlung, extreme körperliche Anstrengung, Infekte oder Schadstoffe (z. B. Chemikalien) entstehen besonders viele freie Radikale. Doch unsere Zellen sind diesen aggressiven Verbindungen nicht schutzlos ausgeliefert! Vitamin C, E und Beta-Carotin, eine Vorstufe des Vitamin A, haben sich hierbei als Zellschutz bewährt. Denn sie fangen die freien Radikale ab und schützen somit unsere Zellen vor oxidativem Stress sie wirken antioxidativ.

VITAMINE IM ÜBERBLICK

Name des Vitamins	Funktion im Körper	Spitzen-Lieferanten
Fettlösliche		
Vitamin A (tierisch), Beta-Carotin (pflanzlich)	stärkt die Sehkraft, wichtig für gesunde Haut und Wachstum	Leber und Leberwurst, Möhren, getrocknete Aprikosen, Grünkohl, Fenchel, Eigelb
Vitamin D	wichtig für Knochen, Zähne, Muskelentwicklung und -funktion, Immunabwehr	fette Fische (Lachs, Hering, Makrele), Hartkäse, Eier, Steinpilze, spez. Margarine
Vitamin E	wichtig für Zellschutz, Immunabwehr	Haselnüsse, Mandeln, Rapsöl, Sonnenblumenöl, -kerne
Vitamin K	wichtig für Blutgerinnung	Grünkohl, Spinat, Rosenkohl, Petersilie, Eigelb
Wasserlösliche		
Vitamin C	wichtig für Immunabwehr, Zellschutz, Eisenaufnahme aus pflanzlichen Quellen	schwarze Johannisbeeren, rote Paprika, Brokkoli
Vitamin B_1	unterstützt verschiedene Stoffwechselprozesse, u. a. die Enzymbildung	Nüsse und Kerne, Hirse, Vollkorngetreide, Naturreis, Fleisch, Wurst
Vitamin B_2	wichtig für Energie- und Fettstoffwechsel, Krankheitsabwehr	Milch, Käse, Fleisch, Fisch, Kokosraspel, Mandel
Vitamin B_6	wichtig für Nervensystem, Immunabwehr, Eiweiß-, Zucker- und Fettstoffwechsel	Walnüsse, Sesam, Linsen, Kichererbsen, Bananen, Hirse, Vollkorngetreide, Fisch, Fleisch (v. a. Geflügel)
Vitamin B_{12}	unterstützt Folatstoffwechsel und Nervensystem	alle tierischen Produkte
Niacin	unterstützt Energiehaushalt, Fett-, Zucker- und Eiweißstoffwechsel	Fleisch, Reis, Pilze, Thunfisch, Erdnüsse
Pantothensäure	ist am Zucker-, Fett- und Eiweißstoffwechsel beteiligt	Fleisch, Fisch, Hülsenfrüchte, Blumenkohl, Brokkoli, Vollkorngetreide, Ei
Biotin	wichtig für Haut und Haar	Ei, Erdnüsse, Spinat, Sojabohnen, Avocados, Bananen, Haferflocken, Champignons
Folsäure	wichtig für Zellteilung und -bildung	grünes Gemüse, Kohl, Spargel, Hülsenfrüchte

»5 AM TAG« FÜR EINE PRIMA VITAMINVERSORGUNG

»5 am Tag« – so heißt eine deutschlandweite Kampagne, die sich für einen erhöhten Gemüse- und Obstkonsum einsetzt. Auch wenn es für viele der Kampagnenmitglieder darum geht, ihre Obst- oder Gemüseprodukte besser zu verkaufen, bleibt eine wichtige Botschaft hängen: Wer reichlich Obst und Gemüse isst – am besten fünf Portionen am Tag –, tut seiner Gesundheit viel Gutes. Denn: Obst und Gemüse sind eine optimale Quelle für zahlreiche Vitamine, sekundäre Pflanzenstoffe, Mineral- und Ballaststoffe. Zudem senkt eine pflanzenbetonte Ernährung das Risiko, an Herz-Kreislauf-Beschwerden, Bluthochdruck, Adipositas (krankhaftem Übergewicht) oder Krebs zu erkranken. Die fünf Portionen sollten wie folgt aufgeteilt sein: drei Portionen Gemüse (insgesamt ca. 400 Gramm) und, weil es zuckerreicher ist, zwei Portionen Obst am Tag (insgesamt ca. 250 Gramm).

Zum Konzept der »5 am Tag« gehören auch Hülsenfrüchte, tiefgekühltes ungewürztes Obst und Gemüse, Kräuter und Salate, reiner Gemüsesaft, sauer eingelegtes sowie fermentiertes Gemüse. Auch eine halbe Handvoll Trockenfrüchte zählen dazu.

Und wie groß soll eine Portion sein? Ganz einfach: Bei frischem Obst und Gemüse ist das meist ein Stück – etwa ein Apfel, eine Banane oder ein Kohlrabi. Oder so viel, wie in eine Hand hineinpasst, also eine Handvoll. Bei Kindern ist die Portion der Größe der Hand entsprechend kleiner.

Rundum gut versorgt: Drei Handvoll frisches Gemüse und zwei Handvoll Obst ergibt fünf Portionen Power-Vitamine!

WAS IST MIT SMOOTHIES, FRUCHTPÜREES UND OBST-RIEGELN?

Zum Frühstück oder zwischendurch sind gekaufte Smoothies, Fruchtpürees in Beuteln (»Quetschies«) oder Obstriegel sehr beliebt. Doch dabei handelt es sich aus ernährungswissenschaftlicher Sicht eher um eine Süßigkeit und keinesfalls um eine gesunde, vitaminreiche Zwischenmahlzeit. Denn in den fruchtigen Produkten steckt sehr viel Zucker, der den Blutzuckerspiegel schnell in die Höhe treibt und ebenso rasch wieder abfallen lässt: Heißhunger ist dann vorprogrammiert. Insbesondere Vitamin C, aber auch andere Vitamine leiden unter Verarbeitung und Hitzebehandlung, sie werden dadurch zerstört. Andere für die Gesundheit förderliche Vitalstoffe, etwa sekundäre Pflanzenstoffe, kommen in den verarbeiteten Produkten gar nicht mehr vor. Zudem sättigen Quetschies und Co. nicht ausreichend und sind aufgrund ihrer Verpackung aus Umweltschutzgründen nicht empfehlenswert. Bei Quetschies kommt hinzu: Durch das längere Nuckeln und Saugen hat Karies leichtes Spiel, außerdem müssen die Kinder beim Genuss von Fruchtpürees gar nicht kauen. Dabei ist dies für die Hirnentwicklung und das Gefühl der Sättigung sehr wichtig! Fazit: Als Süßigkeit und »Spaß«-Lebensmittel sind Quetschies ab und zu okay, als gesunde Zwischenmahlzeit jedoch nicht zu empfehlen.

Selbst gemachte Smoothies können Sie gelegentlich als Ersatz für zwei Portionen Obst genießen. Das bietet sich insbesondere an, um Obstreste oder nicht mehr ganz so schöne Exemplare sinnvoll und lecker zu verwerten. Noch gesünder wird der Smoothie übrigens, wenn Sie nicht nur Obst, sondern auch Gemüse verwenden, etwa Gurken, Möhren, Spinat, Feldsalat oder Avocado. Als Mahlzeitenersatz dient der Smoothie, wenn Sie noch sättigendes Protein zugeben, etwa aus Haferflocken und/oder Quark.

GENÜGEND VITAMINE AUCH OHNE OBST?

Früchte lieben die meisten, schließlich sind sie so schön süß und die Auswahl ist riesig. Aber wer auf Fruchtzucker empfindlich reagiert, verträgt eventuell nur wenig oder gar kein Obst. Aber keine Sorge, auch in Gemüse stecken reichlich Vitamine, teilweise sogar mehr als in Obst. Wussten Sie beispielsweise, dass Paprika einer der besten Lieferanten für Vitamin C ist? Obstverzicht ist vitaminmäßig gar kein Problem, solange regelmäßig Gemüse auf dem Teller landet. Und Vitamine stecken nicht nur in Äpfeln und Co., sondern auch in fast allen anderen Lebensmitteln wie Milch- und Milchprodukten, Nusskernen, Getreideprodukten, Eiern, Fisch und Fleisch. Ausschließlich in tierischen Lebensmitteln ist sogar das lebenswichtige Vitamin B_{12} vorhanden. Was also tun, wenn man im Rahmen einer veganen Ernährung auf tierische Produkte komplett verzichtet? Dann ist eine Supplementation von Vitamin B_{12}, also eine Ergänzung in Form von Tabletten, Tropfen oder angereicherten Produkten, unabdingbar.

Vitaminschonend dämpfen: In einem Topf mit Dämpfeinsatz kommt Gemüse wie Brokkoli nicht mit dem kochenden Wasser in Berührung, sondern wird schonend im heißen Wasserdampf weich gegart. Das dauert zwar etwas länger als Dünsten oder Braten, doch gehen dabei keine Vitamine an das Kochwasser verloren.

Obst und Gemüse sind vor allem der Hauptlieferant für Vitamin C. Es kommt in geringeren Mengen auch in einigen Fischarten wie Kabeljau oder weißem Thunfisch sowie in Algen, Milch und Milchprodukten, Kastanien, Pistazienkernen, Pinien- und Walnusskernen vor. Wenn Sie sehr wenig bis gar kein Obst und Gemüse essen, sprechen Sie mit Ihrem Arzt bzw. Ihrer Ärztin oder einer Ernährungsfachkraft, wie die Vitaminversorgung gewährleistet werden kann. Und wenn man partout kein Gemüse mag? Dann sind Früchte eine wichtige Vitaminquelle. Da viele Sorten aber sehr zuckerreich sind, sollten Sie besser nicht zu viel davon verzehren. Beeren, Aprikosen, Zitrusfrüchte, Wassermelone, Pflaumen und Zwetschgen sind eine gute Wahl, da sie vergleichsweise zuckerarm sind.

VITAMINE – BITTE SCHONEND BEHANDELN

Wärme, Sauerstoff und Licht reduzieren den Vitamingehalt in Lebensmitteln. Daher fängt der Vitaminschutz schon bei der Lagerung an und geht beim Kochen weiter. So bleiben Vitamine gut erhalten:

- Frisches Obst und Gemüse wie auch Nüsse kühl und dunkel lagern.
- Gemüse, Obst und Kräuter erst nach dem Waschen zerkleinern und nicht lange an der Luft, Salat beim Waschen nicht im Wasser liegen lassen.
- Frisch gepresste Säfte gleich genießen.
- Mit zunehmender Lagerung verringert sich der Vitamingehalt. Trotzdem ist angeschrumpeltes Grünzeug zu schade zum Wegwerfen: Für cremige Suppen,

Vitaminvorrat: Reif geerntet und sofort verarbeitet enthält Tiefkühl-Gemüse oft noch mehr wertvolle Inhaltsstoffe als frische Ware aus dem Supermarkt.

Saucen oder Pürees ist dieses Gemüse super. Obst wird püriert und als Dessertsauce oder für Eis am Stiel verwendet.

- Schonende Garmethoden wie Grillen, Dünsten oder Dämpfen bevorzugen.
- Garwasser nicht abgießen, sondern mitverwenden, denn darin stecken die wasserlöslichen Vitamine des Gemüses.
- Dunkle Glasflaschen schützen die Vitamine, die in Milch oder Öl stecken.

WAS IST MIT TK-OBST UND -GEMÜSE ODER DOSENWARE?

Tiefgekühltes Obst oder Gemüse ist vitaminreich, weil es gleich nach der Ernte schockgefrostet wird. Da der Vitamingehalt mit der Lagerdauer abnimmt, haben manche Tiefkühlprodukte sogar einen höheren Vitamingehalt als lange gelagerte frische Ware. Sie sind also eine klasse Möglichkeit, auch außerhalb der Saison Frisches auf den Tisch zu bringen – am besten nur Produkte ohne zugesetzten Zucker oder andere Zusätze verwenden. Allerdings ist es wichtig, die Kühlkette einzuhalten, die Lebensmittel sollten zwischendurch nicht auftauen. Angebrochene Packungen sollten Sie sorgfältig wieder verschließen, damit es zu keinen Einbußen kommt. Wenn Sie selbst einfrieren möchten, verwenden Sie ganz frische Ware, denn schon nach kurzer Lagerung verschwindet ein Großteil der Vitamine. Bei Konserven, egal ob aus Dose oder Glas, wurde der Inhalt zwar erhitzt und der Gehalt an hitzeempfindlichen Vitaminen ist somit reduziert, aber sie sind ab und an eine gute Möglichkeit, das Gemüse- und Obstangebot zu ergänzen. In Dosen sind lichtempfindliche Vitamine geschützt.

Brauchen wir Nahrungsergänzungsmittel?

Ob in der Apotheke oder im Drogeriemarkt: Das Angebot an Vitaminpräparaten ist riesig. Die Hersteller suggerieren, dass wir ohne Nahrungsergänzungsmittel nicht ausreichend mit Nährstoffen versorgt seien. Doch brauchen wir die Präparate wirklich? Eins vorweg: Nahrungsergänzungsmittel sind kein Ausgleich für eine ansonsten ungesunde Ernährung! Sie sollen die Ernährung, wie der Name schon sagt, ergänzen. Oft werden sie mit blumigen Werbeversprechen versehen und es kann schnell der Eindruck entstehen, dass ein Plus an Nährstoffen gut für unsere Gesundheit ist.

DIE DREI GRÖSSTEN MYTHEN ZUM THEMA VITAMINE

Der Wissensdurst und die Nachfrage nach Informationen zum Thema gesunde Ernährung steigt – genauso wie Halbwahrheiten, die im Umlauf sind. Bei Informationen aus dem Internet kann man sich nie sicher sein, wie fundiert und korrekt recherchiert die Berichte sind. Das führt zu Fehlinformationen und Mythen, die umherschwirren und sich festsetzen, wie etwa die folgenden:

1. Vitamin C hilft gegen Erkältungen: Vitamin C einnehmen und man ist gegen Schnupfen und Co. geschützt? So einfach ist es leider nicht. Eine hohe Vitamin-C-Aufnahme über längere Zeit schützt erwiesenermaßen nicht vor Erkältungen, kann aber die Dauer des Infekts leicht verkürzen und die Beschwerden lindern. Nimmt man Vitamin-C-Präparate erst bei Beginn der Erkältung zu sich, hat dies keinen Effekt auf die Erkältungsdauer. Übrigens: Sie können auch Vitamin-C-reich essen. Das spart Ihnen viel Geld und versorgt Sie nebenbei mit vielen anderen gesundheitsförderlichen Stoffen.
2. Nur über Rohkost bekommen wir viele Vitamine: Das stimmt so nicht. Zwar trägt rohes Gemüse ohne Frage zu einer guten Vitaminversorgung bei, weil etwa hitzeempfindliche Vitamine wie das Vitamin C keinen Schaden nehmen. Manche Lebensmittel wie grüne Bohnen, Kartoffeln oder Hülsenfrüchte enthalten jedoch in rohem Zustand giftige Stoffe (Solanin, Phasin), die erst beim Erhitzen zerstört werden. Außerdem wird etwa Beta-Carotin, eine Vitamin-A-Vorstufe, aus gegartem Gemüse viel besser aufgenommen als aus rohem.
3. Deutschland ist ein »Vitaminmangelland«: Diese Behauptung geistert öfter durch die Medien. Dabei sieht die allgemeine Versorgung mit Vitaminen recht gut aus, wie Studien ergaben. Dennoch gibt es Bevölkerungsgruppen, die rein rechnerisch betrachtet unter den empfohlenen Referenzwerten für bestimmte Nährstoffe liegen. Die Referenzwerte werden von Fachgesellschaften für Ernährung berechnet und orientieren sich am durchschnittlichen Nährstoffbedarf gesunder Personen. Wenn diese Durchschnittswerte aber unterschritten werden, liegt nicht automatisch ein Mangel vor. Schließlich variiert der Nährstoffbedarf individuell in weiten Grenzen. Einen echten Vitaminmangel kann man nur durch eine Blutuntersuchung feststellen.

Rein rechtlich gesehen handelt es sich bei Nahrungsergänzungsmitteln nicht um Medikamente, sondern um Lebensmittel. Sie unterliegen damit keinem Zulassungsverfahren, bei dem sie auf Wirksamkeit und gesundheitliche Unbedenklichkeit geprüft werden. Bei der Einnahme auf eigene Faust kann es zu Überdosierungen oder Wechselwirkungen mit anderen Präparaten oder Medikamenten kommen. Es ist daher ratsam, Ihren Arzt oder Ihre Ärztin über die Einnahme zu informieren.

Es gibt Bevölkerungsgruppen, die in der Tat einen erhöhten Nährstoffbedarf haben. Dazu zählen Kinder, Jugendliche, Schwangere, Stillende, Senioren, Menschen, die unter Dauerstress stehen oder unter Krankheiten leiden. Ebenso bei extremer körperlicher Belastung, intensivem Sport, nach Operationen, bei strikten Diäten oder einer einseitigen Ernährung kann es zu einer Unterversorgung mit lebenswichtigen Nährstoffen kommen. Das bedeutet nicht, dass all diese Gruppen Nahrungsergänzungsmittel benötigen. Im Gegenteil: Der Mehrbedarf an Vitaminen und Mineralstoffen sollte vorzugsweise über die Ernährung gedeckt werden. Das ist oft auch unproblematisch möglich, aber nicht immer.

Im Alter lassen Hunger- und Durstempfinden nach, das Kauen fällt schwerer und das Kochen geht nicht mehr so leicht von der Hand – viele Senioren nehmen daher nicht genug Nahrung und damit auch Vitamine zu sich. Auch Medikamente, die sie einnehmen, können die Nährstoffaufnahme beeinträchtigen. Daher sind für sie Vitaminpräparate oft wichtig, beispielsweise Vitamin D. Da Senioren nicht mehr so mobil sind und sich daher nur wenig im Freien aufhalten, ist eine Nahrungsergänzung mit Vitamin D oft empfehlenswert.

SIND NAHRUNGSERGÄNZUNGSMITTEL HARMLOS?

Wer in Eigenregie, also ohne Absprache mit Ärzt:innen oder Ernährungsfachkräften, Nahrungsergänzungsmittel einnimmt, gerät leicht in Versuchung nach dem Motto »viel hilft viel« zu verfahren. Das ist aber keine gute Idee. Fettlösliche Vitamine wie A und D werden im Körper gespeichert und im Gegensatz zu wasserlöslichen Vitaminen nicht gleich wieder ausgeschieden. Bei einem Zuviel in der Nahrung kann es deshalb zu Überdosierungen (Hypervitaminose) mit unerwünschten Nebenwirkungen kommen. Zudem sind Wechselwirkungen mit Medikamenten oder anderen Nährstoffpräparaten möglich.

Joghurt mit Zusatz? Jeder Joghurt enthält darmfreundliche Milchsäurebakterien, damit angereicherte Joghurts etwas mehr. Noch besser für Ihre Gesundheit: Naturjoghurt mit frischen, vitaminreichen Früchten.

Frauen mit Kinderwunsch benötigen eine Extraportion Folsäure, da das Vitamin an der Zellteilung beteiligt ist. Mit der Einnahme sollte schon vier Wochen vor Beginn der Schwangerschaft begonnen werden, um eine gute Versorgung zu gewährleisten. Ist die Frau mit Folsäure unterversorgt, kann dies im frühen Stadium der Schwangerschaft zu Fehlbildungen des zentralen Nervensystems beim Embryo führen. In der Schwangerschaft und Stillzeit ist der Folsäurebedarf weiterhin erhöht.

Veganer:innen benötigen zwingend eine Vitamin-B_{12}-Ergänzung, da dieses Vitamin ausschließlich in tierischen Produkten vorkommt. Zwar enthalten einige wenige pflanzliche Lebensmittel auch Formen von Vitamin B_{12}, dabei handelt es sich aber um Analoga, die der Körper nicht verwerten kann. Um keinen Mangel zu erleiden, muss bei dieser Ernährungsform Vitamin B_{12} über Nahrungsergänzungsmittel oder über damit angereicherte Lebensmittel zugeführt werden. Fazit: Nahrungsergänzungsmittel sind in bestimmten Lebensphasen oder bei besonderen Ernährungsweisen sinnvoll, ja sogar lebenswichtig. Im Normalfall können Sie bei einer ausgewogenen Ernährung jedoch darauf verzichten.

WAS SIND FUNKTIONELLE LEBENSMITTEL?

Funktionelle Lebensmittel sind Lebensmittel, die durch den Zusatz von etwa Vitaminen einen gesundheitlichen Zusatznutzen bekommen sollen. Ein gutes Beispiel für Functional Food ist Multivitamin-Fruchtsaftgetränk. Aber auch Brot, Milchprodukte und Margarine werden mit Vitaminen und Co. versetzt. Solche Produkte müssen dann mit bestimmten Angaben versehen sein, etwa der Information, wie häufig und in welcher Menge man dieses angereicherte Lebensmittel verzehren muss, um die vom Hersteller angegebene positive Wirkung zu erzielen. Abgesehen davon, dass solche Lebensmittel oft überteuert sind, kann man sie sich auch einfach sparen: Wer sich abwechslungsreich ernährt und Lebensmittel von guter Qualität zu sich nimmt – also lieber ein Brot vom Bäcker statt abgepackter Brotscheiben aus dem Supermarkt –, ist auf Nährstoffzusätze kaum angewiesen. Manchmal machen diese Anreicherungen jedoch Sinn, etwa eine Pflanzenmilch, der Kalzium zugesetzt ist. Denn Kuhmilch ist eine wichtige Kalziumquelle, die wegfällt, wenn man sich rein pflanzlich ernährt.

MAI-HELDEN

Der Frühling verwöhnt uns mit aromatischen Erdbeeren, zarten Kohlrabiknollen und würzigem Rucola. Auch die Rhabarberzeit geht endlich los.

Erdbeeren

Kaum eine andere Frucht steht so fürs Frühjahr wie die roten Lieblingsbeeren. Aus Freilandanbau sind sie extra aromatisch. Da Erdbeeren nicht nachreifen, greift man am besten zu ausgereiften Exemplaren und genießt sie noch am selben Tag, denn ihre Lagerfähigkeit ist sehr begrenzt. Erdbeeren sind unter anderem reich an Vitamin C und Folsäure.

Rhabarber

Der herb-säuerliche Rhabarber ist eigentlich ein Gemüse, wird bei uns aber oft wie Obst verwendet: im Kuchen, als Kompott oder Konfitüre. Die Blätter sind jedoch ungenießbar. »Himbeer-Rhabarber« ist dank seiner Farbe ein besonderer Hingucker. Die Saison dauert bis zum 24. Juni, danach muss sich die mehrjährige Rhabarberpflanze regenerieren. Auch der Oxalsäuregehalt in den Stangen steigt im Laufe der Saison an. Verzehrt man Rhabarber zusammen mit Milchprodukten, wird diese Säure gebunden und hinterlässt ein raues Gefühl auf den Zähnen.

Kohlrabi

Ob cremige Suppe, Rohkostsalat, Auflauf oder feine Beilage: Kohlrabi macht kulinarisch gesehen einiges mit. Wenn er einen Durchmesser von 8–9 Zentimeter hat, schmeckt er am besten. Größere Knollen sind dagegen oft holzig. Es gibt weiße, grüne und lilafarbene Sorten. Kohlrabi liefert Kalzium sowie das Provitamin A und Vitamin C. Auch in den zarten Herzblättern steckt viel Provitamin A, es wäre also schade, sie zu entsorgen – klein geschnitten schmecken sie beispielsweise im Salat.

Rucola

Er sieht aus wie Löwenzahn und ist auch als »Rauke« bekannt: Rucola wird wegen seines kräftigen, dezent nussigen und bisweilen pfeffrigen Geschmacks geschätzt. Seine Schärfe verdankt er gesunden Bitterstoffen. Rucola schmeckt als Salat oder Pesto, eignet sich aber auch prima als würziges Extra auf Pizza oder in Nudelgerichten. Übrigens: Wildrauke hat kleinere und würzigere Blätter, Salatrauke hat mildere, breitere Blätter.

OVERNIGHT-OATS

Gut vorzubereiten

Für 2 Personen
10 Min. Zubereitung
Pro Portion ca. 425 kcal, 15 g E, 25 g F, 35 g KH

240 g Joghurt (3,5 % Fett)
100 g Frischkäse (mind. 20 % Fett i. Tr.)
1 TL Honig (nach Belieben)
300 g Erdbeeren
4 EL Haferflocken
4 Kekse (z. B. Butterkekse)

1. Den Joghurt mit dem Frischkäse und dem Honig in eine kleine Schüssel geben und glatt rühren. Die Erdbeeren waschen, von den Stielansätzen befreien und in 1 cm große Stücke schneiden. Die Hälfte der Erdbeerstücke und die Haferflocken unter die Joghurtcreme rühren.

2. Die Kekse grob zerbröseln und in zwei Schalen füllen. Wer lieber unterwegs frühstückt, nimmt zwei Twist-off-Gläser. Die Joghurtcreme auf den Keksbröseln verteilen und mit den restlichen Erdbeerstücken bestreuen.

3. Die Overnight-Oats abgedeckt oder im verschlossenen Glas über Nacht im Kühlschrank quellen lassen.

TOMATE-RUCOLA-SALAT

Zum Brunch

mit Putenstreifen

Für 2 Personen

15 Min. Zubereitung

Pro Portion ca. 453 kcal, 46 g E, 19 g F, 20 g KH

100 g Rucola
250 g Kirschtomaten
1 Dose weiße Bohnen (150 g Abtropfgewicht)
150 g Mini-Mozzarella
1 TL Rapsöl
200 g Putensteakstreifen
Pfeffer
½ TL Salz
2 EL Aceto balsamico

1. Den Rucola waschen und trocken schütteln. Die Kirschtomaten waschen, trocknen und halbieren. Die Bohnen in ein Sieb abgießen, kalt abbrausen und abtropfen lassen. Mozzarella abtropfen lassen und halbieren.

2. Eine beschichtete Pfanne mit dem Öl erhitzen und die Putensteakstreifen darin 5 Min. bei großer Hitze ringsum scharf anbraten, dann mit Pfeffer und Salz würzen.

3. Die abgetropften Bohnen und die Tomatenhälften mit dem Balsamico marinieren. Zum Servieren den Rucola auf zwei Teller verteilen, den Tomaten-Bohnensalat darübergeben und mit Mozzarella und Putenstreifen bestreuen.

GERSOTTO *mit Ei*

Sattmacher

Für 2 Personen
20 Min. Zubereitung
40 Min. Garen
Pro Portion ca. 610 kcal, 23 g E, 29 g F, 62 g KH

650 ml Gemüsebrühe
2 Eier (M)
1 Zwiebel
1 Möhre (ca. 125 g)
1 Kohlrabi (ca. 330 g)
2 EL Olivenöl
150 g Gerstengraupen
½ Bund Schnittlauch
40 g Butterkäse (in Scheiben)
1 EL Butter
Salz
Pfeffer

1. Die Gemüsebrühe in einem Topf (ca. 20 cm Ø) aufkochen. Die Eier heiß abwaschen, mithilfe eines Esslöffels in die Brühe legen und darin bei großer Hitze in 7–8 Min. wachsweich kochen.

2. Inzwischen die Zwiebel schälen und in feine Würfel schneiden. Die Möhre putzen, schälen und ca. 0,5 cm groß würfeln. Den Kohlrabi putzen und schälen, drei Viertel in ca. 1 cm große Würfel schneiden, den Rest fein reiben. Die gekochten Eier aus der Brühe heben und kalt abschrecken, die Brühe in einen Messbecher umfüllen.

3. Das Öl im Topf erhitzen. Zwiebel-, Möhren- und Kohlrabiwürfel darin bei mittlerer Hitze ca. 2 Min. andünsten. Die Gerste dazugeben und ca. 2 Min. unter Rühren mitdünsten. Den geriebenen Kohlrabi einrühren und ca. 250 ml Brühe angießen. Alles mit halb aufgelegtem Deckel bei kleiner Hitze 35–40 Min. garen, dabei öfter umrühren und nach und nach ca. 200 ml Brühe angießen. Bei Bedarf noch etwas Brühe oder Wasser dazugeben.

4. Den Schnittlauch waschen, trocken schütteln und in feine Röllchen schneiden. Den Käse in kleine Stücke schneiden und unter Rühren im Gersotto schmelzen lassen. Die Butter unterrühren. Alles salzen und pfeffern.

5. Die Eier pellen und jeweils halbieren. Den Gersotto auf Teller verteilen, die Eierhälften darauf anrichten und mit Salz würzen. Den Schnittlauch daraufstreuen.

ONE-POT-PASTA

Schmeckt immer

mit Oliven und Rucola

Für 3 Personen

25 Min. Zubereitung

Pro Portion ca. 605 kcal, 23 g E, 24 g F, 74 g KH

1 Bund Suppengrün (mit Sellerie, Möhre, Lauch)
1 kleine rote Paprika
12 schwarze Oliven ohne Stein
60 g Rucola
2 EL Olivenöl
2 EL Tomatenmark
1 Dose stückige Tomaten (400 g)
Salz
250 g Eierbandnudeln
80 g Parmesan am Stück

1. Vom Suppengrün den Sellerie und die Möhren schälen und in kleine Würfel schneiden, den Lauch waschen und sehr fein hacken. Die Paprika waschen, halbieren, Stielansatz, weiße Trennwände und Kerne entfernen. Die Hälften ebenfalls klein würfeln. Die Oliven in dünne Scheiben schneiden. Rucola waschen und abtropfen lassen.

2. Das Öl in einer tiefen, großen Pfanne erhitzen und den Lauch darin 2 Min. anbraten. Sellerie und Möhren zugeben, weitere 3 Min. scharf anbraten und für weitere 2 Min. das Tomatenmark unter Rühren mitrösten.

3. Das Gemüse mit Tomatenstücken und 400 ml Wasser ablöschen, ½ TL Salz zugeben, dann alles einmal aufkochen lassen und bei mittlerer Hitze abgedeckt 4 Min. köcheln lassen. Paprika und Nudeln zugeben und nach Packungsanweisung abgedeckt garen lassen, dabei gelegentlich umrühren. Zuletzt die Oliven unterheben.

4. Den Parmesan fein reiben. Zum Servieren die Nudeln auf Teller oder tiefe Schalen verteilen. Den Rucola darüber geben und die Pasta mit Parmesan bestreut servieren.

RHABARBER-QUARK-GRATIN

Fruchtig-erfrischend

MAI

Für 4 Personen
30 Min. Zubereitung
45 Min. Backen
Pro Portion ca. 575 kcal, 28 g E, 21 g F, 66 g KH

150 g Vollrohrzucker
1 TL Johannisbrotkernmehl
500 g Rhabarber
1 Bio-Zitrone
50 g weiche Butter
4 Eier (M)
500 g Magerquark
80 g Dinkel-Vollkorngrieß
1 TL Weinstein-Backpulver
Salz
300 g Erdbeeren
2 EL Zitronensaft
2 EL Ahornsirup

Außerdem:
ofenfeste Form (ca. 24 cm Ø)
Fett für die Form

1. Die Hälfte des Vollrohrzuckers (75 g) mit dem Johannisbrotkernmehl vermischen. Den Rhabarber waschen, putzen, schräg in ca. 1 ½ cm dicke Stücke schneiden und in einer Schüssel mit dem Zucker-Mix mischen.

2. Den Backofen auf 180° vorheizen. Die Form fetten. Die Zitrone heiß waschen und abtrocknen, die Schale fein abreiben, den Saft auspressen. Die Butter mit dem übrigen Zucker und der Zitronenschale cremig rühren. Die Eier trennen. Die Eigelbe einzeln unter die Buttermasse rühren, dann den Quark untermischen. Zuletzt den Grieß und das Backpulver mischen und ebenfalls unterrühren.

3. Die Eiweiße und 1 Prise Salz in einen Rührbecher geben und mit den Rührbesen des Handrührgeräts steif schlagen. Den Eischnee zusammen mit der Rhabarbermischung unter den Quark heben. Die Masse in die Form füllen und im vorgeheizten Ofen (unten) 40–45 Min. backen.

4. Inzwischen die Erdbeeren waschen, trocken tupfen, von den Stielansätzen befreien und klein schneiden. Mit 2 EL Zitronensaft und dem Ahornsirup sehr fein pürieren. Die Sauce bis zum Servieren kalt stellen. Das Gratin aus dem Ofen nehmen und mit der Erdbeersauce servieren.

Alis
Nutrition Facts

JUNI

Nachhaltig leben und regional einkaufen – aber wie? Es gibt immer mehr Initiativen, die sich genau darum kümmern und mit kreativen Ideen Abhilfe schaffen.

NACHHALTIG EINKAUFEN & SICH BEWUSST ERNÄHREN

Jeder kann etwas für eine nachhaltige und gesunde Ernährung tun. Es gibt viele Ideen: von Milchtankstellen bis zu essbaren Städten.

Tomaten, Gurken und Paprika gibt es das ganze Jahr über im Supermarkt. Neben exotischen Lebensmitteln wie Chia-Samen, Kokosnuss, Avocado oder Quinoa kommen auch heimische Produkte teilweise von weit her – etwa Rindfleisch aus Argentinien oder Äpfel aus Neuseeland. Sie werden mit Flugzeugen, Schiffen oder Lastwagen über weite Strecken transportiert. Das belastet die Umwelt, das Klima und in letzter Konsequenz unser aller Gesundheit. Zudem sorgt es für eine zunehmende Ungleichheit zwischen denen, die immer alles oder eben immer weniger haben.

Schon bei der Erzeugung können Schäden angerichtet werden, etwa durch Dünger oder Pflanzenschutzmittel. Unser Ernährungssystem kommt an seine Grenzen. Was wir brauchen, ist eine Wende – ein neuer Weg hin zu einer Land- und Ernährungswirtschaft, die auf Gerechtigkeit basiert, die Menschen, Tiere, Böden und Klima schützt und nährt, ohne langfristig Schaden anzurichten. Dazu braucht es Unterstützung seitens der Politik, die jedoch wenig Engagement zeigt. Darum haben sich viele Bürger:innen in Initiativen zusammengeschlossen, um etwas für eine nachhaltige Lebensmittelherstellung zu tun.

Ein komplexes Thema

Immer mehr Menschen wollen nicht nur wissen, wo ihre Lebensmittel herkommen, sondern auch, wie diese erzeugt wurden. Unser Essen hat enorme Auswirkungen auf das Klima. Bis die Lebensmittel im Supermarkt liegen, haben sie viele Stationen hinter sich. Der Transport macht dabei »nur« drei Prozent der gesamten Emissionen aus. Anbau, Produktion, Weiterverarbeitung, Lagerung, Verpackung und schließlich die Zubereitung sind allesamt maßgeblich dafür, wie klimafreundlich ein Lebensmittel ist. Doch Klimaschutz ist nur einer von vielen Aspekten, die bei der Produktwahl eine Rolle spielen. Geschmack, Aussehen, Verpackung, Inhaltsstoffe, Art der Tierhaltung, Biosiegel, Gesundheitswert, faire Produktionsbedingungen oder Regionalität sind ebenfalls von Bedeutung. Wie soll man sich in diesem Dschungel an Siegeln, Werbeslogans und Versprechen orientieren?

Schnell die richtige Entscheidung zu treffen, klappt leider selten. Denn bewusste Ernährung ist komplex und vielschichtig. Finden Sie ein Biolebensmittel, ist womöglich das Herkunftsland weit weg oder es kommt in einer Plastikverpackung daher. Greifen Sie zu einem vegetarischen oder veganen Produkt, passt vielleicht die Zusammensetzung der Inhaltsstoffe für Sie nicht, weil Zusatzstoffe oder zu viel Zucker, Fett und/oder Salz enthalten sind. Es bleibt also immer eine Abwägungssache, und vermutlich werden Sie sich mal für das eine, mal für das andere Produkt entscheiden.

FAUSTREGELN FÜR OBST UND GEMÜSE

Um Ihren Einkauf etwas zu erleichtern, gibt es in Bezug auf schädliche Klimagase bei Obst und Gemüse eine Rangfolge, an der Sie sich orientieren können: Zu bevorzugen sind saisonale, regionale Lebensmittel aus dem Ökoanbau. An Stelle zwei folgen regionale, saisonale Lebensmittel, die nicht biozertifiziert sind. Mit großem Abstand kommt auf Platz drei Freilandgemüse aus Südeuropa. Obst und Gemüse aus dem Treibhaus (also nicht saisonal) hat eine schlechte Klimabilanz, selbst wenn es sich um regionale Biolebensmittel handelt. Als Faustregel können Sie sich merken:

- bio + saisonal + regional
- saisonal + regional
- saisonal

Was ist sonst noch wichtig? Frisches Obst und Gemüse bekommen den Vorzug vor Verarbeitetem wie Tiefgekühltem, Vorgegartem, Eingemachtem oder Getrocknetem. Und natürlich sind verpackte oder in Plastik eingeschweißte Lebensmittel gegenüber loser Ware allenfalls die zweite Wahl.

Was jeder Einzelne tun kann

Jeder kann durch sein Einkaufsverhalten mehr Nachhaltigkeit in unserem Ernährungssystem fördern. Dabei kommt es nicht darauf an, dass Sie immer die »richtige« Entscheidung treffen. Soll ich jetzt die in Plastik eingeschweißte Bio-Gurke oder die konventionelle Gurke ohne Verpackung kaufen? Zugegeben, das sind die nicht ganz einfachen Fragen, die auf einen zukommen, wenn man sich nachhaltiger und bewusster ernähren will. Aber es geht am Ende um das große Ganze. Kaufen Sie überwiegend Bio, überwiegend regional und saisonal und überwiegend verpackungsarm. Denn: Der Markt orientiert sich an der Nachfrage. Und auch die großen Supermärkte haben bereits bemerkt, dass wir uns mehr pflanzliche Lebensmittel und weniger Verpackungen wünschen – und bieten das jetzt an. Unsere Aufgabe als Konsument:in ist es, jetzt bei diesen Produkten zuzugreifen und unseren Kaufimpuls für billige Lebensmittel zu unterdrücken. Nachhaltige Ernährung ist eine bewusste Entscheidung. Sie ist ein persönlicher Einsatz für Nachhaltigkeit, den wir beim Einkaufen zeigen, weil wir dadurch einen Wandel bewirken können.

Gemeinsam mehr erreichen

Dennoch benötigt diese große Aufgabe den Einsatz von vielen Akteuren. Konsument:innen sind dabei genauso ein Teil wie Politik, Wirtschaft und Landwirtschaft. Immer häufiger treffen sich ihre Vertreter:innen in unterschiedlichen Konstellationen in unterschiedlichen Initiativen, um einen Wandel unseres Ernährungssystems hin zu nachhaltiger, fairer, regionaler Agrar- und Ernährungswirtschaft voranzutreiben. Auf den nächsten Seiten können Sie ein paar dieser Ideen kennenlernen.

Ernährungsräte

In immer mehr Städten und Gemeinden gründen engagierte Bürger:innen Ernährungsräte. Das sind Gremien, in denen Bürger:innen, Politiker:innen, Vertreter:innen von Wirtschaft, Wissenschaft und Stadtverwaltung an einem Tisch zusammenkommen und gemeinsam Lösungen erarbeiten für eine nachhaltige, gesunde und finanzierbare Agrar- und Ernährungsstrategie ihrer Kommune. Es entstehen Schulgärten, gemeinschaftliche Flächen werden mit essbaren Pflanzen für alle bestückt oder Marktbetreiber:innen bei der Umstellung von Plastik- auf Mehrwegbeutel unterstützt. Wie können Landwirt:innen ihre regionalen Lebensmittel auch regional vermarkten und wie können Überschüsse, etwa aus Kleingartenanlagen, verteilt werden? Das sind Fragen, denen sich Ernährungsräte stellen. Das Ziel dahinter: regionale Ernährungsstrategien und -strukturen aufbauen – für eine sozial gerechte und ökologische Ernährungswende auf lokaler Ebene.

Regionalwert AG

Ebenso wie Ernährungsräte setzen sich Regionalwert AGs dafür ein, das bestehende System zu ändern, hin zu mehr Fairness, Nachhaltigkeit und Regionalität. Um dieses Ziel zu erreichen, geben sie Aktien an Bürger:innen aus und investieren im Gegenzug das Geld in regionale Betriebe. Während die Mitarbeit im Ernährungsrat mit viel zeitli-

Gemüse aus dem eigenen Garten: Bei kaum einer anderen Tätigkeit kann man die Früchte seiner Arbeit so unmittelbar ernten wie beim Anbau von Gemüse und Obst. Der Geschmack? Einfach unvergleichlich!

chem und persönlichem ehrenamtlichem Engagement verbunden ist, kann man mit dem Kauf von Regionalwert-Aktien auf ganz einfache Weise gute, regionale Lebensmittel und eine zukunftsfähige Landwirtschaft finanziell unterstützen. Ähnliche Bürger-Aktien-Modelle gibt es auch außerhalb der Regionalwert-Organisation.

Bewusste Ernährung – so klappt's auf dem Land

In ländlichen Regionen ist genügend Platz und reichlich Landwirtschaft vorhanden. Man sollte von daher meinen, hier seien vielfältige Möglichkeiten für eine regionale Ernährung gegeben. Doch wie sich herausstellt, ist es manchmal gar nicht so leicht, an die Produkte zu kommen, die direkt vor der eigenen Haustür angebaut werden.

SELBST GÄRTNERN

Der Vorteil am Landleben: Man kann einfach selbst zum Produzenten werden und Obst und Gemüse im eigenen Garten anbauen. Auch wenn es kaum für eine Vollversorgung reicht, macht es stolz und glücklich, die eigenen Möhren aus der Erde zu ziehen. Manch einer entspannt bei der Gartenarbeit, das Gefühl, mit den eigenen Händen Lebensmittel zu erschaffen, ist unbezahlbar. Auch Kindern kann man auf

Direkter Kontakt: Beim Einkauf in einem Hofladen erhalten Sie nicht nur regionale Lebensmittel, Sie können auch mit den Menschen hinter den Produkten ins Gespräch kommen.

diese Weise praxisnah vermitteln, woher Lebensmittel kommen, wie viel Arbeit dahintersteckt, und dabei spielerisch die Lust auf mehr Obst und Gemüse wecken.

MIETACKER

Wer keinen eigenen Garten (oder Balkon) hat, kann sich an einem der zahlreichen Miet- und Gemeinschaftsäcker oder Saisongärten beteiligen, die es mittlerweile gibt. Das Prinzip: Man mietet für einen festen Jahrespreis eine Parzelle eines vorbepflanzten Ackers. Oft werden Gartengeräte und Wasser zum Gießen zur Verfügung gestellt, ebenso Infos zum Gärtnern sowie nette Beet-Nachbarn. Jäten, gießen, pflegen und ernten müssen Sie dann selbst. Die Saisongärten liegen außerhalb von größeren Städten und Gemeinden und entstehen oft in Kooperation mit dort ansässigen Höfen.

HOFLÄDEN, VERKAUF AB HOF

Immer öfter gibt es auf dem Land kleine Hofläden, die ihre eigenen Produkte vermarkten. So können Sie direkt mit den Erzeuger:innen ins Gespräch kommen, Ihre Fragen loswerden, und Sie wissen ganz genau, wo das eigene Essen herkommt. Betriebe, die keine große Vielfalt an Produkten haben, sodass sich ein Hofladen lohnen würde, stellen oft kleine Verkaufsstände oder Schilder am Straßenrand auf. Kartoffeln, Kürbisse oder Äpfel können Sie so einfach vor Ort bei einer Landpartie erwerben.

MILCHTANKSTELLE & REGIOMAT

Wer sonntags Fleisch, Eier oder Milch braucht, kann sich auf dem Land glücklich schätzen. Denn Milchtankstellen, Eierschränke oder Regiomaten versorgen rund um die Uhr mit frischen Lebensmitteln.

Regiomaten sehen aus wie die Süßigkeiten-Automaten am Bahngleis oder im Krankenhaus, die man mit einem Euro füttert und aus denen dann ein Schokoriegel plumpst. Regiomaten sind gekühlt, sie nehmen auch Scheine und heraus kommen beispielsweise abgepacktes Fleisch, Würste oder andere regionale Spezialitäten. An Milchtankstellen können Sie sich Ihre Milch selber zapfen. Wer die Flasche vergessen hat, kann diese oft ebenfalls gegen Gebühr erwerben. Und Eierschränke halten rund um die Uhr frische Eier bereit. Bei all diesen Möglichkeiten gilt meist: nur Barzahlung.

Bewusste Ernährung – so klappt's in der Stadt

Manchmal scheint es, als sei regionale Ernährung in der Stadt einfacher umzusetzen als auf dem Land. Das liegt auch an urbanen Projekten und Initiativen, die Interessent:innen den Einstieg leicht machen.

BAUERNMARKT

Bauernmärkte bieten Landwirt:innen aus der Region Standplätze an, um ihre Waren an Mann und Frau zu bringen. Allerdings bauen einige Standbeschicker:innen gar nicht selbst an, sondern sind Händler, die ihre Waren beim Großhandel einkaufen. Wenn Sie wirklich bei Erzeuger:innen aus der Region einkaufen wollen, lohnt sich die Frage, wo genau der Hof liegt. Vielleicht gibt es dort ja sogar einen Hofladen?

MARKTSCHWÄRMER

Eine andere Variante des Bauernmarkts ist das Konzept der Marktschwärmereien. Sie bestellen und bezahlen vorab im Internet Ihre Waren. Diese können Sie dann an einem festgelegten Ort zur festgelegten Zeit abholen. Bezahlen kann man vor Ort nicht mehr, und auch nicht spontan noch etwas anderes mitnehmen, denn die Erzeuger:innen bringen oftmals nur die bestellte Ware mit. Ziel der Marktschwärmer ist es, dass Landwirt:innen und Verbraucher:innen miteinander in den Austausch kommen und die Lebensmittel »ein Gesicht« bekommen. Außerdem soll sich der Weg der Produzent:innen in die Stadt lohnen, daher ist es oft wichtig, dass vorab eine Mindestanzahl an Menschen online bestellt.

SOLAWI

In der Solidarischen Landwirtschaft (SOLAWI) kooperiert eine feste Gruppe an Teilnehmer:innen mit einem landwirtschaftlichen Hof. Dieser sichert zu, eine bestimmte Anzahl haushaltsüblicher »Anteile« zu einem Festpreis zu liefern. Die Gruppe hingegen verpflichtet sich dazu, diese Anteile für ein Jahr abzunehmen. Die Lebensmittel werden wöchentlich in ein Depot geliefert, zu dem jedes Gruppenmitglied Zugang hat. Dort holt man sich seinen jeweiligen Anteil ab. Im Sommer bekommt man reichlich frische Produkte für sein Geld, im Winter vor allem Lagergemüse. Der Vorteil für Erzeuger:innen bei diesem Konzept: finanzielle Sicherheit und ein fester Absatz. Die

Urban Gardening: Auch auf einem Stadtbalkon kann einiges gedeihen! Warum nicht statt Geranien einen Versuch mit Gemüsepflanzen und Kräutern wagen?

Teilnehmer:innen können hingegen ein Jahr lang die Herausforderungen der Landwirtschaft hautnah erleben. Gab es einen heißen Sommer und zu wenig Regen? Dann spürt man das an kleinen Anteilen …

URBAN GARDENING UND »ESSBARE STÄDTE«

In vielen Städten gibt es sogenannte Urban-Gardening-Initiativen – gärtnern in der Stadt. In Hochbeeten wird auf brachliegenden Flächen, versiegelten Plätzen oder Mittelstreifen mehrspuriger Straßen eine Vielfalt an Obst und Gemüse angebaut. Meist sind es einzelne Bürger:innen, die sich um »ihre« Beete kümmern. Andere Kommunen gehen noch weiter und bauen das Konzept »essbare Stadt« aus. Am Rand von Spielplätzen, zwischen Parkflächen und an vielen anderen Orten im städtischen Raum werden Lebensmittel angebaut. Mit Unterstützung der Stadt sprießen statt Blumen und Sträuchern plötzlich Obst, Gemüse und Kräuter. Essbare Städte sind unterschiedlich gestaltet; allen gemein ist der Lebensmittelanbau im öffentlichen Raum, bei dem Mitmachen und Pflücken erlaubt ist.

Machen Sie mit – verwenden statt verschwenden

Nachhaltige Ernährung hört nicht beim Einkauf auf. Wenn wir die Lebensmittelverschwendung reduzieren wollen, muss auch weniger produziert werden. Zurzeit wird ein Drittel aller Lebensmittel weggeworfen, und zwar auf allen Stufen des Kreislaufs – also auch bei jedem Einzelnen zu Hause. Neben den Alltagstricks – öfter kleine Mengen einkaufen, Einkaufszettel nutzen, Reste verwerten – gibt es Initiativen, die sich dem Thema, Lebensmittel umfassend zu verwerten, verschrieben haben.

Möhrenglück: Junge Möhren nur waschen –unter der Schale sitzen die meisten Nährstoffe.

NOSE TO TAIL

»Nose to Tail« (von Kopf bis Schwanz) bedeutet, das ganze Tier zu verwerten. Früher war das gängige Praxis, heutzutage gönnen wir uns den Luxus, nur Edelteile wie Filet oder Kotelett, Brust oder Keule zu nutzen. Wer kennt noch Zungenragout oder Kutteln? Nach Abzug der begehrten Edelstücke wird der Großteil des Tieres zu Wurst oder Hundefutter verarbeitet, geht in den Export oder wird weggeschmissen. Eine multidimensionale Katastrophe, wenn man bedenkt, wie viel Ressourcen in Form von Arbeitskraft, Futter, Wasser, Tierarztkosten und Folgeschäden für die Umwelt damit nahezu verschwendet wurden. Außerdem erschwert der Export von übriggebliebenem Billigfleisch in Drittländer den dortigen Erzeugern den Absatz ihrer Ware auf heimischen Märkten.

LEAF TO ROOT

»Leaf to Root« (vom Blatt bis zur Wurzel) zielt ebenfalls darauf ab, weniger Essbares zu verschwenden. Das gelingt ganz einfach, indem Sie weniger schälen. Warum nicht Gurken, Möhren, Pastinaken, Topinambur, Rettich, Rote Beten, Kohlrabi, Äpfel oder Birnen lediglich gründlich abwaschen und schrubben? Vor allem bei jungen Möhren ist es unnötig, sie vorher zu schälen. Und: Die meisten Nährstoffe sitzen direkt unter der Schale. Schalen von Rote Beten und Kohlrabi schmecken vor allem von jungen Exemplaren. Ist die Schale ab, können Sie Gemüseabschnitte und -schalen sammeln und daraus später einen kräftigen Gemüsefond einkochen. Alternativ einfach alle Schalen in den Tiefkühler packen und dort sammeln, bis sie genug für einen Fond zusammenhaben. Als i-Tüpfelchen, also als Topping auf Suppen oder Salaten, können Sie Möhren- oder Pastinakenschalen auch knusprig frittieren. Übrigens: Die Blätter sind meistens essbar, nämlich jene von Radieschen, Kohlrabi, Roten Beten, Fenchel und Möhren. Am besten greifen Sie zu Bioware, die ist weniger belastet. Aus den Blättern können Sie ein Pesto zubereiten oder Sie mengen sie unter einen Salat.

FOODSHARING

Der Urlaub steht an, und es sind noch so viele Lebensmittel da? Probieren Sie doch mal Foodsharing. Die internationale Plattform hat ehrenamtliche Mitarbeiter:innen in vielen Städten und Gemeinden. Dort stellen sie sogenannte »Fairteiler« auf: Regalflächen und/oder Kühlschränke, in denen jeder überschüssige Lebensmittel spenden darf, und andere sich diese kostenlos nehmen können. Sie kooperieren auch mit Lebensmittelunternehmen und retten Produkte, die sonst weggeworfen würden. Diese werden stattdessen an die Community verteilt. Auch außerhalb der Foodsharing-Plattform gibt es Möglichkeiten, Lebensmittel zu verteilen, statt sie wegzuwerfen. Klingeln Sie doch mal bei den Nachbarn oder fragen Sie Ihre Freunde.

TO GOOD TO GO

Sie sind spontan, probieren immer wieder Neues aus und lassen sich gerne auch mal überraschen? Viele Restaurants, Bäckereien, Cafés und Hotels haben gleichfalls Schwierigkeiten mit Überproduktion. Da knüpft die App »To Good To Go« an. Betriebe und Verbraucher:innen können sich dort anmelden und kommen so miteinander in Kontakt. Verbraucher:innen kaufen und bezahlen online und erhalten oft eine Überraschungstüte zum stark reduzierten Preis. Diese kann man dann zum vereinbarten Termin vor Ort abholen. Eine Win-Win-Situation: Sie können sich über ein unerwartetes Schnäppchen freuen, der Betrieb freut sich, dass er weniger Verluste hat und wir alle freuen uns, dass wieder Lebensmittel gerettet statt weggeworfen wurden.

Homemade: Der Urlaub naht, und Ihre Tomatenpflanzen im Topf oder Gemüsegarten tragen reichlich Früchte? Zu Tomatensauce verarbeitet und in Schraubgläser abgefüllt zaubern diese selbst im Winter sommerliche Aromen auf den Teller!

TELLER STATT TONNE: 5 TIPPS FÜR DEN ALLTAG

Die folgenden Tipps helfen Ihnen dabei, Lebensmittelabfälle zu vermeiden und Produkte zu nutzen, für die Sie ansonsten keine Verwendung mehr hätten.

Vor dem Einkauf planen: Was wollen Sie in den nächsten Tagen essen? Was haben Sie noch im Kühlschrank und was benötigen Sie zusätzlich? Schreiben Sie sich eine Einkaufsliste, dann halten sich Spontankäufe in Grenzen.
Richtig lagern: Kartoffeln, Knoblauch und Zwiebeln in einem gut gelüfteten, kühlen und dunklen Raum lagern. Fleisch-, Fisch- und Milchprodukte gehören in den Kühlschrank ebenso wie Gegartes. Auch viele Obst- und Gemüsesorten fühlen sich im Kühlschrank wohl. Im Gegensatz dazu bevorzugen Auberginen, Tomaten und Südfrüchte Raumtemperatur. Achten Sie darauf, dass Obst und Gemüse trocken im Gemüsefach gelagert werden. Dazu gegebenenfalls die Umverpackung entfernen, sonst beginnen sie zu »schwitzen« und schimmeln leicht.
Reste verwerten: Es ist noch eine kleine Portion Kartoffelbrei übrig? Wie wäre es mit Shepherd’s Pie, einem traditionellen irischen Hackfleischauflauf mit Kartoffelhaube? Aus Reisresten können Sie Puffer braten, Gemüsereste lassen sich gut zu Suppen oder Saucen pürieren. Brotreste geben klein gewürfelt und in der Pfanne angebraten prima Croûtons für den Salat ab. Oder Sie machen mit Ei und Gemüse dazu eine herzhafte Brotpfanne.
MHD checken: Vertrauen Sie nicht dem Mindesthaltbarkeitsdatum, sondern Ihren eigenen Sinnen. Oft ist ein Lebensmittel länger oder auch viel länger haltbar. Daher gibt es jetzt die Kampagne »Oft länger gut«. Das bedeutet: schauen, riechen, probieren. Öffnen Sie das Lebensmittel und schauen Sie es sich genau an. Gibt es Hinweise für Schimmelpilzbefall? Dann riechen Sie daran und probieren probeweise. Alles gut? Dann können Sie es bedenkenlos verwenden.
Haltbar machen: Sie schaffen nicht alles zu verarbeiten? Dann machen Sie Ihre Lebensmittel haltbar: tiefkühlen, einlegen, einmachen. Saucenreste können Sie in Eiswürfelförmchen portioniert einfrieren, frische Kräuter ebenso. Diese einfach waschen und fein hacken, dann in die Förmchen füllen und mit Öl aufgießen. Mit den Kräuter-Öl-Würfeln können Sie beispielsweise Pfannengerichte aufpeppen.

SPECIAL

DIE WAHREN KOSTEN UNSERER LEBENSMITTEL

Wie gesund und umweltverträglich ein Lebensmittel ist, fällt nicht immer leicht zu beurteilen. Aber: Für jedes Lebensmittel zahlt man neben dem Ladenpreis einen Preis, der erst später anfällt – manchmal auch erst Generationen später.

Bio-Landwirtschaft hat das Wohl von Tieren und Umwelt im Blick, schont die Böden und schützt die Artenvielfalt.

Was sind die unsichtbaren Kosten?

Unsere Lebensmittel sind zu billig. Das hört man immer wieder. Aber warum? Bisher sind unsere Lebensmittelpreise sehr niedrig, weil die unsichtbaren Kosten nicht einberechnet sind. Wenn jedoch die wahren Kosten nicht auf dem Preisschild stehen, kaufen wir oft mehr davon ein. Und kaum einer ahnt, dass uns das noch teuer zu stehen kommt. Den Preis dafür bezahlen wir oder unsere Kinder später, beispielsweise in Form von Abgaben, Steuern und höheren Krankenkassenbeiträgen. Oder wir wälzen die Kosten auf die Natur oder die Menschen in den Produktionsländern ab. Im Folgenden nur einige Beispiele.

Gülle

Billige Produktion bedeutet, dass auf ein paar wenigen Höfen immer mehr Tiere gehalten werden, sonst können Erzeuger:innen kaum wirtschaftlich rentabel arbeiten. Die Ausscheidungen der Tiere werden gesammelt und in Form von Gülle zum Düngen auf die Felder gebracht. In der Massentierhaltung ist das aber viel zu viel für die wenigen Felder. Die Überdüngung führt dazu, dass nicht benötigte Nährstoffe wie beispielsweise Nitrat in tiefere Bodenschichten durchsickern und das Grundwasser verunreinigen. Das muss dann aufwendig und unter hohen Kosten gereinigt werden, damit wir es nutzen können. Außerdem setzt Gülle klimaschädliches Methan frei.

Pestizide

Pflanzenschutzmittel belasten das Grundwasser, gelangen aber auch in fließende Gewässer und schädigen Fische und andere Wasserbewohner. Pestizide sind mitverantwortlich für das Insektensterben und den Rückgang der Artenvielfalt. Zudem werden in Europa verbotene Gifte exportiert und in Drittländern auf die Felder gespritzt – mit teils tödlichen Folgen für Mensch und Tier.

Antibiotika

Der umfangreiche Antibiotikaeinsatz in der Massentierhaltung führt zu zunehmend resistenten Krankheitserregern und gefährdet so unsere Gesundheit, da im Krankheitsfall Antibiotika eventuell nicht mehr anschlagen.

Masentierhaltung: In der Hühnermast kommen reichlich Antibiotika zum Einsatz. Mit fatalen Folgen: Resistente Keime gelangen so über die Umwelt und das Fleisch in unseren Körper.

Kraftfutter in der Massentierhaltung

Das Futter enthält oft importiertes Soja. Nebenprodukte des Sojaanbaus sind gerodete Wälder, verunreinigte Gewässer, zerstörte Böden und Existenznöte bei den Menschen vor Ort. Durch die Waldrodung verlieren viele Wildtiere ihren Lebensraum und rücken dadurch näher an den der Menschen heran. Demzufolge können Viren leichter übertragen werden, das Risiko von Pandemien steigt.

Pestizide: Sie sollen dafür sorgen, dass Pflanzen schneller wachsen und nicht krank werden. Krank werden stattdessen Insekten und Fische, die die Gifte ebenfalls abbekommen.

Was tun?

Biolebensmittel schützen Umwelt, Böden und Grundwasser. Dabei wird das Tierwohl im Blick behalten, die Belastung von Böden und Grundwasser reduziert und die Artenvielfalt geschützt. Das macht das Lebensmittel erst mal etwas teurer, wenn aber alle unsichtbaren Folgekosten miteingerechnet sind, wären Biolebensmittel letztendlich wahrscheinlich günstiger. Insgesamt weniger tierische und mehr pflanzliche Produkte zu verwenden, ist ebenfalls gut für Umwelt und Gesundheit.

JUNI-HELDEN

Der Sommer ist endlich da mit seinen langen Tagen. Jetzt ist auch die Zeit der Dips und Salate. Gut, dass die Auswahl an frischem Obst und Gemüse stetig steigt.

Fenchel

An ihm scheiden sich die Geister, denn Fenchel bringt ein intensives anisartiges und leicht süßliches Aroma mit. Das liegt an den enthaltenen ätherischen Ölen wie Anethol, Fenchon und Menthol. Diese wirken beruhigend auf den Magen-Darm-Trakt und helfen bei Bauchschmerzen und Übelkeit. Zudem bringt Fenchel jede Menge Vitamine, Mineral- und Ballaststoffe mit. Das Gemüse kann roh zubereitet werden, schmeckt aber auch gegrillt, gebraten oder gedünstet. Auch das Fenchelgrün können Sie fein hacken und am Schluss über Ihr Gericht streuen.

Mangold

Das Blattgemüse ist botanisch mit Roter Bete verwandt. Seine bunten Stiele machen ihn zu einem farbenfrohen Hingucker in der Gemüseküche. Mangold schmeckt leicht würzig-nussig und etwas kräftiger als Spinat. Die Blätter werden auch wie Spinat zubereitet und können roh verwendet werden. Die Stiele sollten Sie waschen, gegebenenfalls schälen und weich garen, dünsten oder braten, sonst sind sie zu hart. Mangold wird schnell welk und lässt sich nur kurz im Kühlschrank aufbewahren.

Zucchini

Es gibt sie in grün oder gelb, und sie schmecken mild mit einer leichten Bitternote. Große Exemplare sind eher herb und haben eine dickere Schale, kleine sind dagegen milder und zarter. Zucchini können Sie roh oder gedünstet, gegrillt, gebraten, überbacken oder gekocht zubereiten. Zudem lassen sie sich perfekt mit einem Spiralschneider zu Nudeln schneiden. Mischen Sie einfach die Zucchininudeln unter Ihre herkömmlichen Spaghetti – so haben Sie Kalorien und Kohlenhydrate gespart und für eine Extraportion Gemüse gesorgt.

Brokkoli

Den grünen Kohl am Stiel könnte man auch als heimisches Superfood bezeichnen. Er besitzt jede Menge Vitamin C, für ein Gemüse relativ viel Eiweiß und dazu gesundheitsfördernde sekundäre Pflanzenstoffe. Brokkoli ist für seine krebshemmende Wirkung bekannt, wirkt zudem antibakteriell, antientzündlich und fängt freie Radikale. Letzteres bewirkt, dass Brokkoli das Risiko von Krankheiten wie Herz-Kreislauf-Erkrankungen, Diabetes Typ II, Asthma oder verschiedene Krebsarten mindert. Brokkoli schmeckt roh, zum Beispiel im Salat, gedünstet, gebraten oder gegrillt.

WARMER ANTIPASTISALAT *vom Blech*

Italienisch

Für 2 Personen
25 Min. Zubereitung
25 Min. Backen
Pro Portion ca. 615 kcal, 18 g E, 36 g F, 50 g KH

1 Aubergine (ca. 300 g)
Salz
1 gelbe Paprika (ca. 200 g)
1 Zucchino (ca. 230 g)
200 g Möhren
2 Knoblauchzehen
6 EL Olivenöl
Pfeffer
160 g Ciabatta (italienisches Weißbrot)
3 Stängel Basilikum
40 g italienischer Hartkäse
4 TL Aceto balsamico

1. Das Gemüse putzen und waschen. Die Aubergine längs in ca. 1 cm dicke Scheiben schneiden, salzen und kurz ziehen lassen. Die Paprika halbieren, von Trennwänden und Kernen befreien und in Stücke schneiden. Zucchino längs halbieren und in ca. 1 cm dicke, die Möhren schräg in ca. 0,5 cm dicke Scheiben schneiden. Den Knoblauch schälen und zum Öl pressen, beides verrühren.

2. Backofen auf 180° vorheizen. Ein Backblech mit Backpapier belegen. Die Aubergine trocken tupfen und in Stücke schneiden, dann mit Paprika, Zucchino, Möhren und der Hälfte des Knoblauchöls in einer Schüssel mischen.

3. Das Gemüse salzen, pfeffern, auf drei Viertel des Blechs verteilen und im Ofen (Mitte) 10–12 Min. backen. Inzwischen das Ciabatta ca. 2 cm groß würfeln und mit dem übrigen Knoblauchöl mischen. Die Brotwürfel neben dem Gemüse verteilen und weitere 10–13 Min. mitbacken.

4. Das Basilikum waschen und trocken schütteln, die Blätter abzupfen. Den Käse in Späne hobeln. Gemüse, Brot und Aceto balsamico mischen und kurz abkühlen lassen, dann noch warm mit Basilikum und Käse anrichten.

BROKKOLI-LINSEN-TABOULÉ

Oriental Style

JUNI

Für 2 Personen
25 Min. Zubereitung
Pro Portion ca. 385 kcal, 22 g E, 22 g F, 22 g KH

40 g rote Linsen
250 ml Gemüsebrühe
1 TL Baharat (arab. Gewürzmischung)
1 ½ TL Harissa (scharfe Würzpaste)
1 ½ EL Mandelblättchen
75 g Schafskäse (Feta)
1 Brokkoli (ca. 300 g)
1 kleine gelbe Paprika
100 g Kirschtomaten
2 Frühlingszwiebeln
2 Stängel Minze
½ Bund Petersilie
2 EL Zitronensaft
¼ TL gemahlener Kreuzkümmel
2 ½ EL Olivenöl
Salz
Pfeffer

1. Die Linsen kalt abbrausen. In einem Topf die Brühe mit Baharat und 1 TL Harissa aufkochen, die Linsen darin zugedeckt bei kleiner Hitze in 8–10 Min. bissfest garen. In ein Sieb abgießen, dabei die Brühe auffangen.

2. Die Mandelblättchen in einer beschichteten Pfanne ohne Fett goldbraun rösten. Schafskäse grob zerbröckeln. Den Brokkoli putzen, waschen und in kleine Röschen teilen, den Stiel schälen und fein würfeln; beides portionsweise im Blitzhacker zerkleinern. Die Paprika waschen, vierteln, weiße Trennwände und Kerne entfernen, die Viertel klein würfeln. Die Tomaten waschen, halbieren.

3. Frühlingszwiebeln putzen, waschen, trocken schütteln und in Ringe schneiden. Die Kräuter waschen und trocken schütteln, die Blätter abzupfen und grob schneiden. 4 EL Kochbrühe mit 1 EL Zitronensaft und Kreuzkümmel verrühren, das Öl unterschlagen. Das Dressing mit dem übrigen Harissa, Salz und Pfeffer kräftig würzen.

4. Das Dressing mit Brokkoli, Paprika, Tomaten, Linsen, Frühlingszwiebeln und Kräutern mischen. Kurz ziehen lassen, dann mit Salz, Pfeffer, Zitronensaft und Brühe abschmecken. Die Hälfte des Schafskäses unterheben, den Rest mit den Mandelblättchen auf das Taboulé streuen.

ERDNUSSPOLENTA

Seelenfutter

mit Mangold

Für 2 Personen

45 Min. Zubereitung

Pro Portion ca. 555 kcal, 18 g E, 26 g F, 62 g KH

Salz
2 EL Erdnussmus
125 g Polenta
1 Zwiebel
2 Knoblauchzehen
1 rote Chilischote
1 rote Paprika
350 g Mangold
2 EL Öl
2 EL geröstete, gesalzene Erdnusskerne
2 EL Sojasauce
½ EL Limettensaft
1 TL Zucker

1. In einem Topf 500 ml Wasser aufkochen. ½ TL Salz und das Erdnussmus mit einem Schneebesen darin verquirlen, dann unter Rühren die Polenta einrieseln lassen. Die Polenta zugedeckt 10 Min. bei kleinster Hitze köcheln lassen, dabei zwischendurch häufig umrühren, danach auf der ausgeschalteten Platte warm halten.

2. In der Zwischenzeit die Zwiebel schälen und würfeln. Den Knoblauch schälen und in feine Scheiben schneiden. Die Chilischote und Paprika waschen, halbieren, von weißen Trennwänden und Kernen befreien. Die Chilihälften fein würfeln, die Paprikahälften in mundgerechte Stücke schneiden. Den Mangold waschen und putzen, die Blätter von den Stielen schneiden. Die Stiele und Blätter separat in ca. fingerbreite Streifen schneiden.

3. Das Öl in einer weiten Pfanne erhitzen. Zwiebel und Knoblauch darin bei mittlerer Hitze in ca. 5 Min. glasig anschwitzen. Chili, Paprika und Mangoldstiele zugeben, das Gemüse salzen und ca. 8 Min. zugedeckt bei mittlerer Hitze dünsten, dabei gelegentlich umrühren.

4. Währenddessen die Erdnüsse grob hacken. Sojasauce, Limettensaft und Zucker mit 2 EL Wasser verrühren und zusammen mit den Mangoldblättern zum Gemüse geben. Alles weitere 3 Min. unter gelegentlichem Rühren garen, bis die Mangoldblätter zusammengefallen sind. Zuletzt das Gemüse und die Polenta mit Salz abschmecken.

5. Die Polenta auf Teller verteilen, das Gemüse darübergeben und alles mit den Erdnüssen bestreuen.

ZUCCHININUDELN

Mediterran

mit weißen Bohnen

Für 2 Personen

20 Min. Zubereitung

Pro Portion ca. 414 kcal, 32 g E, 19 g F, 22 g KH

500 g Zucchini
200 g Räuchertofu
2 Schalotten
1 Dose Riesenbohnen (150 g Abtropfgewicht)
20 g Parmesan am Stück
1 EL Olivenöl
1 Dose stückige Tomaten (400 g)
Salz
Pfeffer

1. Die Zucchini waschen, putzen und mit dem Spiralschneider zu Spaghetti schneiden. Räuchertofu fein würfeln. Die Schalotten schälen und in feine Ringe schneiden.

2. Die Riesenbohnen in ein Sieb abgießen, mit kaltem Wasser abspülen und gut abtropfen lassen. Den Parmesan mit einem Sparschäler in feine Späne hobeln.

3. Das Öl in einer beschichteten tiefen Pfanne erhitzen. Die Schalottenringe und die Tofuwürfel darin 5 Min. auf höchster Stufe ringsum scharf anbraten. Die abgetropften Riesenbohnen und stückigen Tomaten dazugeben, alles aufkochen und 5 Min. auf mittlerer Stufe köcheln lassen.

4. Den Pfanneninhalt kräftig mit Pfeffer und Salz abschmecken. Die Zucchininudeln unterheben und kurz erwärmen, dann alles auf Teller verteilen und mit dem gehobelten Parmesan bestreuen. Das Gericht am besten sofort servieren, sonst ziehen die Zucchini zu viel Wasser.

OFENLACHS

Mit Omega-3-Fettsäuren

mit Fenchel und Tomaten

Für 2 Personen
30 Min. Zubereitung
Pro Portion ca. 434 kcal, 40 g E, 20 g F, 19 g KH

250 g Fenchel
200 g Tomaten
1 kleine rote Zwiebel
1 Dose weiße Bohnen (150 g Abtropfgewicht)
6 Stängel Basilikum
300 g Lachsfilet ohne Haut
1 TL Olivenöl
¾ TL Salz
Pfeffer aus der Mühle

1. Backofen auf 200° vorheizen. Den Fenchel waschen, putzen und längs halbieren. Den Strunk heraustrennen und die Hälften längs in feine Streifen schneiden. Die Tomaten waschen, trocknen und vierteln, Stielansatz und Kerne entfernen. Die Viertel in feine Stücke schneiden.

2. Die Zwiebel schälen, halbieren und in feine Ringe schneiden. Die Bohnen in ein Sieb abgießen, mit kaltem Wasser abbrausen und abtropfen lassen. Das Basilikum waschen, trocken schütteln, die Blätter abzupfen und grob hacken. Den Fisch mit Küchenpapier trocken tupfen.

3. Die Fenchelstreifen mit dem Öl und ¼ TL Salz mischen, in eine hitzefeste Schale geben und 10 Min. im vorgeheizten Ofen backen. Dann das Lachsfilet auf das vorgegarte Fenchelbett setzen und weitere 10 Min. mitgaren.

4. Inzwischen Tomaten, Bohnen, Basilikum, Pfeffer und ½ TL Salz in einer Schüssel zu einem Salat vermengen. Zum Servieren den Ofenfenchel mit dem Lachs auf Tellern anrichten und mit dem Tomaten-Bohnen-Salat servieren.

JULI

Jetzt beginnt die Zeit der lauen Sommernächte und der endlos langen Tage. Perfekt für Picknick im Freien oder Entdeckungstouren durch Wald und Feld. Wie wäre es mal mit Beeren sammeln?

SOMMER, SONNE, BEEREN SAMMELN

Die Tage scheinen kein Ende zu nehmen, die Ferien stehen vor der Tür und das Leben findet draußen statt. Endlich Sommer!

Im Juli hat die Natur die Spendierhosen an. Endlich sind die vielen Sommerfrüchte reif, wie etwa im Wald die verschiedenen Beeren. Waldheidelbeeren wachsen in Heide- oder Moorlandschaften im Halbschatten, manchmal auch in lichten Wäldern. Die Büsche werden 30–50 cm hoch. Auch wilde Himbeeren wachsen ab und zu im Wald. Beide schmecken ganz anders als ihre kultivierten Verwandten aus dem Supermarkt. Sie enthalten eine dezente Bitternote, sind kleiner und auch sehr viel aromatischer. Waldheidelbeeren haben ein intensives violettes Fruchtfleisch, das alles färbt, was damit in Kontakt kommt: Zunge, Zähne, Hände oder Kleidung. Gutes Gegenmittel: Einfach alles mit einer Scheibe Zitrone abreiben. Finden Sie eine ähnlich aussehende Beere mit weißem Fruchtfleisch, handelt es sich vermutlich um eine Rauschbeere. Kein Problem, wenn Sie eine oder zwei davon essen. Bei einer großen Menge kann es aber zu Vergiftungserscheinungen kommen. Brombeeren findet man oft als Hecke oder dorniges Gebüsch. Pflücken Sie am besten die weichen, die Ihnen fast von selbst in die Hand plumpsen. Die sind schön süß. Müssen Sie hingegen ordentlich rupfen, ist die Beere noch nicht reif und schmeckt sauer.

Beeren sammeln

Idealerweise pflücken Sie die Beeren vorsichtig von Hand. Beeren sind sehr druckempfindlich, daher lieber auf mehrere kleine Sammelgefäße verteilen und auf keinen Fall quetschen. Achten Sie darauf, nur unversehrte und unbeschmutzte Früchte zu sammeln. Denken Sie beim Sammeln aber auch an Ihre Mitmenschen und die Tiere des Waldes. Pflücken Sie nur so viele Beeren, wie Sie selbst in den nächsten Tagen verbrauchen können. Denn: Die Beeren halten sich nur wenige Tage im Kühlschrank. Frisch verzehrt ist der Nährstoffgehalt am höchsten. Zu Hause angekommen lohnt es sich, aufgeplatzte Beeren oder solche mit Druckstellen auszusortieren und sofort zu verbrauchen, denn diese schimmeln schnell. Um die zarte Haut der Beeren nicht zu verletzen, geben Sie diese am besten ungewaschen in den Kühlschrank. Dann erst unmittelbar vor der Verarbeitung in ein Sieb geben und gründlich abbrausen.

Wild- und Kulturheidelbeeren

Wilde Heidelbeeren unterscheiden sich sowohl vom Geschmack als auch von den Inhaltsstoffen von den Kulturbeeren aus dem Supermarkt. Diese stammen ursprünglich aus Nordamerika, werden deutlich höher, haben größere Früchte, ein helles Fruchtfleisch und schmecken süßer. Waldheidelbeeren hingegen sind klein, das Fruchtfleisch ist, wie erwähnt, intensiv violett gefärbt, was auf den hohen Anteil an Anthocyanen zurückgeht. Diese machen einen großen Gesundheitswert der Waldheidelbeere aus (s. S. 145). Auch das Aroma der Beere aus dem Wald ist wesentlich intensiver und vollmundiger. Der Bund deutscher Heidelbeeranbauer beschreibt den Unterschied zwischen Kultur- und Waldheidelbeeren in etwa so wie die Verwandtschaft zwischen Pflaumen und Kirschen. Allerdings lässt sich die Kulturpflanze sehr viel einfacher auf Balkon, Terrasse oder im Garten kultivieren als ihre wilde Verwandte.

BLAUBEEREN VS. HEIDELBEEREN

Manch einer fragt sich, wie sich Blau- und Heidelbeeren voneinander abgrenzen. Die Antwort ist überraschend wie simpel: gar nicht. Beide Begriffe benennen die gleiche Frucht. Sogar die Kulturheidelbeeren, die nur außen blau scheinen, innen aber weißlich-grünes Fruchtfleisch besitzen, werden als Blaubeeren verkauft.

Interview mit Lisa Nentwich

BEEREN UND ANDERE SUPERFOODS

Lisa Nentwich ist Ernährungswissenschaftlerin und betreibt den Gesundheitsblog »Dinkel & Beeren«. Sie vermittelt fundiertes Ernährungswissen in kleinen Häppchen, unterhaltsam und auf den Punkt. Zudem ist sie Expertin für gesunde Rezepte.

Liebe Lisa, dein Blog heißt »Dinkel & Beeren« – was steckt hinter deiner Namenswahl?

Tatsächlich sind es einfach nur zwei Lebensmittel, die ich total gerne mag. Zufällig bringen sie noch großes gesundheitliches Potenzial mit. Das trifft sich gut mit meiner beruflichen Ausrichtung auf gesunde und gleichzeitig genussvolle Ernährung.

Was macht Beeren aus gesundheitlicher Sicht so besonders?

Beeren enthalten nicht nur viele Vitamine und Ballaststoffe, sondern auch sekundäre Pflanzenstoffe. Zu dieser Stoffgruppe zählen zahlreiche Verbindungen, denen verschiedene gesundheitsförderliche Eigenschaften nachgesagt werden. Beispielsweise können Flavonoide (Stoffe, die unter anderem für die Färbung der Beeren verantwortlich sind) antioxidativ wirken. Sie schützen unsere Zellen. Außerdem werden sie mit einem verringerten Risiko für Herz-Kreislauf-Krankheiten in Verbindung gebracht. Es steckt also sehr viel gesundheitliche Power in diesen kleinen Früchten.

Welches sind deine Lieblingsbeeren?

Ich liebe Heidelbeeren! Einerseits schmecken sie mir einfach gut und lassen sich vielfältig verarbeiten. Andererseits enthalten sie viele Anthocyane, welche zur Gruppe der Flavonoide gehören. Diese Stoffe haben einen hohen Gesundheitswert. Sie sollen unter anderem das Immunsystem stärken und die Zellen schützen.

Was ist mit exotischen Superfoods? Darunter finden sich auch Beeren, etwa Goji- oder Açaibeeren …

Superfoods liefern jede Menge gesunder Nährstoffe – keine Frage. Allerdings handelt es sich oft um cleveres Marketing, während etwaige gesundheitliche Vorteile nicht ausreichend wissenschaftlich belegt werden können. Meist gibt es ebenbürtige heimische Alternativen, die günstiger sind und keine weiten Transportwege hinter sich haben. Beispielsweise könnte man Heidelbeeren, Leinsamen, Hirse und Walnüsse als heimische Superfoods bezeichnen. Exotische Superfoods können eine tolle, aromatische Bereicherung für den Speiseplan sein, sind aber aus ernährungswissenschaftlicher Sicht nicht unbedingt nötig.

Mehr von Lisa Nentwich unter dinkel-und-beeren.de oder instagram.com/dinkel_und_beeren/

Hast du ein Lieblingssuperfood?

Ich bin ein großer Fan von Haferflocken! Das überrascht jetzt bestimmt einige, weil die gar nicht als Superfood bekannt sind. Haferflocken sind sozusagen der Underdog unter den heimischen Superfoods. Denn: Sie sind nicht nur überaus vielseitig einsetzbar, sondern liefern auch jede Menge Ballaststoffe. Besonders hervorzuheben ist ihr hoher Beta-Glucan-Gehalt, und dieser wiederum ist förderlich für einen ausgeglichenen Cholesterinspiegel und hilft, den Blutzuckerspiegel in Balance zu halten.

Verrätst du uns dein Lieblingsbeerenrezept?

Ich esse Beeren gerne im Porridge zum Frühstück. So kann ich ganz einfach meine beiden Lieblingssuperfoods – Beeren und Haferflocken – miteinander kombinieren. Besonders gerne mag ich dabei die Kombination mit Kokosflocken: Einfach 50 Gramm Haferflocken, 10 Gramm Kokosraspel und 10 Gramm helles Mandelmus mit ca. 200 Milliliter Milch (oder pflanzlicher Alternative) in einen großen Topf geben. Alles einmal aufkochen und zugedeckt bei kleiner Hitze ca. 15 Minuten unter gelegentlichem Rühren zu einem Porridge kochen. Inzwischen ca. 50 Gramm frische Beeren, zum Beispiel Himbeeren oder Heidelbeeren, in ein kleines Sieb geben, vorsichtig abbrausen und abtropfen lassen. Ganz am Schluss vorsichtig unter das Porridge heben, sodass sie ein klein wenig zerfallen und das Gericht sich leicht verfärbt. Wer sein Porridge gerne süßer mag, kann noch etwas Honig zugeben.

Echt super: Ob Matchapulver, Gojibeere oder Chia-Samen – wer auf regional setzt, findet auch heimische Alternativen zu exotischen Superfoods.

Superfoods

Es gibt Lebensmittel, die sollen besser sein als andere – sogenannte »Superfoods«. Zu diesen Superlebensmitteln zählen meist pflanzliche Nahrungsmittel, die einen besonders hohen Gehalt an wertvollen Inhaltsstoffen wie einzelnen Nährstoffen oder sekundären Pflanzenstoffen haben und dadurch einen höheren gesundheitlichen Nutzen mitzubringen scheinen.

WELCHE SUPERFOODS GIBT ES?

Eine gesetzliche Regelung zum Begriff »Superfoods« gibt es nicht. Manche der Lebensmittel haben tatsächlich positive Auswirkungen auf die Gesundheit, etwa Blaubeeren. Doch häufig wird mit diesem undefinierten Begriff einfach Werbung und Imagepflege betrieben. Da der Name nicht geschützt ist, gibt es verschiedene Vorstellungen, was ein Superfood ist. Klassischerweise fallen viele Früchte (Superfruits), Beeren wie Aronia, Açaí-, Goji- oder Blaubeeren (Superberries), Getreide und Samen wie Amaranth, Quinoa, Chia- oder Hanfsamen (Supergrains) sowie grüne Lebensmittel wie Matcha, Grünkohl, Algen oder Weizengras (Supergreens) darunter.

WIE GESUND SIND SIE?

Viele der exotischen Beeren sind frisch bei uns kaum zu bekommen, häufig gibt es sie getrocknet oder in Pulverform. Dadurch können gesundheitlich wirksame Substanzen wie sekundäre Pflanzenstoffe nur allzu leicht auf der Strecke bleiben.
Wissenschaftliche Beweise für die außergewöhnliche Wirkkraft all dieser Superfoods gibt es kaum, außer hin und wieder Hinweise. Diese reichen jedoch noch nicht aus, um fundierte Schlüsse auf die Gesundheitswirkung ziehen zu können. Denn: Meist basieren die Testreihen auf Tier- oder Zellversuchen. Die seltenen Studien an Menschen wurden mit sehr hohen Dosierungen oder auch nur mit isolierten Wirkstoffen durchgeführt. Eine Kontrollgruppe fehlte oftmals. Das lässt keine validen Schlüsse auf eine allgemeingültige Wirksamkeit zu.
Ein anderer problematischer Punkt: Die Verzehrmenge bleibt oft unberücksichtigt. Von Chia-Samen soll man beispielsweise nur wenige Teelöffel pro Tag zu sich nehmen, wie Sie auch Algen vermutlich nicht in hohen Mengen verspeisen. Das Gleiche gilt übrigens auch für Hanfsamen. In diesen

kleinen Portionen ist der Gehalt an dem gewünschten Nährstoff jedoch weitaus geringer, als oftmals angepriesen wird.

HEIMISCHE SUPERFOODS

Kritiker bemängeln zudem, dass es sich häufig um exotische Produkte mit langen Transportwegen handelt: Chia-Samen aus Mittelamerika, Spirulinaalgen aus Asien oder Açaí-Beeren aus Brasilien. Doch um in den Genuss von Superlebensmitteln zu kommen, müssen Sie nicht zwingend lange Transportwege und fragwürdige Anbaubedingungen in Kauf nehmen. Auch hierzulande gibt es eine große Auswahl an heimischen und vor allem frischen Superfoods. Gönnen Sie sich mit den in der Tabelle genannten Lebensmitteln doch mal eine Extraportion Gesundheit auf dem Teller!

DAS STECKT DRIN

Superfood	Besonders reich an	Gesundheitswert
Grünkohl	Folsäure, Kalzium, Vitaminen A und K, Carotinoiden	stärkt das Immunsystem, unterstützt die Sehkraft, fördert die Darmflora
Heidelbeeren	sekundären Pflanzenstoffen, v. a. Flavonoiden (Anthocyane/Pflanzenfarbstoffe)	schützen Zellen und Gefäße, stärken das Immunsystem, wirken antientzündlich, senken das Krebsrisiko
schwarze Johannisbeeren	Vitaminen C und A, sekundären Pflanzenstoffen (v. a. Flavonoide)	stärken das Immunsystem, unterstützen die Sehkraft, schützen die Zellen
Brokkoli	Vitamin C, Antioxidantien, Carotinoiden	wirkt krebshemmend, antientzündlich und schützt die Zellen
Hirse	Eisen, Magnesium, Eiweiß	ist leicht verdaulich und gut verträglich, unterstützt Muskeln und Nerven; für eine bessere Eisenaufnahme mit Vitamin C kombinieren und auf Milch(-produkte) verzichten
Leinsamen	Ballaststoffen, Omega-3-Fettsäuren, Kalium	fördern die Darmflora und die Verdauung, wirken antientzündlich und blutdrucksenkend
Walnüsse	Vitamin E, ungesättigten Fettsäuren (v. a. Omega-3-Fettsäuren), B-Vitaminen	schützen Herz und Gefäße, sind gut fürs Gehirn, wirken antientzündlich, senken den Cholesterinspiegel

SIND SUPERFOODS EMPFEHLENSWERT?

Exotische Superfoods können einige Risiken mit sich bringen, die man nicht auf den ersten Blick erkennt. So kommt es immer wieder vor, dass sie mit Schwermetallen, Mineralöl, Pestiziden, Chemikalien oder Schimmelpilzen belastet sind. Manche Superfoods führen gegebenenfalls zu Wechselwirkungen, wenn Sie regelmäßig Medikamente einnehmen. Gojibeeren etwa beeinflussen die Wirksamkeit von blutverdünnenden Medikamenten. Sie sorgen dafür, dass das Medikament im Körper nicht abgebaut wird. Das führt dazu, dass mögliche Blutungen nicht oder nur schwer zu stoppen sind. Aber auch die Menschen in den Herkunftsländern sind nicht immer glücklich über einen Superfood-Boom. Warum? Lebensmittelpreise gehen hoch, weil die weltweite Nachfrage steigt. Dann können sich die Menschen ihre eigenen Grundnahrungsmittel nicht mehr leisten.

Dennoch haben Superfoods, sofern sie nicht verarbeitet sind, als Kapseln oder Pulver daherkommen, eine positive Wirkung auf die Gesundheit. Sie bringen die Menschen dazu, sich bewusst mit gesunder Ernährung auseinanderzusetzen und ihren Speiseplan zu vergrößern. So können sie ein Einstieg in eine bewusste, ausgewogene Ernährung sein und das i-Tüpfelchen einer bunten Vielfalt bilden, die auf dem Teller landet. Den gesundheitlichen Mehrwert bringt dann nicht das einzelne Lebensmittel, sondern die Mischung aus allem.

»Waldatmen«: Nicht nur die Inhaltsstoffe der Blaubeere haben positive Effekte auf unsere Gesundheit! Allein schon das Sammeln der Beeren entschleunigt und lässt uns nebenbei Sonne (Vitamin D) und Sauerstoff tanken.

SUPERFOOD: WILDE BLAUBEERE

Im Falle der Wildheidelbeere ist das Etikett »Superlebensmittel« kein geschickter Marketingschachzug. Tatsächlich sind die Inhaltsstoffe so vielversprechend, dass weltweit rund um ihr gesundheitsförderndes Potenzial geforscht wird.

Gut gegen Zellstress

Antioxidantien verringern den oxidativen Stress der Zelle und schützen so vor Entzündungen und chronischen Erkrankungen. In wilden Blaubeeren sind besonders viele und besonders aktive Antioxidantien zu finden.

Gut für die Gehirnleistung

Die zu den Antioxidantien zählenden Anthocyane können laut verschiedener Studien die Gedächtnisleistung bei Senioren verbessern und auch bei Kindern die Aufmerksamkeit erhöhen. Wilde Blaubeeren enthalten besonders viele Anthocyane, die ihnen die intensiv blaue Farbe verleihen.

Gut fürs Herz

Der regelmäßige Verzehr von Wildheidelbeeren hilft, den Cholesterinspiegel zu senken und somit das Risiko für Atherosklerose und Herzinfarkt zu mindern. Zudem gibt es erste Hinweise, dass Wildheidelbeeren auch den Blutdruck, Zucker- und Fettstoffwechsel positiv beeinflussen.

Am besten roh verzehren

Streifen Sie doch mal mit wachen Augen durch den Wald und pflücken Sie sich eine Portion Gesundheit. Am besten die Beeren nur kurz waschen und roh verzehren. Im Müsli oder Salat wirken die Inhaltsstoffe nämlich noch besser, als nach dem Erhitzen, wie beispielsweise beim Blaubeer-Pancake.

SPECIAL

SOMMER, SONNE, SONNEN-SCHUTZ

Sonnenstrahlen regen die Vitamin-D-Produktion in der Haut an und verleihen ihr im Sommer eine begehrte Farbe. Zu häufiges und zu langes Sonnenbaden kann sie aber schädigen. Wussten Sie, dass Sie sich einen kleinen Lichtschutzfaktor durch bestimmte Lebensmittel »anfuttern« können?

Mehr als ein modisches Accessoire: Die Kopfhaut kann man nur schwer, die Augen gar nicht eincremen. Einen Schutz bieten Hüte mit breiter Krempe und Sonnenbrillen.

Was macht Sonne mit der Haut?

Die ultraviolette Strahlung (UV) der Sonne wird in Wellenbereichen gemessen. UV-A- und UV-B-Strahlen treffen auf unsere Haut und sorgen dafür, dass diese schön bräunt. UV-B-Strahlen treffen vor allem die oberste Hautschicht. Rötet sich die Haut, sind dafür die UV-B-Strahlen verantwortlich. UV-A-Strahlen dringen hingegen in tiefere Schichten ein und können dort Schäden im Erbgut der Zellen anrichten und Entzündungen verursachen. Das ist der Grund, warum intensives, ungeschütztes Sonnenbaden zu Hautkrebs führen kann. Zudem lässt Sonnenstress die Haut altern, es bilden sich vermehrt Falten.

Sonnenschutz von außen

Um Ihre Haut bestmöglich vor Sonnenschäden zu schützen, gibt es ein paar Regeln. Sie sollten Ihre Haut nach dem Winter langsam an die Sonne gewöhnen und anfangs maximal 10 Minuten in der Frühlingssonne »baden«. Im Hochsommer dann die Mittagshitze zwischen 11 und 15 Uhr besser im Schatten verbringen. Auch Kleidung schützt vor Sonnenstrahlung, etwa ein Sonnenhut, ein T-Shirt oder ein langärmeliges, luftiges Sommeroutfit. Sonnenbrillen schützen die Augen. Achten Sie darauf, dass diese einen ausgewiesenen UV-Schutz haben. Sonnencremes sollten vor UV-B- und UV-A-Strahlen schützen.

Sonnenschutz von innen

Lieben Sie Sonnenbäder oder wollen Sie Ihren Körper auf die Sonnenstrahlen vorbereiten, können Sie durch eine spezielle Ernährung zusätzlichen Sonnenschutz »von innen« aufbauen. Sie müssen mindestens acht Wochen vorher anfangen, nur dann kann sich ein innerer Lichtschutzfaktor von 2–3 aufbauen. Sie sollten in dieser Zeit reichlich Obst und Gemüse in Rot, Orange und Gelb essen. Die darin enthaltenen Nährstoffe wie Vitamin C, Beta-Carotin und Lycopin sowie die sekundären Pflanzenstoffe schützen die Haut vor dem Sonnenstress. Besonders gut wirken sie in Kombination mit entzündungshemmendem Vitamin E, etwa aus Olivenöl. Greifen Sie zu bei:

- Pfirsichen
- Nektarinen
- Wassermelonen
- Aprikosen
- Erdbeeren
- Himbeeren
- Johannisbeeren
- Möhren
- roter Paprika
- Tomaten

Lycopine kommen insbesondere in Tomaten in hohen Konzentrationen vor. Ihre Verfügbarkeit ist nach dem Erhitzen höher, da hierdurch pflanzliche Zellstrukturen aufgebrochen werden und der Körper Lycopin so besser aufnehmen kann.

Hilfe bei Sonnenbrand

Und wenn sich trotz aller Vorsicht die Haut rötet, juckt und in schlimmen Fällen Blasen bildet? Dann heißt es, raus aus der Sonne für die nächsten Tage. Für Linderung sorgen kühlende Auflagen oder spezielle Cremes und Salben. Zink beispielsweise hilft dabei, Entzündungen zu lindern. Und: viel Wasser oder ungesüßten, kühlen Tee trinken! Durch die Verbrennung benötigt Ihr Körper reichlich Flüssigkeit. Ist Ihre Haut stark geschädigt, haben Sie Schmerzen, Fieber, leiden unter Übelkeit oder bilden sich Blasen, brauchen Sie ärztliche Hilfe.

Beta-Carotin gibt nicht nur Möhren, sondern auch vielen Obstsorten ihre schöne orange-rote Farbe. Im Körper schützt es bei UV-Strahlung die Zellen.

JULI-HELDEN

Die Auswahl auf dem Markt ist bunt. Jetzt schmecken Tomaten und Gurken richtig gut. Obwohl sie das ganze Jahr zu bekommen sind, haben sie nun ihre kurze Saison.

Gurken

Das wasserreiche Gemüse versorgt unseren Körper mit einer Extraportion Flüssigkeit, aber auch mit Mineralstoffen wie Zink oder Kalium. Freilandgurken schmecken jetzt richtig gut. Sie sollten knackig frisch sein und keine gelben Stellen haben. Ganze Gurken halten sich im Kühlschrank etwa eine Woche. Alle Gurken – von Salat- bis Schmorgurken – können roh gegessen, gedämpft oder eingelegt werden. Schmorgurken mit dicker Schale können Sie vorher schälen. Salatgurken schmecken besonders gut als Snack zum Dippen, etwa in Kräuterquark oder Hummus.

Tomaten

Eine der beliebtesten Gemüsearten und kaum mehr aus der Küche wegzudenken – Tomaten werden roh verputzt, gebraten, gekocht, eingemacht und auch gegrillt. Sie sind besonders reich an Lycopin, ein Gesundheitsstoff, der schädigende Verbindungen im Körper in Schach hält. Auch beim Kochen geht er nicht verloren. Zudem sind Tomaten Lieferanten von Vitamin C und der Vorstufe von Vitamin A, das unter anderem die Sehkraft unterstützt. Sonnengereifte Tomaten schmecken besonders aromatisch – probieren Sie sich jetzt durch die verschiedenen Sorten.

Aprikosen

Im Sommer gibt es die kaliumreichen Früchte frisch, das restliche Jahr über getrocknet. Aprikosen schmecken herrlich süß, deswegen macht man auch gerne Konfitüre daraus, sie peppen jedes Müsli oder Porridge auf und sie schmecken auch gegrillt, etwa zu Käse. Aprikosen unterstützen die Verdauung und bringen nervenstärkende B-Vitamine mit. Sie sind quasi ein idealer Anti-Stress-Snack.

Kirschen

Die kleinen Powerpakete gibt es in den Varianten süß (Süßkirschen) und herb (Sauerkirschen). Sie stecken voller zellschützender und entzündungshemmender Inhaltsstoffe und bringen eine gute Portion Folsäure mit, die bei der Blutbildung sowie der Bildung der Erbsubstanz eine große Rolle spielt. Kirschen lassen sich schlecht lagern – am besten direkt vom Baum in den Mund.

Beeren

Himbeeren, Johannisbeeren, Stachelbeeren, Brombeeren … sie alle werden jetzt nach und nach reif. Je reifer sie sind, desto süßer schmecken sie, wobei Johannisbeeren immer eine kräftige Sauernote behalten. Das macht sie zu einem perfekten Begleiter auch für herzhafte Gerichte wie Sommersalate. Himbeeren, Johannisbeeren und Brombeeren passen zudem gut zu Ziegenkäse. Alle Beeren enthalten reichlich Pektin, ein Ballaststoff, der die Verdauung unterstützt. Und schwarze Johannisbeeren gehören zu den Spitzenreitern der Vitamin-C-Lieferanten.

GURKEN-AVOCADO-SHAKE

Vegan

mit Hanf

Für 1 Person

5 Min. Zubereitung

Pro Portion ca. 345 kcal, 16 g E, 20 g F, 21 g KH

100 g Salatgurke
1 Limette
20 g geschälte Hanfsamen
35 g Avocadofruchtfleisch
200 g Seidentofu
1 Handvoll crushed Eis
2 TL Zucker (nach Belieben)

1. Die Gurke waschen und mitsamt der Schale grob in Stücke schneiden. Den Saft der Limette auspressen.

2. Die Hanfsamen in einem Mörser fein zermahlen.

3. Gurkenstücke, Limettensaft, gemahlene Hanfsamen und die Avocado mit Seidentofu, 120 ml Wasser und dem Eis in einen Standmixer geben und zu einem glatten Shake pürieren. Bei Bedarf den Zucker für mehr Süße zugeben.

4. Den Shake in ein Glas füllen und sofort servieren.

NORDIC BOWL *mit Dinkel*

Mit Selleriepickles und Beeren

Für 4 Personen
30 Min. Zubereitung
12 Std. Quellen
Pro Portion ca. 370 kcal, 16 g E, 16 g F, 39 g KH

200 g Dinkelkörner
Salz
150 g Crème fraîche
150 g Skyr
1 ½ EL Meerrettich (Glas)
250 g rote Johannisbeeren (ersatzweise säuerliche Äpfel)
1 Bund Radieschen
1 Frühlingszwiebel
60 g Feldsalat
120 g Selleriesalat (Fertigprodukt aus dem Glas)
1 Bio-Zitrone
1 EL Öl

1. Die Dinkelkörner in einem Topf mit 1 l kochendem Wasser übergießen und zugedeckt ca. 12 Std. (am besten über Nacht) quellen lassen. Am nächsten Tag mit ½ TL Salz aufkochen und ca. 15 Min. köcheln lassen.

2. In einer Schale Crème fraîche, Skyr, Meerrettich und ½ TL Salz verrühren. Johannisbeeren waschen, abtropfen lassen und von den Rispen zupfen. Radieschen waschen, putzen und längs halbieren. Frühlingszwiebel putzen, waschen und mitsamt dem frischen Grün schräg in Ringe schneiden. Feldsalat putzen, waschen und trocken schleudern. Selleriesalat in einem Sieb abtropfen lassen. Zitrone heiß abwaschen, abtrocknen und die Schale abreiben.

3. Das Öl in einer beschichteten Pfanne erhitzen. Die Radieschenhälften mit der Schnittfläche nach unten hineinlegen und bei mittlerer Hitze ca. 5 Min. bräunen. Wenden und von der zweiten Seite ca. 2 Min. braten.

4. Den gekochten Dinkel in ein Sieb abgießen, dann auf vier Schalen verteilen und je ein Viertel der Meerrettichcreme daraufgeben. Radieschen, Feldsalat, Selleriesalat, Johannisbeeren und Frühlingszwiebel rundum anrichten. Mit der Zitronenschale bestreuen und servieren.

BAGUETTE MIT ZATAR, *Pistazie und Tomate*

Orientexpress

Für 2 Stück

20 Min. Zubereitung

Pro Portion ca. 640 kcal, 20 g E, 15 g F, 103 g KH

3 EL Sojaghurt
2 TL weißes Tahin (Sesampaste)
1 TL Zatar (nordafrikan. Gewürzmischung, ersatzweise getrockneter Thymian)
2 TL Zucker
Salz
20 g geröstete, gesalzene Pistazien
1 Schalotte
70 g Kirschtomaten
4 Spinatblätter
1 EL Olivenöl
1 EL Weißweinessig
2 Stück Baguette (à 80 g)

1. Sojaghurt, Tahin, Zatar und 1 TL Zucker in einer Schüssel glatt rühren. Die Creme mit Salz abschmecken.

2. Die Pistazien schälen und grob hacken. Die Schalotte schälen und in Ringe schneiden. Die Tomaten waschen und halbieren. Die Spinatblätter waschen, trocken schütteln und in schmale Streifen schneiden.

3. Das Olivenöl in einer Pfanne erhitzen und die Schalotten darin bei großer Hitze in ca. 2 Min. unter Rühren braun anbraten. Die Tomatenhälften mit der Schnittfläche nach unten in die Pfanne setzen, mit dem restlichen Zucker bestreuen und karamellisieren lassen. Mit dem Essig ablöschen und die Pfanne vom Herd nehmen.

4. Die Baguettestücke waagerecht halbieren. Dann alle Hälften mit der Sojaghurtcreme bestreichen und mit den Spinatstreifen belegen. Die Tomaten auf den unteren Hälften verteilen und mit Pistazien bestreuen. Mit den oberen Baguettehälften abdecken und sofort servieren.

TOMATENSALAT

Klassiker

mit Burrata

Für 4 Personen
25 Min. Zubereitung
Pro Portion ca. 445 kcal, 17 g E, 36 g F, 8 g KH

30 g Pinienkerne
4 Stängel Basilikum
750 g aromatische, kleine Tomaten
1 Bund Rucola
300 g Burrata (2 Kugeln)
1 gehäufter TL Fenchelsamen
1 kleine rote Chilischote
3 EL Zitronensaft
5 EL Olivenöl
1 TL flüssiger Honig
Salz
Pfeffer

1. Für den Salat die Pinienkerne in einer beschichteten Pfanne ohne Fett rösten, bis sie zu duften beginnen. Dann herausnehmen und abkühlen lassen. Basilikum waschen, trocken schütteln. Die Blätter von den Stängeln zupfen.

2. Die Tomaten waschen, je nach Größe halbieren oder vierteln und dabei den Stielansatz entfernen. Den Rucola putzen, waschen und trocken schleudern. Die Burrata gut abtropfen lassen und in grobe Stücke teilen. Tomaten, Rucola und Burrata auf einer Servierplatte anrichten.

3. Für das Dressing die Fenchelsamen im Mörser grob zerstoßen. Chili waschen, halbieren, weiße Trennwände und Kerne entfernen und die Hälften fein hacken.

4. Fenchelsamen, Chili, Zitronensaft, Olivenöl, Honig und je 1 Prise Salz und Pfeffer verquirlen. Das Dressing über den Salat träufeln. Die Pinienkerne darüberstreuen und die Basilikumblätter darüber klein zupfen.

AUGUST

An heißen Tagen ist es besonders wichtig, den Körper mit reichlich Flüssigkeit zu versorgen. Wussten Sie, dass man Wasser auch essen kann? Außerdem gibt es noch weitere Anti-Hitze-Strategien.

LAUE NÄCHTE UND HEISSE TAGE IM HOCHSOMMER

Jetzt wird geerntet und geschwitzt, viel Flüssigkeit ist da wichtig. Neben reichlich Trinken gibt es noch mehr Hitzehilfe.

Die meisten Menschen freuen sich auf den Sommer. Lange, warme Tage laden dazu ein, möglichst viel Zeit draußen zu verbringen: Picknicken, Grillen, Baden, Fahrradtouren oder Eisessen sind einige der beliebtesten Sommeraktivitäten. Aber Hitze hat auch ihre Kehrseiten, gerade wenn sie lang und intensiv ist. Dann kann sie zu einer gesundheitlichen Belastung werden. Hohe Temperaturen und Ozonkonzentrationen plagen vor allem Kinder, Senioren, Menschen mit Vorerkrankungen und solche, die im Freien körperlich anstrengende Arbeiten verrichten müssen.

Was passiert bei Hitze in unserem Körper?

Ist es heiß, versucht der Körper, durch eine stärkere Durchblutung von Armen und Beinen Wärme abzugeben und sich durch Schwitzen Kühlung zu verschaffen. Sind Sie dann körperlich oder geistig aktiv, strengt das Ihren Körper zusätzlich an. Mögliche Folgen: Kreislaufbeschwerden, Kopfschmerzen, Müdigkeit oder Konzentrationsschwierigkeiten. Schon 1–2 Prozent Flüssigkeitsverlust können zu kognitiven Leistungseinbußen führen, denn das Gehirn reagiert besonders sensibel auf wenig Flüssigkeit. Bei Menschen über 65 funktioniert der körpereigene Temperaturregler nicht mehr einwandfrei, zudem nimmt das Durstgefühl ab. Daher kommt es für sie öfter zu gesundheitlichen Problemen an Hitzetagen. Patient:innen mit Vorerkrankungen haben ebenfalls stärker mit der Hitzebelastung zu kämpfen, etwa wenn das Herz geschwächt ist. Auch Asthma kann bei Hitze schlimmer werden.

Richtig trinken an heißen Sommertagen

Um gut durch die Hitze zu kommen, gibt es ein paar Grundregeln. Die wichtigste: ausreichend trinken! Aber was bedeutet das? Und was sind geeignete Durstlöscher?

TRINKEN: WIE VIEL IST GENUG?

Durchschnittlich benötigen Jugendliche und Erwachsene 1,5–2 Liter Flüssigkeit täglich. Bei sportlicher Betätigung, anstrengender körperlicher Arbeit oder an heißen Tagen erhöht sich die Menge. Durch das Schwitzen reguliert unser Körper die Temperatur. Schwitzen ist quasi die Klimaanlage unseres Körpers. Dabei verlieren wir neben Wasser auch Mineralstoffe, sogenannte Elektrolyte. Dazu zählen Natrium, Kalium, Magnesium und Kalzium. Beides, Wasser und Mineralien, sollten Sie Ihrem Körper wieder zuführen. Sonst kann es nach starkem oder dauerhaftem Schwitzen zu gesundheitlichen Einbußen kommen.

DIE SACHE MIT DEM DURST

Oft greifen wir erst nach einem Glas Wasser, wenn wir richtig durstig sind. Durstgefühl ist gewissermaßen unsere persönliche Erinnerung daran, die Wasserspeicher wieder aufzufüllen. Das ist ein wichtiges Signal, denn der Körper besteht zu einem Großteil aus Wasser – es ist ein wesentlicher Bestandteil aller unserer Zellen und Körperflüssigkeiten (Blut, Lymphe, Urin, Schweiß, Speichel ...). Ohne Wasser gäbe es in unserem Körper kein Leben; es ist an sämtlichen Stoffwechselprozessen des Körpers beteiligt, transportiert im Austausch mit dem Blutsystem Nährstoffe zu Zellen und Organen und sorgt für den Abtransport von Abfallprodukten sowie Schadstoffen. Deshalb reagiert unser Körper auch sehr sensibel auf Flüssigkeitsmangel. Schon ein Verlust von 0,5 Prozent Wasser, bezogen auf das Körpergewicht, führt zu einem trockenen Mundgefühl und Durst, manchmal

TIPP

Tipp: Trinktagebuch

Wie schnell sind ein paar Stunden rum, und Sie haben einfach vergessen zu trinken? Ein Trinktagebuch schafft Abhilfe. Vorlagen dazu gibt's im Internet. Einfach ausdrucken und Glas für Glas abhaken. Oder möchten Sie es lieber digital oder gar als App mit regelmäßiger Erinnerung für alle Trinkmuffel?

auch schon zu Konzentrationsschwierigkeiten. Bei einem Körpergewicht von 60 Kilogramm bedeutet das bereits einen Verlust von 300 Milliliter Wasser. Durst ist also ein Signal, dass schon zu wenig Wasser da ist. Die Nieren versuchen, dem entgegenzuwirken, indem sie weniger Wasser ausscheiden. Dadurch steigt die Konzentration des Harns, was die Nieren belastet und die Entstehung von Harnsteinen fördert. Trinken Sie deshalb regelmäßig, idealerweise noch bevor Sie durstig werden. Probieren Sie doch einfach mal, jede Stunde ein Glas Wasser zu trinken. Oder stellen Sie ein gefülltes Wasserglas neben sich und schenken Sie nach, sobald es geleert ist. Für eine Extraportion Natrium (s. S. 161) können Sie eine Prise Salz in Ihr Wasser streuen.

DURST IM ALTER

Mit zunehmendem Alter nimmt das Durstgefühl ab. Hinzu kommt, dass die Nieren nicht mehr so gut das vorhandene Wasser im Körper zurückhalten können. Die Gefahr auszutrocknen wächst somit im Alter. Deshalb stellen Hitzewellen eine besondere Gefahr für ältere Menschen dar.

ACHTUNG FLÜSSIGKEITSMANGEL

Bei großer Hitze passiert es leicht einmal – der Körper schwitzt mehr Flüssigkeit aus, als Wasser über die Nahrung nachkommt. Die folgenden Symptome deuten darauf hin, dass dringend Wassernachschub nötig ist. Achten Sie vor allem bei älteren Menschen und kleinen Kinder auf Symptome. Denn sie vergessen leicht, ausreichend zu trinken, und können daher schnell in ein Flüssigkeitsdefizit rutschen.

- rotes, heißes Gesicht
- trockene Haut und Lippen
- Schwächegefühl
- Kopfschmerzen
- mental nicht mehr ganz fit
- Kreislaufbeschwerden
- Übelkeit
- Bauchschmerzen oder Muskelkrämpfe

Sommerpicknick: An heißen Sommertagen kann schon ein Gläschen Rosé den Kreislauf belasten. Zum Glück gibt es inzwischen immer mehr attraktive alkoholfreie Angebote. Sogar die Gastronomie stellt sich zunehmend darauf ein.

GESUNDE DURSTLÖSCHER

Alltagsgetränke sollten möglichst energiefrei sein. Wasser, ob mit oder ohne Kohlensäure, ist ideal, ebenso ungesüßte Kräuter- oder Früchtetees. Wie wäre es mal mit einem selbst gemachten, zuckerfreien Eistee, etwa mit Minze und Zitrone? Der muss auch nicht eiskalt sein. Im Gegenteil, zu kalte Getränke an heißen Tagen können Kreislauf- oder Magenbeschwerden verursachen. Und: Um die Kälte auszugleichen, schmeißt unser Körper die innere Heizung an. Statt sich abzukühlen, wird es ihm also noch heißer. Warme Getränke hingegen schonen den Kreislauf und wirken kühlend. Im Sommer ist warmer Tee also ein heißer Tipp. Natriumhaltiges Wasser, Suppen und Brühen versorgen den schwitzenden Körper mit wichtigen Elektrolyten (Mineralstoffen).

BESSER MEIDEN

Zuckerhaltige Getränke sind keine gesunden Durstlöscher und als Flüssigkeitsquelle an heißen Tagen nicht zu empfehlen. Denn: Fruchtsäfte, Limonaden, Erfrischungsgetränke, Eistees und Smoothies sind reich an Zucker und Kalorien, aber überwiegend arm an sonstigen Nährstoffen. Im Übermaß genossen sind sie ein großer Risikofaktor für Übergewicht und mögliche Folgeerkrankungen. Darüber hinaus fördern sie Karies. Denn die Säuren in den Getränken in Kombination mit dem Zucker greifen den Zahnschmelz an und schädigen auf lange Sicht sogar den Zahnnerv. Nicht zuletzt steigt durch den regelmäßigen Konsum zuckerhaltiger Getränke die allgemeine Süßpräferenz, also das Bedürfnis, regelmäßig viel Süßes zu essen und zu trinken.

Auch alkoholhaltige Getränke sind nicht dafür geeignet, den Körper mit Wasser zu versorgen. Im Gegenteil, sie können ihn sogar zusätzlich austrocknen. Denn der Abbau von Alkohol im Körper entzieht dem Organismus Wasser und Mineralien, anstatt sie zu liefern. An besonders heißen Tagen kann Alkoholkonsum sogar zu Kreislaufbeschwerden bis hin zur Bewusstlosigkeit führen, der Blutdruck sinkt, man fühlt sich schlapp ... Steigen Sie bei sengender Sonne also besser auf alkoholfreie Getränke um.

WASSER KANN MAN ESSEN

Neben Getränken können auch bestimmte Lebensmittel zur Wasserversorgung beitragen. Wenn Sie Schwierigkeiten haben, Ihr tägliches Flüssigkeitspensum zu erreichen, können Sie beispielsweise zu folgenden Lebensmitteln regelmäßig greifen und damit Ihre Wasserzufuhr verbessern:

- Tomaten
- Salatgurken
- Wassermelonen
- Erdbeeren
- Kirschen

Oder wie wäre es mal mit einer erfrischenden kalten Suppe, etwa einer Gazpacho auf Tomatenbasis mit Gurken oder auch Melonen? Weitere Ideen für leichte Sommersuppen: Tomaten-Aprikosen-Suppe, Gurken-Minze-Suppe oder Melonen-Möhren-Suppe mit Schafskäse. Durch Suppen können Sie nicht nur Ihre Wasserzufuhr erhöhen, Sie versorgen den verschwitzten Körper auch mit einer guten Portion Elektrolyte.

Salatgurke besteht zu ca. 97 Prozent aus Wasser und ist dementsprechend kalorienarm, aber mineralstoffreich. Das ideale Sommergemüse! Gurken schmecken roh im Salat oder im Smoothie. Und wie wäre es eigentlich mal mit einem erfrischenden Gurken-Eis?

Wassermelonen-Feta-Salat: Liefert alles, was man im Sommer braucht – reichlich Wasser (Wassermelone) und Elektrolyte (Feta) bei ganz viel Geschmack und wenig Kalorien!

Richtig essen an heißen Tagen

Beim Schwitzen verliert der Körper nicht nur Wasser, sondern auch Mineralien. Das gilt insbesondere für Kalium und Natrium. Diese beiden sind für die Regulation des Wasserhaushalts und für die Stabilität Ihres Kreislaufs wichtig. Außerdem sind sie an der Reizweiterleitung und der Muskelkontraktion beteiligt. Wird Ihnen schwummerig oder sacken Ihnen die Beine weg, muss das nicht allein am Flüssigkeitsmangel liegen. Achten Sie also am besten darauf, dass Sie nicht nur viel Flüssigkeit tanken, sondern auch mineralstoffreich essen.

AUF EINE AUSREICHENDE NATRIUMZUFUHR ACHTEN

Natrium steckt in Speisesalz, Brot und Gebäck, außerdem gibt es natriumreiches Mineralwasser. Auch wenn Sie bei Hitze wenig Hunger haben, sollten Sie immer mal wieder eine salzige Kleinigkeit essen, etwa Salzstangen oder Oliven. In südlichen Ländern ist Wassermelone mit Feta ein beliebter Snack, der gleich mehrere Funktionen erfüllt: Die Melone liefert Flüssigkeit, der Feta Natrium und die Mahlzeit ist leicht, belastet also den Körper nicht unnötig.

AUCH WICHTIG: KALIUM

Neben Natrium ist die Kaliumversorgung ein wichtiger Gesundheitsfaktor bei Sommerhitze, die Sie ins Schwitzen bringt. Gute Kaliumquellen sind:

- getrocknete Aprikosen
- Datteln
- Spinat
- Bananen
- Avocados
- Kartoffeln
- Quinoa

Kalzium und Magnesium gehören ebenso zu den Elektrolyten, die über den Schweiß verloren gehen können. Wenn Sie auf eine ausgewogene, mineralstoffreiche Ernährung achten, ist es kein Problem, die Speicher wieder aufzufüllen. Sie brauchen dafür im Normalfall keine Pillen oder Pülverchen. Kalziumreich sind Milch- und Milchprodukte, kalziumreiches Mineralwasser oder Sesam. Magnesium steckt in Sonnenblumen- und Kürbiskernen, Haferflocken, Tofu- und Sojaprodukten, Mangold und Spinat. Ob mit oder ohne Sommerhitze: Es ist immer eine gute Idee, ausgewogen und abwechslungsreich zu essen. Dann sind Sie stets rundum gut versorgt.

Exportklassiker aus Mexiko: Mit Salat und reichlich frischem Gemüse gefüllt sind Burritos das perfekte Sommeressen – Urlaubsfeeling inklusive!

DAS HILFT NOCH

Neben einer mineralstoffreichen Kost können Sie Ihren schwitzenden Körper mit weiteren kleinen Maßnahmen unterstützen.

Scharf essen: Nehmen wir uns doch die Länder zum Vorbild, die Hitze gewohnt sind, beispielsweise Mexiko oder Thailand. Dort ist das Essen häufig scharf gewürzt. Warum? In Chilischoten, die dort zum Würzen benutzt werden, steckt der Scharfmacher Capsaicin. Der bringt nicht nur Feuer ans Essen, sondern auch in den Körper, es kommt zu noch mehr Schweißbildung. Durch das zusätzliche Schwitzen sinkt die Körpertemperatur weiter.

Leichte Kost: Bei höchsten Temperaturen scheint jede Bewegung zu viel; die Hitze belastet unseren Organismus, und alles ist sehr anstrengend. Auch Verdauungsarbeit. Deshalb bevorzugt Ihr Körper jetzt eher kleine Portionen und vor allem leicht Verdauliches wie Obst, Gemüse, Salate, Shakes oder leichte Suppen statt Fettigem und Frittiertem, das schwer im Magen liegt.

Zusätzlicher Vorteil: Frisches Obst und Gemüse bringen neben Vitaminen und Mineralstoffen Wasser mit. So können Sie gleichzeitig Ihre Flüssigkeitszufuhr erhöhen.

Auf Zucker achten: Große Hitze kann auch auf den Appetit schlagen. Gerade wenn Sie kaum Hunger verspüren, ist die Versuchung groß, nur Süßes zu snacken: Obstsalat, Eiscreme, Fruchtjoghurt, Eiskaffee ... Abgesehen davon, dass zu viel Zucker nicht gesundheitsfördernd ist und eine dauerhaft einseitig süße Ernährung gesundheitlich sogar schaden kann, bringt eine süße Ernährung den Blutzuckerspiegel durcheinander. Fehlen Proteine und Ballaststoffe, schießt der Blutzuckerspiegel ständig rauf und runter. Das belastet den Körper zusätzlich und kann zu Erschöpfung führen. Gegen Obstsalat, Eiskaffee oder Eiscreme ist nichts einzuwenden, das gehört im Sommer einfach dazu. Diese süßen Leckereien sollten Sie jedoch bestenfalls in einen pflanzenbasierten, gemüse- und abwechslungsreichen Speiseplan einbetten.

WAS KOMMT AUF DEN TISCH?

Ideale Sommergerichte sollten mineralstoff- und wasserreich sein und den Verdauungstrakt nicht zu stark belasten. Außerdem bleibt bei hohen Außentemperaturen die Küche besser kalt, damit sich die Innenräume nicht noch zusätzlich aufheizen. Abends darf auch gerne der Grill angeheizt werden, denn Gegrilltes ist häufig leichter verdaulich als in der Pfanne Gebratenes. Folgende Gerichte lassen sich immer wieder neu kombinieren:

- Sandwiches – Kennen Sie schon vietnamesisches Banh Mi?
- Salate – Probieren Sie doch mal einen Brotsalat aus übrig Gebliebenem.
- Wraps – Sie lassen sich abwechslungsreich füllen, zum Beispiel auch mit Quinoa und gegrillten Aprikosen.
- Asiatische Glücksrollen – Frisches Gemüse im Reispapier und kalt mit Dip gegessen ist ein erfrischender Snack.
- Bowls – Schmecken mit Fisch, Hähnchen, Ei, Tofu oder Edamame.

DAS HILFT GEGEN DIE HITZE

Trinken	Wasserreiche Lebensmittel	Verhalten
Wasser	Melonen	im Schatten aufhalten, Mittagshitze meiden
aromatisiertes Wasser, etwa mit Himbeeren, Minze oder Zitrone	Pfirsiche	nach südländischem Vorbild Siesta halten und dem Körper in der Mittagszeit Ruhe gönnen
ungesüßter Kräuter-, Früchte- oder Rooibos-Tee	Kirschen	luftige, helle Kleidung tragen
Tee aus frischer Minze	Beeren	Kopfbedeckung und Sonnenbrille tragen
natrium- und/oder kalziumreiches Mineralwasser	Pflaumen	kühle Räume aufsuchen
	Gurken	ein kühles Fußbad nehmen
	Tomaten	Handgelenke im Wasser kühlen
	Paprika	nachts und morgens lüften, dann Räume abdunkeln, am besten von außen
	Kohlrabi	Luftbewegung durch Ventilator oder Fächer

SPECIAL

HEISS AUF EIS

Sobald die Temperaturen steigen, steigt auch die Lust auf eine Abkühlung. Eis hat jetzt bei Klein und Groß Hochsaison – ob am Stiel, im Becher oder in der Waffel. Das Wichtigste auf einen Blick.

Wassereis, Fruchteis, Milcheis … und was ist eigentlich Sorbet? Hier sind die Unterschiede erklärt.

Milcheis …

… besteht vor allem aus Milch, Sahne und Zucker. Aber der Teufel steckt im Detail beziehungsweise in der Bezeichnung: Während der Milchanteil im Fall von Milcheis bei mindestens 70 Prozent liegt, beträgt er bei Cremeeis nur noch 50 Prozent. Der Milchfettanteil bei Sahneeis muss verordnungsgemäß mindestens 18 Prozent ausmachen, bei Eiscreme nur 10 Prozent.

Fruchteis …

… besteht vor allem aus Frucht, Zucker und Wasser. Der Fruchtanteil liegt bei mindestens 20 Prozent. Eis aus Zitrusfrüchten wie Zitrone oder Mandarine muss einen Fruchtanteil von mindestens 10 Prozent enthalten. Der Fruchtanteil bei Sorbet liegt höher, nämlich bei 25 Prozent bzw. 15 Prozent bei Zitrusfrüchten. Und Wassereis? Besteht vorrangig aus Wasser und Zucker.

Frozen Yogurt …

… ist dem allgemeinen Verständnis nach ein Eis im Becher auf Joghurtbasis. Es gibt jedoch keine Rezepturvorgaben. Fett-, Eiweiß- und Zuckergehalt können stark schwanken, auch abhängig davon, was man sich als Topping aussucht. Zum Garnieren stehen verschiedenste Zutaten zur Auswahl: von Obst über Nüsse und Dessertsaucen bis hin zu gehackten Schokoriegeln. Das macht aus der gesunden Eisalternative schnell eine Zucker- und Kalorienbombe.

Eisgenuss ohne Reue

Eis gehört für die meisten Menschen einfach zum Sommer. Es schenkt kleine Glücks- und Genussmomente, vorausgesetzt Sie genießen es bewusst. Denn es gibt einen Unterschied zwischen bewusstem Genuss und selbstverständlichem Nebenbeiverzehr. Machen Sie doch mal einen Vergleich und probieren verschiedene Eisstände aus – nehmen Sie immer die gleiche Sorte. Das schult Ihren Geschmackssinn. Schauen Sie bei Eis aus dem Supermarkt auf die Zutatenliste. Die sollte möglichst schlank

Lecker! Eis gehört einfach zum Sommer dazu. Wenn Sie Eis selber machen, bestimmen Sie selbst was rein darf und was draußen bleiben muss - zum Beispiel zu viel Zucker, künstliche Aromen oder Konservierungsstoffe. Rezepte dazu gibt's auf Seite 172 und 173!

sein und Wörter enthalten, die Sie kennen und zuordnen können. Auch hier lohnt es sich, verschiedene Marken der gleichen Sorte zu verkosten und die für Sie leckerste herauszufinden. Oder machen Sie doch mal selbst Eis. Fruchteis etwa braucht keinen oder nur wenig zugesetzten Zucker, weil die Früchte selbst reichlich Süße mitbringen. Pürieren Sie Früchte nach Wahl, dann bei Bedarf 1–2 Teelöffel Ahornsirup, Apfel- oder Agavendicksaft dazugeben und das Ganze in Eisförmchen einfrieren. Für Fruchteis eignen sich folgende Obstsorten hervorragend: Aprikosen, Erdbeeren, Himbeeren, Heidelbeeren, Kirschen, Nektarinen, Pfirsiche, Pflaumen oder auch die exotische Mango. Für mehr Cremigkeit im Eis sorgen
Sahne oder (griechischer) Sahnejoghurt. Das schmeckt auch super mit sonnengereiften Brombeeren (und etwas Honig). Ein weiterer Hit: Frühstückseis. Einfach alle Zutaten, die Sie in ein Müsli mischen würden, vermengen, zum Beispiel wenige Schmelzflocken, Heidelbeeren und Joghurt. Das Ganze nach Belieben leicht süßen und tiefkühlen.

AUGUST-HELDEN

Nun kommt bald der Herbst. Schnell noch die süßen Pflaumen genießen. Zudem kommen die Zwiebeln aus der Erde; sie können aber lange gelagert werden.

Mais

Eigentlich zählt Mais zu den Getreiden, wird aber in der Regel als Gemüse serviert. Durch seine süße Note ist Mais besonders bei Kindern beliebt. Das gilt übrigens nur für Gemüsemais, der auch Zuckermais heißt. Der mehlige Futtermais, der auf vielen Feldern wächst, schmeckt nicht annähernd so gut. Mais liefert neben B-Vitaminen eine gute Portion Kalium, was wir besonders bei großer Sommerhitze dringend brauchen.

Sellerie

Er ist eine typische Zutat im Bund Suppengemüse, aber Knollensellerie kann noch mehr als Suppe. Sellerie enthält reichlich Glutaminsäure, ein natürlicher Geschmacksverstärker. Das macht ihn zu einer Geheimwaffe über Spaghetti Bolognese hinaus. Probieren Sie doch mal cremiges Selleriepüree. Außerdem unterstützt Sellerie die Verdauung und bringt ebenfalls Kalium mit.

Zwiebeln

Es gibt sie in groß oder klein, rot oder weiß, und sie verfeinern fast jedes Gericht. Deshalb sind sie aus der Küche auch nicht mehr wegzudenken. Zwiebeln enthalten B-Vitamine, Kalium und schwefelhaltige ätherische Öle. Letztere hemmen das Bakterienwachstum. Auf der anderen Seite verursachen Zwiebeln bei vielen Menschen Blähungen. Lagern Sie Zwiebeln nicht im Kühlschrank, sondern luftig, eventuell von der Decke hängend oder in einem Korb.

Pflaumen

Sie sind rund und es gibt sie in unterschiedlichen Farben: von Gelb, über Rot und Violett bis hin zu Blau. Diese Früchte des Spätsommers enthalten die Vitamine A, B und C. Für eine Vitamindusche am besten direkt von der Hand in den Mund – vorher abspülen nicht vergessen. Im Kühlschrank halten sie sich länger, eine bis zwei Wochen. Unreife Pflaumen reifen bei Zimmertemperatur in einer verschlossenen Papiertüte in wenigen Tagen nach.

Keine Pflaume: die Zwetschge

Pflaumen sind eng verwandt und leicht zu verwechseln mit Zwetschgen. Letztere haben eine längliche Form mit spitz zulaufenden Enden und sie sind immer blau-violett gefärbt. Übrigens lösen sich Zwetschgen leicht vom Kern – im Gegensatz zu Pflaumen.

GRÜNER GAZPACHO

Gut vorzubereiten

Für 4 Personen
25 Min. Zubereitung
2 Std. Kühlen
Pro Portion ca. 215 kcal, 5 g E, 13 g F, 18 g KH

3 hellgrüne Spitzpaprika (ca. 375 g)
1 grüne Chilischote
150 g Zucchini
1 Salatgurke
2 Schalotten
1 Knoblauchzehe
125 g junger Blattspinat
4 EL Weißweinessig
5 EL Olivenöl
Salz
Pfeffer
100 g Ciabatta

1. Paprika und Chili waschen, längs halbieren, Stielansatz, weiße Trennwände und Kerne entfernen. Zucchini waschen und putzen. Gurke putzen und schälen. Schalotten und Knoblauch schälen. Alles in Stücke schneiden. Spinat verlesen, waschen und trocken schleudern, eine Handvoll Blätter für die Garnierung beiseitelegen.

2. Die vorbereiteten Zutaten in einen hohen Rührbecher oder in den Mixbehälter geben. Essig, 3 EL Öl und 150 ml kaltes Wasser hinzufügen und das Gemüse erst auf kleiner, dann auf höchster Stufe mit dem Pürierstab oder im Standmixer cremig fein pürieren. Salzen und pfeffern. Gazpacho für ca. 2 Std. in den Kühlschrank stellen.

3. Für die Croûtons das Brot in ca. 1,5 cm große Würfel schneiden. Das restliche Öl in einer Pfanne erhitzen, die Brotwürfel darin bei mittlerer Hitze in 6–8 Min. rundum goldbraun braten und salzen. Gazpacho mit den beiseitegelegten Spinatblättern und Croûtons servieren.

SELLERIE-LATKES

Orientalisch

mit Lachsdip und Radieschen

Für 4 Personen

30 Min. Zubereitung

Pro Portion ca. 390 kcal, 21 g E, 26 g F, 18 g KH

1 kg Sellerie
4 Eier (M)
4 EL Mehl
3 TL Zatar (nordafr. Gewürzmischung)
Salz
Pfeffer
4 EL Olivenöl
1 Bund Petersilie
100 g geräucherter Lachs (in Scheiben)
4 EL griech. Joghurt (10 % Fett)
1 Bio-Zitrone
1 Bund Radieschen
2 TL Dukkah (oriental. Gewürzmischung; nach Belieben)

1. Den Backofen auf 80° vorheizen. Sellerie schälen, waschen und raspeln, dann mit Eiern, Mehl, 1 TL Zatar, knapp 2 TL Salz und Pfeffer in einer Schüssel verkneten. Die Selleriemasse in vier Portionen zu Latkes braten. Dazu jeweils 1 EL Olivenöl in einer beschichteten Pfanne erhitzen, die Masse esslöffelweise in die Pfanne geben, flach drücken und bei mittlerer Hitze auf beiden Seiten in je 4–5 Min. goldbraun braten. Aus der Pfanne nehmen, auf Küchenpapier entfetten und im Ofen warm halten.

2. Die Petersilie waschen und trocken schütteln, die Blätter abzupfen, grob hacken. Den Lachs in feine Streifen schneiden. Beides unter den Joghurt mischen. Die Zitrone heiß waschen und abtrocknen, etwas Schale abreiben und den Saft auspressen. Knapp 1 TL Zitronenschale mit dem übrigen Zatar unter den Joghurt mischen, mit 4 Spritzern Zitronensaft, Salz und Pfeffer würzen. Die Radieschen putzen, waschen und in Scheiben schneiden.

3. Die Sellerie-Latkes auf Teller verteilen, die Radieschen daneben anrichten und leicht salzen. Den Dip in die Mitte geben und alles mit Dukkah bestreuen. Den übrigen Zitronensaft zum Beträufeln dazu reichen.

MAIS-HACKFLEISCH-WRAPS

mit Salsa

Für Picknick oder Büro

Für 4 Personen
25 Min. Zubereitung
475 kcal, 26 g E, 24 g F, 38 g KH

½ rote Paprika
250 g Kirschtomaten
1 kleine Zwiebel
Salz
Pfeffer
1 kleine Dose Mais (150 g Abtropfgewicht)
4 Blätter Eisbergsalat
1 EL Rapsöl
400 g gemischtes Hackfleisch
4 Tortillas (Weizenfladen)

1. Die Paprika waschen, halbieren, Stielansatz, weiße Trennwände und Kerne entfernen. Die Paprikahälfte in feine Würfel schneiden. Tomaten waschen und vierteln. Zwiebel schälen und fein hacken. Paprika, Tomaten und Zwiebel mit ½ TL Salz und etwas Pfeffer in einem Topf aufkochen, zugedeckt bei mittlerer Hitze ca. 5 Min. köcheln lassen. Dann offen noch 5 Min. einköcheln lassen.

2. Inzwischen den Mais in ein Sieb abgießen, kalt abbrausen und abtropfen lassen. Die Salatblätter waschen, trocken tupfen und in feine Streifen schneiden. Das Öl in einer Pfanne erhitzen und das Hackfleisch darin bei großer Hitze in 5–8 Min. unter Wenden krümelig anbraten.

3. Die Tortillas in einer großen Pfanne ohne Fett nacheinander nach Packungsanweisung von beiden Seiten aufwärmen. Herausnehmen und auf Teller setzen. Jede Tortilla im unteren Drittel mit einem Viertel der Salsa bestreichen und mit Hackfleisch, Salatstreifen und Mais belegen – dabei ca. 2 cm zum Rand frei lassen.

4. Jeweils das untere Wrap-Ende über die Füllung schlagen und die untere Kante eng unter die Füllung schieben, sodass diese wie in einem Tunnel eingewickelt ist. Die Enden rechts und links einschlagen, den Wrap eng aufrollen und zum Servieren quer halbieren. Mit den übrigen Wraps ebenso verfahren. Die restliche Salsa dazu reichen.

KIRSCHEIS *mit Schokolade*

Fruchtige Ice-Pops

Für 6 Stück
20 Min. Zubereitung
4 Std. Tiefkühlen
Pro Portion ca. 215 kcal, 2 g E, 15 g F, 18 g KH

200 g entsteinte Süßkirschen
1 EL Zitronensaft
3 EL Puderzucker
150 g Mascarpone
40 g Zartbitter-Schokolade (70 % Kakao)
2 EL getrocknete Sauerkirschen

Außerdem

6 Stieleisformen à 50 ml

1. Die Kirschen mit dem Zitronensaft, Puderzucker und Mascarpone in eine Rührschüssel geben. Alle Zutaten mit dem Pürierstab fein pürieren. Die Eismasse in die Eisförmchen füllen und mindestens 4 Std. tiefkühlen.

2. Vor dem Servieren die Schokolade grob hacken und in einer kleinen Metallschüssel über dem heißen Wasserbad schmelzen. Dann herunternehmen und etwas abkühlen lassen. Die getrockneten Sauerkirschen fein hacken.

3. Das Kirscheis aus den Formen lösen, die Spitzen in die warme Schokolade tauchen und sofort mit den gehackten Sauerkirschen bestreuen. Auf Backpapier kurz antrocknen lassen. Dann nochmals 10 Min. in das Tiefkühlfach geben.

Praxis-Tipp Für eine »Trockenstation« einen leeren Eierkarton umgedreht bereitstellen und in die Erhöhungen mit einem scharfen Messer ca. 1 cm lange Schlitze schneiden. Das Eis nach dem Eintauchen in die Schokolade mit den Stielen in die Schlitze stecken und trocknen lassen. So wird der Schokoüberzug makellos glatt und glänzend.

PFLAUMEN-KOKOS-EIS

Einfach gut

Für 4 Stück
5 Min. Zubereitung
8 Std. Tiefkühlen
Pro Portion ca. 125 kcal, 1 g E, 11 g F, 6 g KH

100 g Pflaumen
200 g Kokosmilch
2 TL Agavendicksaft

Außerdem
6 Stieleisformen à 50 ml

1. Pflaumen waschen, halbieren, entsteinen und klein schneiden. Mit Kokosmilch und Agavendicksaft in einen Rührbecher geben und mit dem Pürierstab fein pürieren.

2. Die Masse in die vier Förmchen füllen und über Nacht in das Tiefkühlfach geben. Vor dem Servieren kurz antauen lassen, dann aus den Formen lösen und genießen.

Clever variiert Auch sehr lecker und sehr erfrischend – ein Heidelbeer-Buttermilch-Eis! Dazu 200 g Heidelbeeren verlesen, abbrausen und trocken tupfen. Beeren mit 200 g Buttermilch, 50 g Sahne und 2 EL Agavendicksaft in einen hohen Rührbecher geben und fein pürieren. In 6 Stieleisformen à 50 ml abfüllen. Mindestens 5 Std. tiefkühlen.

SEPTEMBER

Jetzt geht sie wieder los, die Zeit von Schnupfen, Husten und Heiserkeit. Doch Sie können einiges tun, um Ihre Abwehrkräfte zu stärken.

SO KOMMEN SIE GUT DURCH DIE HERBSTLICHE ERKÄLTUNGSZEIT

Der Herbst beginnt – und mit ihm die Saison für grippale Infekte. Was hilft zur Stärkung des Immunsystems?

Jeder weiß: Ein starkes Immunsystem ist die beste Voraussetzung, damit sich unser Körper erfolgreich gegen Krankheiten wehren kann. Und wenn, wie jetzt wieder, überall Erkältungserreger herumschwirren, gilt das ganz besonders. Eine Möglichkeit, die Abwehrkräfte anzukurbeln, ist das Kneippen. Dabei kommt vor allem kaltes Wasser zum Einsatz, was wunderbar abhärtet.

Zurück geht diese Methode auf den Pfarrer Sebastian Kneipp, der – nachdem er sich als junger Mann mit Bädern in der winterlich eiskalten Donau selbst von Tuberkulose heilte – im 19. Jahrhundert die Wasseranwendungen (Hydrotherapie) populär machte. Sie sind auch das zentrale Element der »Kneipp-Medizin«, die er begründete. Das Geheimnis? Durch die Behandlungen mit kaltem Wasser wird die Durchblutung angekurbelt. Denn der Körper verliert durch die kurzfristige Kälteeinwirkung Wärme. Zum Temperaturausgleich produziert er unter anderem in der Muskulatur Wärme und verteilt diese über das Blut im ganzen Körper. Das trainiert die Abwehrkräfte!

Ganzheitliches Naturheilverfahren mit Tradition

Die Wassertherapie ist die zentrale Säule der »Kneipp-Medizin«, es gehören aber noch vier weitere dazu: Ernährungstherapie, bei der vollwertige Ernährung im Vordergrund steht, Bewegungstherapie, die beispielsweise Barfußlaufen auf taunassen Wiesen beinhaltet, Heilpflanzentherapie und ein gesunder Lebensstil, der auch der Seele guttun soll. Sebastian Kneipp setzte dieses ganzheitliche Gesundheitskonzept zur Vorbeugung und Behandlung verschiedener Krankheiten ein. Und das mit großem Erfolg: Auch heute noch gibt es ärztlich begleitete Kneipp-Kuren an anerkannten Kneipp-Kurorten, Kneipp-Vereine und viele öffentlich zugängliche Kneipp-Anlagen, zum Beispiel in Parks. Dort kann man das berühmte Wassertreten, bei dem man wie ein Storch durchs kalte Wasser watet, in speziellen Becken selbst anwenden.

KNEIPPEN IST AUCH ZU HAUSE SEHR GUT MÖGLICH

Auch in den eigenen vier Wänden können Sie die wohltuende Wirkung der Wasseranwendungen erfahren und zur Stärkung der Abwehrkräfte nutzen. Schon regelmäßige kleine Kneipp-Einheiten im Alltag können dabei viel bewirken. Ganz wichtig ist übrigens, dass man die Dauer der Anwendungen anfangs niedrig ansetzt und erst mit der Zeit steigert. Denn sobald der Kältereiz unangenehm wird, heißt es: aufhören. Bei einer Kneipp-Behandlung kommt es zudem darauf an, dass man sie nur dann durchführt, wenn man gut durchgewärmt ist und nicht friert – und auch danach unmittelbar für Wiedererwärmung sorgt. Das geht am einfachsten durch Bewegung oder indem Sie sich ins Bett legen. Letzteres bietet sich vor allem an, wenn Sie abends vorm Zubettgehen kneippen – das fördert nebenbei auch den Schlaf. Kneippen hat neben der Abwehrstärkung auch positive Effekte bei Venenleiden, es regt den Stoffwechsel an und erfrischt. Bei einigen Vorerkrankungen, wie beispielsweise Herzbeschwerden oder Nierenproblemen, sollte im Vorfeld jedoch lieber ärztlich abgeklärt werden, ob und wie Kneipp-Anwendungen zu Hause angewandt werden sollen.

KNEIPP-KUR FÜR JEDERMANN – WASSERTRETEN

Wie das geht? Dazu einen mit kaltem Wasser (8–18 Grad) gefüllten Eimer je nach Wetter im Garten, auf dem Balkon oder einfach in der Badewanne aufstellen. Das Wasser sollte bis eine Handbreit unters Knie reichen. Aber auch in einer Fußbadewanne lässt sich diese Anwendung bei niedrigerem Wasserstand sogar im Sitzen prima durchführen. Dann hebt man abwechselnd die Füße aus dem Wasser. Nur so lange im Wasser bleiben, wie es noch angenehm ist. Die Beine lediglich abstreifen, nicht abtrocknen. Danach sofort warme Socken anziehen und durch Bewegung oder Ins-Bett-Legen für Wiedererwärmung sorgen.

Storchengang: Beim Wassertreten wird mit jedem Schritt ein Bein komplett aus dem Wasser gehoben und dabei die Fußspitze nach unten gebeugt. Das Wasser sollte nicht wärmer als 18 Grad sein.

ARMGUSS AUF DIE SCHNELLE

Dafür benötigen Sie nur ein Waschbecken. Zunächst halten Sie den kleinen Finger der rechten Hand unter den kühlen oder – wer es verträgt – kalten, sanften Wasserstrahl. Dann den Arm bis zum Ellbogen durch den Wasserstrahl ziehen, der Handrücken zeigt dabei nach oben. Der Arm wird danach mit der Innenseite bis zum Handgelenk durch das Wasser gezogen. Beide Schritte in gleicher Weise mit dem linken Arm durchführen und das Ganze noch ein- bis zweimal auf beiden Seiten wiederholen. Zum Schluss das Wasser nur abstreifen und die Arme durch Bewegen erwärmen.

Stärkung des Immunsystems

Es gibt noch weitere Möglichkeiten, wie Sie Ihr Immunsystem stärken und sich für die Erkältungssaison fit machen können.

- Eine abwechslungsreiche Ernährung mit reichlich Gemüse und Obst versorgt den Körper mit Vitaminen und Mineralien, die auch die Abwehrkräfte stärken.
- Viel trinken, idealerweise 2 Liter pro Tag – nur so bleiben die Schleimhäute feucht und können als Barriere gegen Bakterien und Viren gut funktionieren.
- Raus an die frische Luft! Sie sorgt ebenfalls dafür, dass die Schleimhäute feucht bleiben. Außerdem kann unser Körper nur unter Einwirkung von UV-Strahlung Vitamin D bilden, das für ein gutes Immunsystem unerlässlich ist. Bei Sonnenlicht funktioniert die Vitamin-D-Bildung natürlich am besten, aber selbst bei bedecktem Himmel klappt die Produktion des wichtigen Vitamins.
- Moderater Ausdauersport wie Radfahren, Schwimmen oder Joggen regt die Abwehrkräfte an. Intensives Training bewirkt aber genau das Gegenteil!
- Stress meiden – mit kurzfristigen Stresssituationen kann unser Körper ganz gut umgehen, Dauerstress schadet. Dabei wird vermehrt das Stresshormon Kortisol ausgeschüttet, was sich auch negativ aufs Immunsystem auswirkt.
- Schlaf unterstützt die Abwehrzellen, deshalb für ausreichend Nachtruhe (mehr als sieben Stunden) und eine erholsame Schlafumgebung sorgen.
- Rauchen wirkt sich in vielerlei Hinsicht negativ auf die Gesundheit aus, auch auf das Immunsystem: Es erhöht die Infektanfälligkeit und trocknet die Schleimhäute aus.

Hoch-Zeit für Viren

Haben Sie sich schon mal gefragt, warum Erkältungen und Grippe gerade im Herbst und Winter gehäuft auftreten? Das hat verschiedene Gründe. Zum einen ist unser Immunsystem ab Herbst oft schon etwas »angeknackst«, weil unser Organismus durch zu wenig Sonnenlicht nicht ausreichend Vitamin D produzieren kann. Ein weiterer Grund ist, dass sich Viren bei kalter Luft besser ausbreiten können. Nicht zuletzt verbringen wir mehr Zeit in schlecht gelüfteten Innenräumen, meist mit anderen Menschen. Dieser »Mix« sorgt dann dafür, dass Viren leichtes Spiel haben.

Erkältung oder Grippe?

Den Satz »Mich hat eine Grippe erwischt« hört man oft. Doch zumeist ist damit eine Erkältung gemeint, auch »grippaler Infekt« genannt. Eine Erkältung ist häufig anzutreffen, betrifft in erster Linie die oberen Atemwege und geht in aller Regel mithilfe von Hausmitteln bald wieder vorbei. Die echte Grippe (Influenza) hingegen ist eine ernste Erkrankung, die unbedingt ärztlich behandelt werden muss. Dass beides verwechselt wird, ist kein Wunder, schließlich ähneln sich die Symptome sehr. Aber wodurch unterscheiden sie sich? Einen Überblick finden Sie in der untenstehenden Tabelle.

ERKÄLTUNG UND GRIPPE – DIE UNTERSCHIEDE

	Erkältung	Grippe
Krankheitsbeginn	langsam	plötzlich
Fieber	oft nur bis 38,5 Grad	meist über 38,5 Grad
Husten	tritt eher gegen Ende der Erkältung auf	trockener, schmerzender Husten von Anfang an
Schnupfen	typisch	selten
Halsschmerzen	oft, »Kratzen im Hals«	selten
Kopfschmerzen	manchmal, eher leicht	oft und stark
Abgeschlagenheit	mäßig	stark
Gliederschmerzen	eher selten	häufig und stark
Krankheitsdauer	etwa 1½ Wochen	2–3 Wochen
Vorbeugung	allgemeine Abhärtung	prophylaktische Impfung möglich

Da die Erkrankungen aber individuell verlaufen können, ist es ratsam, im Zweifel lieber gleich ärztliche Hilfe in Anspruch zu nehmen. Das gilt auch, wenn nach Anwendung von Hausmitteln innerhalb von drei Tagen keine Linderung der Beschwerden eintritt. Oder wenn sich die Erkältung weiter ausbreitet: Anzeichen dafür können heftige Hals- und Ohrenschmerzen, Fieber über 39 Grad, starke Kopfschmerzen, Atembeschwerden und anhaltend trockener, schmerzender Husten sein.

Die echte Grippe wird durch Influenza-Viren ausgelöst, bei einer Erkältung können rund 200 verschiedene Virenarten als Auslöser infrage kommen! Häufig sind jedoch Rhinoviren die Verursacher eines grippalen Infekts. Weil eine Grippe zu Komplikationen wie Lungen- oder Herzmuskelentzündung und im schlimmsten Fall zum Tod führen kann, ist sie vor allem für chronisch Kranke oder ältere Menschen sowie Schwangere ein Risiko. Ein weiterer Unterschied zwischen beiden Krankheiten: Gegen Grippe gibt es eine Impfung, gegen Erkältung nicht. Der Verlauf einer typischen Erkältung sieht in der Regel so aus:

In der **Anfangsphase** zeigen sich ein bis zwei Tage nach der Infektion die ersten Symptome, dazu gehören klassischerweise Halsschmerzen, Abgeschlagenheit und leichte Kopf- und Gliederschmerzen.

Danach (dritter bis fünfter Tag) werden die Symptome schlimmer, die Erkrankung ist in der **Akutphase**. Erhöhte Temperatur oder mäßiges Fieber kann ebenfalls auftreten. Ist das Fieber jedoch sehr hoch, deutet dies eher auf eine Grippe als auf eine Erkältung hin. So oder so benötigt der Körper jetzt viel Ruhe und Schlaf, um sich zu regenerieren. Verschiedene Hausmittel können für einen milderen Verlauf der Erkältung sorgen.

In der Spätphase (ab dem sechsten Tag) werden Kopf- und Gliederschmerzen weni-

HILFT EIN ANTIBIOTIKUM BEI ERKÄLTUNGEN?

Einfach gleich zu Beginn der Erkältung ein Antibiotikum nehmen und alles ist wieder gut? Das klappt leider nicht. Denn Antibiotika wirken nur bei bakteriellen Infektionen, indem sie Bakterien abtöten oder in ihrem Wachstum hemmen. Da eine Erkältung aber durch Viren ausgelöst wird, nützen Antibiotika hier also nichts. Kommt aber eine bakterielle Infektion zusätzlich zur Erkältung hinzu (»Sekundärinfektion«) kann der Arzt oder die Ärztin dagegen dann ein Antibiotikum verschreiben.

Auszeit: Gönnen Sie sich bei einer Erkältung Ruhe, packen Sie sich warm ein und achten Sie darauf, viel zu trinken. So schaffen Sie beste Voraussetzungen, dass sich Ihr Körper erfolgreich mit dem Infekt auseinandersetzen kann.

ger und auch die Nase ist fast wieder ganz frei. Allerdings kann nun trockener Husten auftreten, der sich im ungünstigsten Fall zu einem zähen, festsitzenden Husten entwickelt. Da hilft unter anderem: abwarten und viel Tee trinken. Ab dem zehnten Tag sind die Erkältungssymptome mit großer Wahrscheinlichkeit wieder verschwunden. Doch auch wenn Sie sich jetzt wieder fitter fühlen und zur gewohnten Tagesordnung übergehen wollen – lassen Sie es lieber langsam angehen, um den grippalen Infekt nicht zu verschleppen und den Organismus nicht gleich wieder zu überfordern.

IST FIEBER GEFÄHRLICH?

Fieber ist eine wichtige Abwehrreaktion des Körpers, denn viele Viren sterben bei höheren Temperaturen ab. In den meisten Fällen ist Fieber bis 41 Grad zwar unangenehm, aber ungefährlich. Fiebersenkende Medikamente oder Maßnahmen sollten nur im Notfall zum Einsatz kommen, da sie die Auseinandersetzung des Körpers mit dem Infekt behindern. Eine ausreichende Flüssigkeitszufuhr ist hier besonders wichtig.

Hausmittel gegen Erkältungen

Dass man sich gerade bei einer fieberhaften Erkältung oder Grippe abgeschlagen fühlt, hat einen guten Grund: So signalisiert uns der Körper, dass er Ruhe und Erholung braucht, um gegen den Infekt anzukämpfen. Statt bei einer Erkältung gleich zu Medikamenten zu greifen, können Sie auch verschiedene Hausmittel ausprobieren.

VITAMIN-C-SCHUB

Heiße Zitrone gehört zu den Klassikern – dazu einfach heißes Wasser, frisch gepressten Zitronensaft und etwas Honig in einer Tasse vermischen, fertig. Doch wenn man dafür kochendes Wasser nimmt, wird das hitzeempfindliche Vitamin C aus dem Zitronensaft leider größtenteils zerstört. Besser ist es daher, das Wasser nach dem Aufkochen lauwarm abkühlen zu lassen und dann erst die heiße Zitrone zuzubereiten.

TIPP

Die besten Teekräuter
Salbei: Halsschmerzen
Thymian: Reizhusten
Lindenblüten: Reizhusten
Pfefferminze: Husten, Schnupfen
Fenchel: Husten, Schnupfen
Kamille: Halsschmerzen

Oder wie wäre es mit heißem Holunder? Am besten verwendet man dafür Holunder-Muttersaft, also ungesüßten Saft. Den kann man entweder selbst aus reifen Holunderbeeren herstellen oder im Reformhaus kaufen. Der tiefdunkle Holundersaft enthält wie Zitrusfrüchte viel Vitamin C. Da der Saft recht sauer ist, kann man ihn nach dem sanften Erwärmen mit ein bisschen Honig geschmacklich abrunden.

HEILKRÄUTER

Sie haben Salbei, Thymian oder Minze auf dem Balkon oder im Garten? Umso besser, dann können Sie ein paar Zweige frisch pflücken und ganz besonders von der Heilwirkung ihrer ätherischen Öle profitieren. Aber auch in getrockneter Form helfen diese Kräuter prima. Man kann sie an einem sonnigen Vormittag, nachdem der Morgentau getrocknet ist, abschneiden und in Bündeln an einem dunklen und luftigen Ort kopfüber trocknen lassen. Die Blättchen anschließend abstreifen und in gut schließenden Dosen aufbewahren. Alternativ können Sie auch Kräuter aus der Apotheke benutzen. Sie sind von besonders guter Qualität (Arzneibuchqualität) und können in gewünschter Menge abgefüllt werden. Für Kräutertee pro Tasse 1–2 Teelöffel frische oder getrocknete Blättchen bzw. Blüten mit kochendem Wasser aufbrühen, zugedeckt ca. 10 Minuten ziehen lassen, dann abseihen. Als Tee trinken oder zum Gurgeln nehmen. Aber auch für ein Gesichtsdampfbad sind Thymian und Salbei geeignet.

SIEBEN HAUSMITTEL GEGEN ERKÄLTUNGEN

Diese Hausmittel helfen nicht nur dabei, eine lästige Erkältung möglichst schnell hinter sich zu bringen, sie schmecken und duften auch sehr lecker.

- **Warme Getränke,** zum Beispiel Tee, tun vor allem bei Halsweh gut, indem sie die Durchblutung im Hals anregen, Abwehrzellen können so leichter an den Ort des Geschehens transportiert werden.
- **Mit Chili würzen** regt die Durchblutung an, und die sekundären Pflanzenstoffe in den scharfen Schoten wirken keimtötend.
- **Hühnersuppe** schmeckt nicht nur gut und liefert Energie, sie enthält unter anderem auch den Eiweißbaustein Cystein, der entzündungshemmend wirkt und die Schleimhäute abschwellen lässt.
- **Ingwer** ist ein Multitalent im Kampf gegen Erkältung: Entweder nimmt man ihn zum Würzen oder bereitet aus ein paar Scheiben frischen Ingwers einen Tee zu. Das stärkt das Immunsystem und fördert die Durchblutung.
- **Kurkuma** ist ebenfalls eine Powerwurzel, deren antientzündlich wirkende Stoffe gut gegen grippale Infekte helfen. Man kann sie wie Ingwer verwenden.
- **Heimischer Meerrettich** bringt dank seiner Schärfe die Abwehrkräfte auf Touren. Am besten kommt er dafür in frischer Form zum Einsatz. Weil man nicht gleich die ganze Wurzel verwendet, kann man das restliche Stück fest in einer Dose verpackt einfrieren und bei Bedarf immer wieder davon abschneiden.
- **Ätherische Öle** kommen in Form von Raumbeduftung, als Badezusatz oder in Körperölen zur Anwendung – so gut sie auch bei Erkältungen tun, für Säuglinge und kleine Kinder sind sie nicht alle geeignet. Denn einige Öle, die für ansonsten gesunde Erwachsene unproblematisch sind, können bei ihnen Atemnot auslösen oder die Nervenzellen schädigen. Dazu gehören unter anderem Pfefferminz, Rosmarin, Salbei, Menthol oder Kampfer. Darüber hinaus auch Eukalyptus, der übrigens auch für Asthmatiker oder Menschen mit chronischen Bronchialleiden nicht zu empfehlen ist.

WEITERE MITTEL

Darüber hinaus helfen bei Erkältungen diese Tipps und Tricks:

- Ruhe und Erholung sind angesagt, damit der Körper seine ganze Kraft aufs Gesundwerden konzentrieren kann.
- Mit einer verstopften Nase ist nicht gut schlummern. Da hilft es, den Kopf höher zu lagern, etwa mit einem dicken Kissen auf oder unter dem gewohnten Kopfkissen. Falls das Bett ein verstellbares Kopfteil hat, kann man natürlich auch dieses in eine höhere Position bringen.
- Ab in die Wanne (aber nur fieberfrei)! Ein warmes Bad entspannt, befeuchtet die Schleimhäute und tut bei Gliederschmerzen gut. Ideal ist eine Wassertemperatur um die 32–38 Grad und die Badezeit sollte nicht länger als 15 Minuten dauern. Gleich im Anschluss daran warm anziehen und ins Bett legen.
- Auch ein Gesichtsdampfbad befeuchtet die Schleimhäute und hilft dadurch bei Schnupfen und Husten. Dazu einfach 1–2 Liter kochendes Wasser in eine Schüssel füllen, 2 Esslöffel Salbei- oder Thymianblätter hineingeben und das Gesicht über die Schüssel beugen. Kopf und Schüssel mit einem Handtuch bedecken und etwa 10 Minuten lang ruhig und tief ein- und ausatmen. Doch Vorsicht: Der Wasserdampf kann sehr heiß sein, daher ist dieses Hausmittel für Kinder nicht geeignet.
- Naturreine ätherische Öle können dafür sorgen, dass sich Bakterien und Viren »verduften«. Mithilfe von Aromalampe oder Diffusor desinfizieren die Öle die Raumluft, stärken das Immunsystem und sorgen für Wohlbefinden.
- Frische Luft tut gut, etwa bei kleinen Spaziergängen, jedoch nur, wenn Sie fieberfrei sind. Regelmäßiges Lüften der Räume ist genauso wichtig.
- Viel trinken: Was vorbeugend hilft, ist auch bei einer bestehenden Erkältung wichtig. Das gleicht einen Flüssigkeitsverlust aus und hält die Schleimhäute feucht, die sich dann besser gegen unerwünschte Erreger wehren können.
- Den Hals warm halten, am besten mit einem leichten Schal. Das fördert die Durchblutung und tut besonders bei Halsschmerzen richtig gut.
- Zwiebelsäckchen haben sich bei Ohrenschmerzen bewährt. Dazu eine fein gehackte Zwiebel in ein Stofftaschentuch geben, die Enden zubinden und das Säckchen auf das Ohr legen. Mit einer dünnen Mütze oder einem Stirnband kann man es fixieren. Die ätherischen Öle der Zwiebel helfen übrigens auch gut bei verstopfter Nase, man kann das Säckchen dann einfach in der Nähe des Kopfkissens aufhängen.
- Wärmflasche und dicke Socken tun bei Erkältungen grundsätzlich gut (außer bei Fieber) und unterstützen die Durchblutung. Denn kalte Füße und Frösteln gehen mit verengten Blutgefäßen einher, die Schleimhäute werden dadurch schlechter durchblutet und Viren haben dann leichtes Spiel.

Diffusor: Bei Erkältungen sind die ätherischen Öle von Fichtennadel, Minze, Latschenkiefer oder Thymian zur Reinigung der Raumluft geeignet. Doch bitte nicht in Anwesenheit von Säuglingen und kleinen Kindern verwenden (s. S. 183)!

Viren keine Chance geben

Viren verbreiten sich vor allem durch Tröpfcheninfektion, also beim Niesen, Sprechen oder Husten. Aber auch durch Schmierinfektionen werden sie übertragen, das heißt durch die Berührung von Gegenständen oder bei Körperkontakt. Drei wichtige Tricks gegen die Virenverbreitung sind:

- Regelmäßig und gründlich Hände waschen. Schließlich fassen wir im Laufe des Tages viele Dinge an, auf denen sich Viren tummeln können: Türklinken, Lichtschalter, Haltegriffe im Bus und vieles mehr!
- Heizungsluft trocknet die Schleimhäute aus! Darum die Raumluft feucht halten, zum Beispiel feuchte Wäsche im Zimmer aufhängen oder nasse Handtücher über die Heizkörper legen. Auch regelmäßiges Lüften schafft Abhilfe.
- In die Armbeuge niesen oder husten. Und beim Naseputzen lieber nur Papiertaschentücher verwenden und diese nach Gebrauch sofort entsorgen, danach Hände waschen.

Lassen Sie das lieber

So wie es einige Hausmittel gibt, die Sie anwenden können, damit es Ihnen schnell wieder besser geht, gibt es einige Dinge, die Sie bestenfalls unterlassen – ebenfalls, damit es Ihnen schnell wieder besser geht.
Dazu gehört beispielsweise Flüstern bei Heiserkeit, denn damit schonen Sie nicht Ihre Stimme. Im Gegenteil, das Flüstern ist eine zusätzliche Strapaze für die Stimmbänder. Dabei benötigen diese nun Ruhe, um sich zu erholen. Körperliche Anstrengung – sei es durch Sport oder (Haus-) Arbeit – ist ebenfalls kontraproduktiv. Bei einer Erkältung oder Grippe benötigt der Körper Ruhe, damit die Viren nicht noch eine Herzmuskelentzündung verursachen können. Auch Saunagänge, die präventiv Wunder wirken, sind während der Erkrankung purer Stress für den Organismus. Wenn Sie wieder gesund sind, können sie aber helfen, die Abwehrkräfte zu stärken. Und auch beim Naseputzen lauern Stolpersteine: Sie schnäuzen sich heftig und mehrmals? Durch den großen Druck können die Erreger in die Nasennebenhöhlen gedrückt werden und dort eine Entzündung hervorrufen. Besser ist es daher, beim Naseputzen immer ein Nasenloch zuzuhalten.

SEPTEMBER-HELDEN

Der Herbst zieht ein – mit knackigen Äpfeln, saftigen Birnen und vitaminreichen Holunderbeeren. Kohl macht Lust auf abwechslungsreiche Gemüsegerichte.

Holunderbeeren

Die Beeren des schwarzen Holunders sind ein wahrer Schatz für die Gesundheit: Sie strotzen vor Niacin, das für die Nerven wichtig ist, und bringen zellschützendes Provitamin A und Eisen mit, das bei der Zellbildung eine große Rolle spielt. Jedoch sind rohe Holunderbeeren leicht giftig und müssen daher vor dem Verzehr erhitzt und beispielsweise zu Saft eingekocht werden. Auch als Kompott oder Konfitüre sind Holunderbeeren ein Genuss.

Äpfel

Ob roh, als Mus oder Saft, im Kuchen oder auch in herzhaften Gerichten: Äpfel sind unser Lieblingsobst, über 20 Kilogramm verspeist hierzulande jeder davon pro Jahr! Süße oder fein-säuerliche Äpfel wie Gala oder Elstar stehen dabei besonders hoch im Kurs. Zum Backen eignen sich eher säuerliche Sorten wie Boskop. Kühl und lichtgeschützt sind die Vitamin-C-reichen Früchte gut aufgehoben.

Birnen

Ihr feines Aroma macht Birnen zu etwas ganz Besonderem: Sie schmecken nicht nur pur, als Saft oder in süßen Rezepten, sondern passen auch zu würzigem Käse oder Speck. Birnen sind gut bekömmlich und enthalten unter anderem entwässerndes Kalium. Da sie recht druckempfindlich sind, werden sie unreif geerntet, reifen bei Zimmertemperatur aber noch nach. Überreife Früchte erkennen Sie am bräunlichen Fruchtfleisch.

Rote Bete

Ihr erdiger Geschmack macht die feinen Knollen zu etwas ganz Besonderem – am besten mit etwas Säure kombinieren, das gibt dem Gericht Frische. Ihr hoher Gehalt an sekundären Pflanzenstoffen stärkt das Immunsystem. Auch Eisen hat Rote Bete zu bieten, das für die Blutbildung wichtig ist. Rote Bete schmeckt roh oder gegart. Beim Schälen färben sich die Hände zwar tiefrot, aber wenn man sie danach mit Zitronensaft abreibt, geht die Färbung schnell wieder weg.

Rotkohl

Er gehört neben dem Weißkohl zu den typischen Kohlsorten hierzulande und heißt je nach Region auch Blaukraut. Seine Farbe verdankt er Anthocyanen: Diese sekundären Pflanzenstoffe wirken zellschützend und unterstützen die Abwehrkräfte. Durch die Zugabe von Säure (Essig oder Zitronensaft) schlägt sein Farbton von Blau nach Rot um. In der Küche lässt sich Rotkohl wie Weißkohl verwenden. Er schmeckt sowohl roh als auch gegart, fermentiert oder gebraten.

ROTKOHL-KICHERERBSEN-SALAT

mit Ei

Gut vorzubereiten

Für 2 Personen

20 Min. Zubereitung

Pro Portion ca. 446 kcal, 29 g E, 24 g F, 23 g KH

4 Eier (L)
200 g Rotkohl
Salz
1 EL Olivenöl
125 g Baby-Blattspinat
150 g Kichererbsen (aus der Dose)
1 kleine rote Zwiebel
75 g Joghurt (3,5 % Fett)
50 ml Orangensaft
Pfeffer

1. Die Eier in kochendem Wasser in 8–10 Min. hart kochen, anschließend in ein Sieb abgießen, kalt abschrecken, leicht abkühlen lassen, pellen und längs vierteln.

2. Währenddessen den Rotkohl putzen, waschen und auf dem Gemüsehobel in dünne Streifen hobeln. Rotkohlstreifen in eine Schüssel geben und mit ½ TL Salz gründlich verkneten (Handschuhe tragen). Streifen 10 Min. ziehen lassen, dann abgießen und mit dem Öl mischen.

3. Den Spinat waschen, trocken schütteln. Die Kichererbsen in ein Sieb abgießen und abspülen. Die Zwiebel schälen, halbieren und in feine halbe Ringe schneiden.

4. Aus Joghurt und Orangensaft ein Dressing anrühren und kräftig mit Salz und Pfeffer würzen. Spinat, Kichererbsen und Zwiebelringe in der Schüssel mit dem Rotkohl vermischen. Den Salat auf zwei Teller verteilen, die Eier darauf anrichten und mit dem Dressing beträufeln.

SELLERIERISOTTO *mit Birne* Vegan

Für 2 Personen
40 Min. Zubereitung
Pro Portion ca. 625 kcal, 12 g E, 21 g F, 93 g KH

1 kleine Zwiebel
200 g Sellerie
6 Zweige Thymian
1 l Gemüsebrühe
3 EL Olivenöl
200 g Risotto-Reis
1 Birne
1 EL helle Misopaste (z. B. Shiro Miso; nach Geschmack mehr)
1 EL Cashew-Mus
1 TL Zitronensaft
Salz
Pfeffer

1. Zwiebel schälen, fein würfeln. Sellerie putzen, schälen und raspeln. Thymian waschen, trocken schütteln. Von 4 Zweigen die Blättchen abstreifen und grob hacken. Die Brühe erwärmen. In einem Topf 2 EL Öl erhitzen und die Zwiebelwürfel darin bei mittlerer Hitze ca. 4 Min. anschwitzen. Reis dazugeben und unter Rühren ca. 1 Min. mitbraten. Sellerie und Thymianblättchen unterrühren.

2. Nun so viel Brühe angießen, dass der Reis knapp bedeckt ist. Alles bei kleiner bis mittlerer Hitze unter gelegentlichem Rühren weiterkochen, bis der Reis die Flüssigkeit fast ganz aufgesogen hat. Dann eine weitere Kelle Brühe dazugeben. Auf diese Weise nach und nach so viel Brühe zugeben wie nötig, und den Reis unter gelegentlichem Rühren 15–20 Min. garen, bis der Risotto schön sämig ist, die Reiskörner aber noch Biss haben.

3. Birne waschen, vierteln und entkernen. Zwei Viertel in kleine Würfel, die übrigen in Spalten schneiden. Das restliche Olivenöl in einer kleinen Pfanne erhitzen und die Birnenspalten mit den Thymianzweigen darin in 4 Min. von beiden Seiten anbraten. Birnenwürfel, Misopaste und Cashew-Mus unter das Risotto rühren, mit Zitronensaft, Salz und Pfeffer abschmecken. Den Risotto mit den gebratenen Birnenspalten und Thymianzweigen anrichten.

ROTE-BETE-DÜRÜM

Ungewöhnlich lecker

mit Zucchinizaziki

Für 4 Personen

45 Min. Zubereitung

Pro Portion ca. 790 kcal, 20 g E, 43 g F, 77 g KH

Für die Bällchen

300 g Rote Bete
1 kleine Pastinake
1 Zwiebel
2 Knoblauchzehen
6 EL zarte Haferflocken
3 EL Leinsamenschrot
2 EL Vollkornmehl
3 EL Semmelbrösel
2 EL Würzhefeflocken
2 EL Tahin (Sesampaste)
Salz
½ TL Cayennepfeffer
1,5 Liter Öl zum Frittieren

Für das Zaziki

2 Knoblauchzehen
1 Bund Petersilie
1 kleiner Zucchino
6 EL Sojaghurt
Salz, Pfeffer

Außerdem

80 g Feldsalat
4 Dürumfladen (28 cm Ø, ersatzweise Weizentortillafladen)

1. Rote Beten und Pastinake putzen und schälen, dann fein reiben, dabei am besten Einweghandschuhe tragen. Zwiebel und Knoblauch schälen, fein würfeln. Mit Haferflocken, Leinsamenschrot, Vollkornmehl, Semmelbröseln, Hefeflocken, Tahin und 4 EL Wasser unter das geriebene Gemüse heben. Dann von Hand solange kräftig kneten, bis eine homogene, leicht klebrige Masse entsteht. Diese kräftig mit Salz und Cayennepfeffer abschmecken und etwa 5 Min. zum Quellen zur Seite stellen.

2. In der Zwischenzeit für das Zaziki die Knoblauchzehen schälen und fein würfeln. Die Petersilie waschen, trocken schütteln und fein hacken. Zucchino waschen, abtropfen lassen und fein reiben. Knoblauch, Petersilie und geriebenen Zucchino mit dem Sojaghurt vermischen und das Zaziki mit Salz und Pfeffer abschmecken.

3. Aus der Rote-Bete-Masse 20 Bällchen formen. Das Öl in einen kleinen Topf geben (es sollte 2–3 cm hoch im Topf stehen) und heiß werden lassen. Wenn an einem hineingehaltenen Kochlöffel Bläschen aufsteigen, die Bällchen portionsweise für 4 Min. goldbraun im Öl frittieren. Herausnehmen und auf Küchenpapier entfetten.

4. Den Salat waschen und abtropfen lassen. Die Fladen mit Zaziki bestreichen, dabei einen ca. 2 cm breiten Rand frei lassen. Pro Fladen 5 Rote-Bete-Bällchen in einer Reihe auf das untere Drittel der Fladen legen, 2 Handvoll Feldsalat danebenlegen. Den Fladen an den Seiten über die Füllung klappen und dann von unten aufrollen. Die fertigen Dürum zum Mitnehmen in Butterbrotpapier einwickeln.

ROTE-BETE-MAX *mit Hähnchen*

Tolle Knolle

Für 2 Personen
25 Min. Zubereitung
Pro Portion ca. 435 kcal, 26 g E, 18 g F, 41 g KH

2 EL Frischkäse (mind. 20 % Fett i. Tr.)
2 TL geriebener Meerrettich
Salz
Pfeffer
1 TL Zitronensaft
3 TL Rapsöl
2 große Scheiben feines Vollkorn-Roggenbrot (à ca. 75 g)
125 g Rote Bete (vorgegart und vakuumiert)
80 g Hähnchenbrustaufschnitt (in dünnen Scheiben)
2 Eier (M)
½ Beet Kresse

1. Den Frischkäse mit Meerrettich in eine Schüssel geben und cremig verrühren. Mit Salz, Pfeffer und Zitronensaft abschmecken. In einer großen beschichteten Pfanne 2 TL Öl erhitzen und die Brotscheiben darin bei mittlerer Hitze in ca. 5 Min. hellbraun rösten, dabei zwischendurch wenden. Danach herausnehmen und auf Teller legen.

2. In der Zwischenzeit die Roten Beten abtropfen lassen, trocken tupfen und in dünne Scheiben schneiden oder hobeln, dabei am besten Einweghandschuhe tragen. Die Brotscheiben mit Meerrettichfrischkäse bestreichen, Rote-Bete-Scheiben darauf verteilen und mit dem Hähnchenaufschnitt belegen. Leicht mit Salz und Pfeffer würzen.

3. Das übrige Öl in einer beschichteten Pfanne erhitzen, die Eier aufschlagen und darin bei mittlerer Hitze zu Spiegeleiern braten. Leicht mit Salz und Pfeffer würzen.

4. Zum Servieren die Kresse in ein Sieb schneiden, kurz abbrausen und trocken schütteln. Die Spiegeleier auf den Broten anrichten und mit der Kresse bestreuen.

APFEL-MÖHREN-MUFFINS

Zuckerfrei

Für 12 Stück
15 Min. Zubereitung
20 Min. Backen
Pro Stück ca. 165 kcal, 4 g E, 9 g F, 17 g KH

2 Möhren
1 Apfel
250 g Dinkelmehl (Type 630)
2 TL Backpulver
100 g weiche Butter
2 Eier (M)
80 g Apfelmark
100 ml Milch

Außerdem
12er-Muffinform
12 Muffin-Papierförmchen

1. Backofen auf 180° vorheizen. Die Papierförmchen in der Muffinform verteilen. Möhren putzen und schälen, den Apfel schälen, vierteln und dabei das Kerngehäuse entfernen. Die Möhren und Apfelviertel grob raspeln. Das Mehl mit dem Backpulver in einer Schüssel mischen.

2. Die Butter in einer Schüssel mit den Rührbesen des Handrührgeräts leicht schaumig rühren. Eier, Apfelmark und Milch unterrühren. Die Mehlmischung ebenfalls unterrühren, dann die Möhren- und Apfelraspel unterheben.

3. Den Teig in die vorbereiteten Förmchen füllen und im vorgeheizten Ofen (Mitte) 20 Min. backen. Die fertigen Muffins leicht abgekühlt aus der Form lösen und auf einem Kuchengitter vollständig auskühlen lassen.

OKTOBER

Während draußen bunt gefärbte Blätter den Herbst einläuten, richten wir den Blick nach innen – auf das Superorgan Darm. Wussten Sie übrigens, dass er extrem wichtig fürs Immunsystem ist?

ALLES GUTE FÜR DEN DARM

Das Superorgan stärkt Körper und Seele. Spannend, was der Darm alles kann! Vor allem fürs Immunsystem ist er unentbehrlich.

In den letzten Jahren haben Forscher:innen den Darm in seiner ganzen Länge näher unter die Lupe genommen und festgestellt, dass er weitaus mehr kann, als nur zu verdauen. So fanden sie heraus, dass sich die meisten unserer Immunzellen im Dick- und Dünndarm befinden und der Großteil der Abwehrreaktionen von dort aus erfolgt. Das liegt daran, dass in der Schleimhaut des Dünndarms Zellen vorkommen, die Krankheitserreger zunichtemachen beziehungsweise zu Abwehrzellen transportieren, sofern sie nicht vorher schon von der Magensäure unschädlich gemacht wurden. Weiterhin sind im Dickdarm viele gute Bakterien anzutreffen, die einen großen Einfluss aufs Immunsystem haben. Nicht zuletzt sind in der Dickdarmschleimhaut Lymphknoten vorhanden, die Antikörper gegen Krankheitserreger bilden und diesen den Garaus machen. Über das Lymphsystem können sie bei Bedarf Botenstoffe aussenden, die weitere Immunzellen aktivieren. Daneben werden auch über die Blutbahn die im Darm erlernten Informationen an andere Abwehrzentren im Körper weitergegeben. Der Darm ist also quasi die »Schaltzentrale« unseres Immunsystems! Deshalb ist es nicht verwunderlich, dass bei einem geschwächten Darm das Immunsystem beeinträchtigt ist und dass es umgekehrt bei geschwächten Abwehrkräften zu Verdauungsproblemen kommen kann.

Wunderwelt Mikrobiom

Unser Darm wird von Billionen unterschiedlicher Mikroorgansimen besiedelt. Diese »Gemeinschaft« wird als Darmflora, Mikrobiom oder Mikrobiota bezeichnet. Sie besteht aus etwa 300 Bakterienarten, der Großteil davon ist im Dickdarm anzutreffen. Insgesamt wiegen unsere Darmbakterien im Schnitt ganze 1,5 Kilogramm. Die Darmflora ist wichtig für die Verdauung, weil sie Nährstoffe aus der Nahrung herauslöst und Ballaststoffe abbaut. Aber das ist noch nicht alles: Sie ist an der Produktion einiger Vitamine, der Entwicklung des Nervensystems und der Entstehung neuer Blutgefäße beteiligt. Je vielfältiger die Darmflora zusammengesetzt ist, desto besser. Dabei sind vor allem die »guten« Darmbakterien von Bedeutung, die krankmachende Bakterien in Schach halten und das Immunsystem trainieren. Das Mikrobiom entwickelt sich im Laufe des Lebens: Bei einer natürlichen Geburt bekommt das Baby die ersten Darmkeime über die Mutter mit, die sich dann in seinem Darm ansiedeln. Nach und nach baut sich dann das Mikrobiom auf, doch die Zusammensetzung bleibt dabei nicht gleich: Stress, Medikamente, Schlafmangel und eine falsche Ernährung können dazu führen, dass sich die Zusammensetzung ungünstig entwickelt: Die Bakterienvielfalt nimmt ab und »schlechte« Bakterien übernehmen das Kommando. Das führt unter anderem zu einer erhöhten Infektanfälligkeit. Auch Allergien, entzündliche Darmerkrankungen oder Depressionen können mit einer Schieflage der Mikrobiota zusammenhängen. Durch eine ausgewogene Ernährung mit viel Gemüse, Obst und Vollkornprodukten können Sie dem Darm viel Gutes tun. Denn darin sind reichlich Ballaststoffe enthalten, das Lieblingsfutter »guter« Darmbakterien! Schon gewusst?

DIE DARM-HIRN-ACHSE

Wussten Sie, dass es eine Verbindung zwischen Hirn und Darm gibt? Über den Darm wird nicht nur weitergegeben, ob wir Hunger haben oder satt sind, er hat auch einen Einfluss auf unsere Konzentrationsfähigkeit und unsere Stimmung. Man hat beispielsweise festgestellt, dass in der Darmflora von depressiven Menschen weniger Bakterien vorkommen, die kurzkettige Fettsäuren produzieren, dafür mehr Mikroorganismen, die für Entzündungen verantwortlich sind.

Futter für Darmbewohner

Früher ging man davon aus, dass die unverdaulichen Pflanzenfasern aus Obst, Gemüse und Vollkorn reiner Ballast, also unnütz für den Körper seien. Inzwischen weiß man aber, dass diese Kohlenhydrate sehr wichtig für unser Wohlbefinden sind.

Man unterscheidet in erster Linie zwischen wasserlöslichen und -unlöslichen Ballaststoffen. Lösliche, zum Beispiel Pektine in Gemüse und Obst mit harten, zähen Bestandteilen wie Möhren oder Äpfeln, sind das bevorzugte Futter der guten Darmbakterien. Je mehr davon vorhanden sind, desto besser ist das Darmmikrobiom aufgestellt und desto besser funktioniert auch die Darmbarierre. Denn wenn diese gestört ist, der Darm also »löchrig« ist, können Bakterien und Giftstoffe aus dem Darm in den Blutkreislauf gelangen: Die Folge sind Entzündungsreaktionen. Auch hier sind Ballaststoffe nützlich: Wenn sie durch Darmbakterien fermentiert, also abgebaut werden, entstehen kurzkettige Fettsäuren. Diese dienen als Nahrung für die guten Darmbakterien, wirken antientzündlich und sorgen nicht zuletzt auch dafür, dass die Darmbarriere intakt bleibt.

Unlösliche Ballaststoffe sind ebenfalls sehr wichtig. Sie binden weniger Wasser als lösliche Ballaststoffe, erhöhen in erster Linie das Stuhlvolumen und beschleunigen somit den Nahrungstransport durch den

GUTE QUELLEN FÜR WASSERLÖSLICHE UND UNLÖSLICHE BALLASTSTOFFE

Lösliche Ballaststoffe	Stecken in	Unlösliche Ballaststoffe	Stecken in
Pektin	Äpfeln (v. a. in der Schale), Kirschen, Aprikosen, Orangen, Quitten, Möhren	Lignin	Weizen, Roggen, Gerste, Hafer
Beta-Glucan	Hafer, Gerste, Shiitake-Pilzen	Zellulose	Weizen- und Haferkleie, Getreide-Vollkornmehl
Inulin	Chicorée, Schwarzwurzeln, Artischocken, Topinambur, Pastinaken, Zwiebeln, Knoblauch, Lauch		

Darm. Das hat zugleich den positiven Effekt, dass Giftstoffe schneller aus dem Körper herausgeschleust werden.

Ballaststoffe können noch weitaus mehr

Die gesundheitsfördernde Wirkung von Ballaststoffen ist nicht allein auf die Darmflora beschränkt. So sorgen ballaststoffreiche Mahlzeiten durch das Aufquellen der Pflanzenfasern im Magen für ein längeres Sättigungsgefühl. Und weil sie den Blutzuckerspiegel langsamer ansteigen lassen als solche, die reich an schnell verfügbaren Kohlenhydraten sind, kommt Heißhunger erst gar nicht auf. Ebenso auf das Diabetesrisiko hat eine hohe Ballaststoffzufuhr (mehr als 35 Gramm pro Tag) einen positiven Einfluss. Zudem kann ein erhöhter Blutdruck durch den Verzehr von Ballaststoffen sogar gesenkt werden. Innerhalb des Fettstoffwechsels sorgen sie dafür, dass die Konzentration des »bösen« LDL-Cholesterins reduziert wird. Eine zu geringe Ballaststoffaufnahme wird in Zusammenhang mit einigen Zivilisationskrankheiten wie Übergewicht und Herzkrankheiten gebracht. Auch bei der Entstehung von Fettleber oder Reizdarm spielt häufig ein Ballaststoffdefizit eine Rolle. Die DGE empfiehlt eine Ballaststoffaufnahme von mindestens 30 Gramm pro Tag. Das schaffen Sie so:

- Vollkornprodukte bevorzugen, ob beim Brot, bei Nudeln oder Backwaren.
- Planen Sie täglich mindestens drei Portionen ballaststoffreiches Gemüse, Hülsenfrüchte oder Pilze ein.

RESISTENTE STÄRKE

Beim Abkühlen von gegarten Kartoffeln, Nudeln oder Reis verändert sich die Zusammensetzung der Stärke, es entsteht die sogenannte »resistente Stärke«. Auch sie gehört zu den Ballaststoffen und ist ein bevorzugtes Futter der guten Darmbakterien. Gut zu wissen: Auch beim erneuten Erwärmen von erkalteten Kartoffeln und Co. bleibt diese resistente Stärke erhalten. Essen Sie gerne noch eher grüne Bananen? Dann können sich Ihre Darmbakterien freuen: rund 4,7 Gramm resistente Stärke steckt natürlicherweise in nicht ganz ausgereiften Bananen. Sie kommt aber unter anderem auch in Hülsenfrüchten und Mais vor.

- Obst ist ein guter Ballaststofflieferant (Äpfel und Birnen mit Schale essen). Trockenobst ist reich an Ballaststoffen, aber auch an Zucker!
- Täglich eine Handvoll Nüsse liefert zusätzliches Eiweiß und wichtige Fette.
- Zu jeder Mahlzeit auch etwas »Frisches« essen, zum Beispiel ein paar Möhrensticks zum Butterbrot und einen Apfel zum Kuchen am Nachmittag.
- Kerne, Samen oder Körner über Joghurt oder Salate streuen oder pur knabbern.
- Auch Flohsamenschalen, Lein- oder Chia-Samen, Weizen- oder Haferkleie sind eine gute Möglichkeit, den täglichen Ballaststoffgehalt zu erhöhen. Aus Lein- oder Chia-Samen und Milch beziehungsweise Pflanzendrink lässt sich eine Art Pudding zubereiten, der über Nacht im Kühlschrank fest wird. So können Sie zum Frühstück mit vielen Ballaststoffen in den Tag starten.

VIEL TRINKEN!

Unbedingt beachten: Weil vor allem die löslichen Ballaststoffe Wasser binden, ist es ganz wichtig, viel zu trinken, idealerweise 2 Liter am Tag. Sonst kann es zu Verstopfung kommen. Ratsam ist auch, sich

BEISPIELE FÜR 10 GUTE BALLASTSTOFFQUELLEN

Lebensmittel	Portionsgröße	Ballaststoffe pro Portion
frische Schwarzwurzeln	200 g	34 g
Kidneybohnen aus der Dose	200 g	18,6 g
Vollkornnudeln (ungekocht)	100 g	8,1 g
Roggenvollkornbrot	100 g	8,1 g
Austernpilze	100 g	5,9 g
Waldheidelbeeren	100 g	4,9 g
Haferflocken	50 g	4,8 g
Knollensellerie	100 g	4,2 g
Hanfsamen (ungeschält)	1 EL	2,9 g
Kokosraspel	1 EL	2,2 g

FODMAP sind auch in Obst und Gemüse wie Äpfeln, Birnen und Pflaumen enthalten. Bei Magen-Darm-empfindlichen Menschen kann der Abbau von FODMAP im Darm zu Beschwerden wie Blähbauch und Reizdarm führen.

langsam an eine ballaststoffreiche Nahrung zu gewöhnen und der Darmflora Zeit zu geben, sich daran anzupassen. Erfolgt die Umstellung zu schnell, geht dies oft mit Blähungen oder Bauchweh einher. Vorbeugend hilft, mit Kümmel, Fenchel oder Ingwer zu würzen oder daraus einen Tee zuzubereiten und zum Essen zu trinken.

FODMAP – SCHON GEHÖRT?

Dahinter steckt die Abkürzung für »Fermentable Oligo-, Di-, Monosaccharides and Polyols«, auf deutsch »vergärbare Mehrfach-, Zweifach-, Einfachzucker und mehrwertige Alkohole«. Diese schnell vergärenden Kohlenhydrate stecken in Äpfeln, Kohl, Zwiebeln, Brot oder Milchprodukten, werden aber auch Fertigprodukten zugesetzt. Sie können im Dünndarm nur schlecht aufgenommen werden und gelangen somit schnell in den Dickdarm. Dort werden sie von den Darmbakterien fermentiert, also vergoren. Dadurch kann es zur Bildung harmloser Gase kommen, die bei empfindlichen Menschen (Reizdarm!) zu Durchfall, Schmerzen oder Blähungen führen können. Weil viele FODMAP-reiche Lebensmittel aber auch gute Nährstoffe und Ballaststoffe liefern, sollte man sie nicht einfach ersatzlos vom Speiseplan streichen. Lieber ärztlich abklären lassen.

WAS IST ZU BEACHTEN

Die positive Wirkung von Ballaststoffen auf unsere Verdauung und unseren gesamten Organismus ist unbestritten. Allerdings können sie die Aufnahme einiger Mineralstoffe wie Eisen, Kalzium oder Zink vermindern, da sie diese im Darm binden. Gut zu wissen, dass Vollkornprodukte neben reichlich Ballaststoffen auch Mineralstoffe mitbringen, deutlich mehr als Lebensmittel aus stark ausgemahlenen, hellen Mehlen.
Auch die Wirkung einiger Medikamente kann durch den gleichzeitigen Verzehr von Ballaststoffen gemindert werden. Daher ist es ratsam, zwischen Medikamenteneinnahme und Mahlzeit etwas Zeit vergehen zu lassen. Ärzt:In oder Apotheker:In wissen darüber Bescheid – im Bedarfsfall einfach genauer nachfragen.
Es steht jedoch völlig außer Frage, dass die positiven gesundheitlichen Effekte von Ballaststoffen insgesamt deutlich überwiegen. Es lohnt sich also, Ballaststoffen immer öfter den Vorrang zu geben.

Probiotische Lebensmittel – für ein gutes Darmmilieu

Es gibt neben Ballaststoffen auch weitere Nahrungsmittel, die nachweislich die Darmgesundheit fördern: probiotische Lebensmittel. Sie enthalten lebende Milchsäurebakterien (Laktobazillen) und Hefen, die sich im Darm ansiedeln und unerwünschten Mikroorgansimen das Leben schwer machen. Dadurch unterstützen sie ebenfalls das Immunsystem und den Aufbau einer gesunden Darmflora.

Bei probiotischen Lebensmitteln handelt es sich um Produkte, denen man – wie bei Joghurt – während der Herstellung Milchsäurebakterien zusetzt oder bei der solche Bakterien durch Fermentation entstehen. Milchsäurebakterien fördern die Nährstoffaufnahme aus dem Darm und unterstützen die Funktion der Darmschleimhaut.

Einige Beispiele für probiotische Lebensmittel sind Sauerkraut, Joghurt, Miso (japanische Sojabohnenpaste), Kimchi (koreanisches fermentiertes Gemüse), Kombucha (fermentierter Tee), Brottrunk, Kefir, Apfelessig, Buttermilch, Dickmilch, Ayran und Tempeh (Sojaprodukt). Aber Achtung: Achten Sie darauf, dass die Produkte nicht durch Hitzebehandlung länger haltbar gemacht worden sind. Das zerstört die guten Bakterien. Daher ist es ratsam, zum Beispiel frisches Sauerkraut vom Markt dem aus Dosen vorzuziehen und zu Hause, wenn überhaupt, nur schonend zu erwärmen. Gesundheitlich profitieren Sie am meisten, wenn Sie Sauerkraut roh essen – wie wäre es also mal mit einem Sauerkrautsalat?

PROBIOTIKUM & ANTIBIOTIKUM

Der Einsatz von Antibiotika ist manchmal nicht zu vermeiden. Allerdings töten sie nicht nur krankmachende Bakterien ab, sondern leider auch die guten. Dadurch wird das Gleichgewicht des Darmmikrobioms durcheinandergebracht mit dem Resultat: Bauchschmerzen, Blähungen und Durchfälle. Sie können dem entgegenwirken, indem Sie Ihre Darmflora nach der Antibiotikatherapie wieder aufbauen. Dabei können probiotische Präparate aus der Apotheke helfen und probiotische Lebensmittel eine gute Ergänzung sein.

PRÄBIOTISCHE LEBENSMITTEL

Unter Präbiotika versteht man die löslichen Ballaststoffe, die den guten Bakterien als Nahrungsquelle dienen. Dadurch können diese sich prima vermehren und krankmachende Keime unterdrücken. Probiotika bringen also neue Bakterien in den Darm, während Präbiotika die bereits vorhandenen mit Nahrung versorgen und somit die Vermehrung hilfreicher Bakterien unterstützen. Probiotika sind lebende Bakterienkulturen, die sich im Darm ansiedeln und positiv auf das Mikrobiom auswirken. Prima ist es, wenn man probiotische und präbiotische Lebensmittel zusammen verzehrt, um die Darmflora noch besser aufzubauen und das Immunsystem im Darm zu unterstützen. Eine gute Kombination ist zum Beispiel ein Joghurtdip zu Kartoffeln und Spinat oder ein erfrischender Drink aus Buttermilch und gemischten Beeren.

10 TIPPS FÜR EINEN GESUNDEN DARM

Mit diesen Tipps und Tricks halten Sie Ihren Darm aktiv und gesund. Probieren Sie es aus, Ihr Organismus und Ihr Immunsystem werden davon profitieren.

1. Essen Sie langsam und kauen Sie gründlich, ohne dabei zu reden. Das nimmt dem Magen schon einen Großteil seiner Arbeit ab. Und Sie schlucken weniger Luft, die zu Blähungen führen kann.
2. Laden Sie sich reichlich Ballaststoffe auf den Teller. Diese präbiotischen Lebensmittel dienen als Bakterienfutter und fördern eine vielfältige Darmflora.
3. Gönnen Sie sich regelmäßig probiotische Lebensmittel wie Joghurt, Kefir oder Kimchi für eine Extraportion guter Bakterien, welche die Darmgesundheit erwiesenermaßen fördern.
4. Bei ballaststoffreicher Ernährung sollten Sie darauf achten, immer genug zu trinken, um Verstopfungen vorzubeugen – am besten sind dafür Wasser und ungesüßte Kräutertees geeignet.
5. Regelmäßige Bewegung hilft Ihrem Darm bei seiner Arbeit. Ausdauersport ist ideal, aber auch viele Schritte im Alltag (Stichwort Schrittzähler) bringen Ihre Verdauung in Schwung und wirken sich positiv auf Ihre Darmgesundheit aus.
6. Meiden Sie möglichst oft Zucker, Alkohol und verarbeitete Produkte mit Konservierungsstoffen und Co. – das alles bringt Ihre Darmflora aus der Balance.
7. Tierische, gesättigte Fette, die zum Beispiel in Wurst- und Fleischwaren oder Schmalz vorkommen, sollten Sie so gut wie nur möglich meiden: Sie fördern die Vermehrung von unerwünschten Darmbakterien.
8. Omega-3-Fettsäuren wirken nicht nur entzündungshemmend, sie fördern auch eine gute Darmflora. Die gesunden Fettsäuren sind in Leinöl, Algenöl, Hanfsamen, fettem Fisch wie Lachs oder Hanfsamen enthalten.
9. Versuchen Sie genügend Schlaf zu bekommen. Denn bei Schlafmangel kommt auch die Verdauung durcheinander.
10. Stress reduzieren und zwischendurch für kleine Pausen sorgen, selbst wenn's mal hektisch zugeht, das hilft auch Ihrem Bauch. Über die sogenannte Darm-Hirn-Achse (s. S. 197) überträgt sich der Stress nämlich rasch auf Ihren Darm.

OKTOBER-HELDEN

Der Herbst zeigt sich nun von seiner schönsten Seite und schenkt uns knackige Nüsse, duftende Quitten sowie farbenfrohe Kürbisse. Auch Kohl hat jetzt Saison.

Quitten

Bei den goldgelben Früchten unterscheidet man je nach Form zwischen Apfel- und Birnenquitten. Alle haben gemeinsam, dass ihr hartes Fruchtfleisch roh nicht genießbar ist. Aufgrund ihres hohen Pektingehalts gelieren die aromatischen Quitten wunderbar und eignen sich perfekt für die Zubereitung von Gelee oder Konfitüre. Aber auch zu Herzhaftem wie Käse oder Fleisch passen Quitten sehr gut. Sie enthalten unter anderem viel Kalium, das für die Regulierung des Blutdrucks wichtig ist.

Haselnüsse

Ob ganz, gemahlen oder als Mus – Haselnusskerne verfeinern mit ihrem Aroma Kuchen, Müsli oder Obstsalat und verleihen sogar Rosenkohl oder Selleriesalat den richtigen Pfiff! Eine Delikatesse ist auch Haselnussöl zu Blattsalaten. Die feinen Nusskerne sind reich an zellschützendem Vitamin E und knochenstärkendem Kalzium.

Walnüsse

Die knackigen Kerne lassen sich leicht aus der Schale lösen und schmecken frisch am allerbesten: pur, zu Käse, im Brot oder Kuchen. Beim Einkauf darauf achten, dass sich die ganzen Nüsse prall und schwer anfühlen und die Schale unversehrt ist. Neben gesundem Protein bringen Walnusskerne vor allem einen ordentlichen Gehalt an wertvollen Fetten mit, vor allem mehrfach ungesättigten Fettsäuren. Diese wirken sich unter anderem positiv auf das Herz-Kreislauf-System aus.

Kürbis

Die Vielfalt dieser »Dickköpfe« ist beeindruckend: Von klein bis zentnerschwer, von rund bis länglich, von grün bis orange reicht die Spannbreite der Speisekürbisse. Besonders beliebt ist Hokkaido-Kürbis, da er nicht geschält werden muss. Sein orangefarbenes Fruchtfleisch ist reich an Provitamin A, das die Immunabwehr unterstützt. Kühl und trocken gelagert sind Kürbisse lange gut haltbar.

Weißkohl

Aus ihm lässt sich vieles zubereiten: Rohkostsalat, Sauerkraut, Kohlrouladen, Aufläufe und mehr. Eine besonders zarte Sorte ist der Spitzkohl. Hätten Sie's gewusst? Weißkohl ist reich an Vitamin C! Bereits 100 Gramm enthalten fast die halbe Tagesempfehlung. Angefangene Kohlköpfe bleiben übrigens im Kühlschrank eine Weile frisch, wenn man die Schnittfläche abdeckt. Legen Sie den Kohl einfach mit der Schnittfläche auf einen Teller.

PAPRIKA-PASTA

Kernig

mit Walnuss-Pesto

Für 2 Personen

30 Min. Zubereitung

Pro Portion ca. 805 kcal, 25 g E, 44 g F, 74 g KH

200 g Vollkorn-Spaghetti
Salz
50 g Baby-Blattspinat
50 g Walnusskerne
30 g ital. Hartkäse (z. B. Grana padano)
4 EL Olivenöl
200 g geröstete Paprika (aus dem Glas)
Pfeffer

1. Die Vollkorn-Spaghetti in reichlich kochendem Salzwasser nach Packungsanweisung knapp bissfest garen.

2. Inzwischen den Spinat verlesen, abbrausen, gut abtropfen lassen und die groben Stiele entfernen. Die Walnüsse grob hacken. Den Käse reiben. Für das Pesto je 30 g Walnüsse und Spinat, den Käse und das Olivenöl in den Blitzhacker geben und zu einer feinen Paste zerkleinern.

3. Die Paprika abtropfen lassen und in ca. 2 cm große Stücke schneiden. Die fertig gegarten Nudeln in ein Sieb abgießen und kurz abtropfen lassen, dabei 125 ml Nudelkochwasser auffangen. Zusammen mit dem Pesto in eine große Schüssel geben und verrühren, die heißen Nudeln und die Paprikastücke dazugeben und untermischen.

4. Die Paprika-Spaghetti mit Salz und Pfeffer würzen. Die Pasta und den restlichen Spinat auf zwei Tellern anrichten und mit den übrigen Walnüssen bestreuen.

KÜRBIS-SPAGHETTI mit Speck

Low Carb

Für 4 Personen
15 Min. Zubereitung
50 Min. Garen ·
Pro Portion ca. 335 kcal, 17 g E, 22 g F, 16 g KH

1 Spaghetti-Kürbis (ca. 1,8 kg)
2 EL Olivenöl
Salz
Pfeffer
100 g durchwachsener Räucherspeck
1 Knoblauchzehe
15 Blätter Salbei
1 EL Butter
100 g Parmesan

1. Backofen auf 200° vorheizen, ein Blech mit Backpapier auslegen. Kürbis längs halbieren, entkernen. Mit den Schnittflächen nach oben auf das Blech legen und das Fruchtfleisch mit 1 EL Olivenöl bepinseln. Im heißen Ofen (Mitte) 40–50 Min. garen. Danach herausnehmen, das weiche, faserige Fruchtfleisch mit einem Löffel von der Schale lösen, mit einer Gabel auflockern, salzen und pfeffern.

2. Inzwischen den Speck klein würfeln, den Knoblauch schälen und fein hacken. Salbeiblätter sauber abreiben und quer in breitere Streifen schneiden. Eine Pfanne mit dem übrigen Öl erhitzen, den Speck darin braun braten. Die Butter zugeben, aufschäumen lassen, dann den Knoblauch und Salbei hinzufügen und 1–2 Min. mitbraten.

3. Währenddessen den Parmesan fein reiben. Die Speck-Mischung auf die Kürbis-Spaghetti geben, alles behutsam vermengen. Mit Salz und Pfeffer abschmecken, mit dem Parmesan bestreuen und gleich servieren.

BURRITOS Streetfood
mit Kürbis

Für 4 Personen
55 Min. Zubereitung
Pro Portion ca. 740 kcal, 25 g E, 23 g F, 99 g KH

500 g Butternuss-Kürbis (ersatzweise Hokkaido-Kürbis)
2 Knoblauchzehen
4 EL Olivenöl
Salz
Pfeffer
180 g Reis
120 g Cheddar
1 Dose schwarze Bohnen (400 g, ersatzweise Kidneybohnen)
1 Bund Koriandergrün
1 große Zwiebel
¾ TL Chili-con-Carne-Gewürzmischung
4 große Tortillas (Weizenfladen)

1. Backofen auf 220° vorheizen. Den Kürbis schälen, Kerne und Fasern entfernen und das Fruchtfleisch in ca. 1,5 cm große Würfel schneiden. 1 Knoblauchzehe schälen und fein würfeln. Mit dem Kürbis und 2 EL Öl in einer ofenfesten Form mischen, salzen und pfeffern. Den Kürbis im heißen Ofen (Mitte) in 30–35 Min. weich garen.

2. Inzwischen den Reis nach Packungsanweisung in Salzwasser weich garen. Den Cheddar grob reiben. Die Bohnen in ein Sieb abgießen, das Einweichwasser dabei auffangen. Das Koriandergrün waschen und trocken schütteln, die Blättchen abzupfen und klein hacken. Zwiebel und übrigen Knoblauch schälen, fein würfeln.

3. Das übrige Olivenöl in einer weiten Pfanne erhitzen, Zwiebel und Knoblauch darin bei kleiner Hitze goldgelb andünsten. Die Bohnen und gut die Hälfte des Einweichwassers zugeben. Mit der Chili-Gewürzmischung, Salz und Pfeffer würzen. Alles offen unter gelegentlichem Rühren 5–10 Min. köcheln, bis die Flüssigkeit verkocht ist.

4. Den fertig gegarten Kürbis aus dem Ofen nehmen, die Tortillas nach Packungsanweisung im noch heißen Ofen erhitzen. Kürbis, Reis und Koriandergrün unter die Bohnen mischen. Alle Tortillas im unteren Drittel mit je einem Viertel der Bohnenmischung belegen, dabei an beiden Rändern des Streifens jeweils etwa ein Viertel frei lassen. Käse über der Füllung verteilen. Fladenseiten links und rechts über die Füllung schlagen und festhalten, dann die untere Seite über der Füllung einschlagen. Die Burritos straff von unten nach oben aufrollen und servieren.

JACKFRUIT-GULASCH Vegan

mit Sauerkraut

Für 4 Personen
30 Min. Zubereitung
30 Min. Marinieren
Pro Portion ca. 330 kcal, 8 g E, 11 g F, 34 g KH

200 g Jackfruit-Fruchtfleisch (aus der Dose)
2 TL edelsüßes Paprikapulver
Cayennepfeffer
4 EL Öl
2 Zwiebeln
1 rote Paprika
900 g festkochende Kartoffeln
Salz
200 ml Rotwein
1 Dose stückige Tomaten (400 g)
½ TL Kümmel
200 g Frischkost-Sauerkraut (aus dem Frischebeutel)
3 EL Sojasauce

1. Jackfruit-Fruchtfleisch abtropfen lassen und ca. 1 cm groß würfeln. Mit 1 TL Paprikapulver, ½ TL Cayennepfeffer und 2 EL Öl mischen und mindestens 30 Min. marinieren. Zwiebeln schälen und ca. 1 cm groß würfeln. Paprika waschen, halbieren, weiße Trennwände und Kerne entfernen und die Hälften ca. 1,5 cm groß würfeln. Die Kartoffeln abbürsten, in ca. 2 cm große Stücke schneiden und in wenig Salzwasser zugedeckt in ca. 20 Min weich garen. Danach abgießen und kurz ausdampfen lassen.

2. Das restliche Öl in einem großen Topf erhitzen, die Jackfruit-Würfel darin bei großer Hitze ca. 5 Min. rundum anbraten, dann herausnehmen. Zwiebeln und Paprika in der Pfanne bei mittlerer Hitze ca. 4 Min. anbraten. Das übrige Paprikapulver untermischen. Den Rotwein angießen und bei großer Hitze um etwa die Hälfte einkochen lassen.

3. Dann Tomatenstücke, Jackfruit-Würfel und Kümmel dazugeben, alles zugedeckt noch ca. 10 Min. garen. Inzwischen das Sauerkraut in ein Sieb abgießen und abtropfen lassen. Zum Servieren das Sauerkraut unter das Gulasch heben und alles mit Sojasauce, Salz und Cayennepfeffer abschmecken. Mit den Kartoffeln auf Tellern anrichten.

HAFERCREME *mit Karamell-Quitten*

Wow!

Für 4 Personen
30 Min. Zubereitung
30 Min. Kühlen
Pro Portion ca. 330 kcal, 8 g E, 9 g F, 52 g KH

Für die Creme
90 g Haferflocken
20 g Kokosflocken
275 ml Haferdrink
1 TL Agar-Agar
1 Pck. Vanillepuddingpulver
2 EL Zucker

Für das Kompott
1 große Quitte
2 EL Zucker
150 ml Apfelsaft
1 Stück Sternanis
1 Zimtstange

Außerdem
1 EL Pistazienkerne
1 EL Walnusskerne
Zitronenmelisse

1. Hafer- und Kokosflocken mit 200 ml heißem Wasser überbrühen und 10 Min. quellen lassen. Quitte waschen, halbieren, schälen, entkernen und 1 cm groß würfeln.

2. Den Zucker in einem Topf erwärmen und unter Rühren goldbraun karamellisieren lassen. Vom Herd ziehen, die Quittenwürfel dazugeben und mit dem Saft ablöschen. Sternanis und Zimtstange zugeben und zugedeckt aufkochen. Auf kleiner Stufe 10 Min. köcheln lassen, bis die Quittenwürfel weich sind. Sternanis und Zimt entfernen.

3. 250 ml Haferdrink mit Agar-Agar aufkochen und ca. 2 Min. köcheln lassen, dabei hin und wieder umrühren. Das Vanillepuddingpulver mit dem Zucker und dem restlichen Haferdrink glatt rühren. Die Mischung in den kochenden Haferdrink geben und 1 weitere Min. unter Rühren kochen. Vom Herd ziehen, die Kokos-Haferflocken-Mischung unterheben und alles fein pürieren.

4. Die Creme auf 4 Dessertgläser verteilen und das Kompott daraufgeben. 30 Min. kalt stellen. Kurz vor dem Servieren die Pistazien und Walnüsse in einer Pfanne ohne Öl anrösten. Vom Herd ziehen und grob hacken. Die Zitronenmelisse waschen und trocken schütteln. Das Dessert mit Nüssen und Zitronenmelisse garnieren und servieren.

NOVEMBER

Graue Regentage, wenig Sonnenlicht und Matsch soweit das Auge blicken kann. Kein Wunder, dass wir müde werden oder gar in einen Winterblues rutschen. Doch Sie können etwas dagegen tun.

SO KOMMEN SIE GUT DURCH DIE REGENWETTER-TAGE

Wenn die Tage kürzer werden, sind viele müde und antriebslos. Doch mit einfachen Mitteln können Sie gegensteuern.

Im Winter werden nicht nur die Tage kürzer. Mit zunehmend dunklen, häufig ungemütlichen Tagen werden wir auch schneller müde und manchmal traurig. Dieses Stimmungstief kennen wir als November- oder Winterblues. Der Begriff benennt, was viele Menschen in diesem Monat erfahren: eine traurig und manchmal auch einsam machende Schwere. Während die einen es genießen, sich drinnen bei Kerzenlicht und Tee gemütlich einzukuscheln, igeln sich andere unbewusst mehr und mehr ein.

Wann spricht man eigentlich von Winterblues?

Bei trübem Wetter haben viele Menschen auch eine trübe Stimmung. Nicht umsonst gibt es die Redensart »Du siehst ja aus wie drei Tage Regenwetter«. Aber ist denn jede Traurigkeit oder ein doofer Tag schon ein Hinweis auf einen Winterblues? Entscheidend ist, wie lange die Symptome anhalten und als wie stark belastend sie empfunden werden. Folgende Symptome deuten auf einen Winterblues hin:

- wenig Energie
- Müdigkeit
- Niedergeschlagenheit
- Antriebslosigkeit
- Lustlosigkeit
- Heißhunger auf Süßes

Wenn Sie diese Symptome durch die im Folgenden beschriebenen Maßnahmen nicht beeinflussen können, Sie zudem auffallend oft gereizt reagieren oder Ihre sozialen Kontakte vernachlässigen, sind Sie vielleicht schon auf dem Weg in eine echte Winterdepression. Diese sollten Sie unbedingt ärztlich behandeln lassen – und das am besten so früh wie möglich.

Warum bekommen wir überhaupt Winterblues?

Eine Ursache für den Winterblues liegt in den äußeren Umständen: dunkle Tage, schlechtes Wetter, wir halten uns vermehrt drinnen auf. Wir kuscheln uns in die träge Gemütlichkeit ein und merken nicht, dass das zum Gegenteil führt: Unwohlsein statt Glücklichsein. Zumindest wenn wir uns auf nichts anderes mehr einlassen. Das verstärkt Antriebslosigkeit, Müdigkeit und ein niedriges Energielevel.

Hinter den dunklen Tagen verbirgt sich aber auch noch etwas anderes: Mediziner:innen vermuten, dass weniger Tageslicht an den kurzen Tagen auch eine Ursache für Winterblues sein könnte. Zum einen fördert Sonnenschein häufig automatisch gute Laune. Zum anderen wirkt sich natürliches Licht auf die Hormonproduktion aus, womit wir bei einer weiteren Ursache sind. An den dunklen Tagen im Winter schüttet der Körper verstärkt Melatonin aus. Das ist ein Schlafhormon und macht uns müde und in der Folge energie- und antriebslos. Außerdem braucht unser Körper für die Herstellung von Melatonin Serotonin – das Glückshormon (das strenggenommen gar kein

DEPRESSION

Menschen mit Depressionen helfen »Happy Food« und Bewegung nicht, um in eine bessere Gefühlslage zu kommen. Eine Depression ist eine Erkrankung, ein Ungleichgewicht der Botenstoffe im Gehirn, die professionelle Hilfe benötigt. Wenn Sie sich über mehrere Wochen sehr traurig, antriebslos, schlapp und müde fühlen, sollten Sie dies als Warnzeichen sehen und sich in ärztliche Behandlung begeben.

Hormon ist, sondern ein Neurotransmitter). Glückshormone werden also im Winter verstärkt in Schlafhormone umgebaut. Gleichzeitig ist auch der Glückshormonnachschub ausgebremst, denn: Das Sonnenvitamin D wird im Winter kaum von unserem Körper gebildet, weil erstens weniger Sonne scheint und zweitens wir seltener draußen sind. Vitamin D unterstützt aber, dass das Glückshormon Serotonin im Gehirn gebildet wird. Diese ungünstige Verkettung führt dazu, dass wir uns im November oft mühsam durch den Tag schleppen.

Serotonin – Glückshormon zum Selberbasteln

Unser Organismus versucht, diesen Mangel an Serotonin mit einem Heißhunger auf Süßes auszugleichen. Denn in Süßem stecken Kohlenhydrate. Treffen diese auf die Aminosäure Tryptophan, kann unser Körper sich das Glückshormon Serotonin selbst bauen. Tryptophan steckt unter anderem in Datteln, Bananen, Cashewkernen, Erdnüssen oder auch Linsen. Mit seinem Heißhunger auf Süßes scheint unser Körper also instinktiv den Mangel durch die eigentlich richtige Ernährung ausgleichen zu wollen. Serotonin, das nachweislich die Stimmung hebt, wird im Gehirn gebildet und kann von dort für einen tiefen Schlaf, bessere Konzentration oder gute Laune sorgen. Nur kann man leider gar nicht so viele Bananen essen, dass es merklich zu dauerhaften Glücksgefühlen kommt.

Glücksdiät

Die gute Nachricht: Sie können Ihre Ernährung generell so gestalten, dass sie den Winterblues etwas abfedert, und eine Art Glücksdiät machen. Studien zeigen, dass es sich langfristig positiv auf die Stimmung auswirkt, wenn wir kohlenhydratreich und gleichzeitig eiweißarm essen. Weniger Protein auf Ihrem Teller und anschließend in Ihrem Verdauungstrakt erleichtert die Reise von Tryptophan in das Gehirn. Die Aminosäure kann bei einer eiweißreduzierten und kohlenhydratreichen Kost besser aufgenommen und so leichter ins Glückshormon Serotonin umgewandelt werden, darauf deuten zumindest Studien hin. Zu viel Eiweiß hingegen bremst die Tryptophanaufnahme ins Gehirn aus. Für eine Glücksdiät sollte der Eiweißanteil unter 20 Prozent liegen. Das weicht deutlich von den Alltagsempfehlungen der Deutschen Gesellschaft für Ernährung (DGE) ab, aber es handelt sich auch um eine spezielle Kost, die der Seele guttun soll. Gestresste Menschen und solche, die an den Symptomen eines Winterblues leiden, können von einer solchen Glücksdiät profitieren. Essen Sie dafür reichlich Getreideprodukte, Obst und Gemüse und wenig Fleisch, Milch und Milchprodukte. Wie wäre es mit einem deftigen Linsen-Eintopf mit Kartoffeln? Und gönnen Sie sich ab und zu mal Fisch, am besten Bioware aus nachhaltiger Fischerei. Leider hat die eiweißreduzierte Kost dieser Glücksdiät jedoch einen Haken: Sie sättigt nicht so langanhaltend.

Happy Fitness Bowl: Ein bunter Teller mit reichlich Kohlenhydraten bei gleichzeitig reduzierter Proteinzufuhr sorgt im Winter für gute Stimmung!

BUNTE VIELFALT

Gegen die Novembertristesse hilft auch ein bunter Teller. Essen Sie also möglichst abwechslungsreich. Bedienen Sie sich aus der Fülle, die auch im Winter vorhanden ist. Entdecken Sie Saisongemüse wie Schwarzwurzel oder Topinambur und kombinieren Sie es mit Lagerobst und -gemüse oder greifen Sie auf Produkte aus der Tiefkühltruhe zurück. Sind Sie Veganer:in oder Vegetarier:in, können Niedergeschlagenheit, Müdigkeit oder Konzentrationsmangel auch an zu wenig Vitamin B_{12} liegen. Das Vitamin kommt in tierischen Produkten vor. Während Veganer:innen Vitamin B_{12} über Nahrungsergänzungsmittel oder angereicherte Produkte zuführen müssen, können Vegetarier:innen Vitamin B_{12} über Milch, Milchprodukte oder Eier aufnehmen.

SCHARF WÜRZEN

Haben Sie vor allem mit Schlappheit und Antriebslosigkeit zu kämpfen, heizen Sie Ihrem Stoffwechsel doch mal richtig ein, zum Beispiel mit Chili oder Ingwer. Die beiden Scharfmacher bringen den Stoffwechsel auf Touren – das aktiviert und wärmt von Innen. Wie wäre es mit einem scharfen Eintopf oder einem heißen Ingwertee mit etwas Honig – das geht sogar als aktivierender Seelenstreichler durch.

WASSER MACHT WACH

Damit ist nicht der Ausflug ins Schwimmbad gemeint, obwohl der tatsächlich auch Wunder gegen Winterblues wirkt. Nein, es geht darum, reichlich zu trinken. Während uns im Sommer Hitze und Durst immer wieder daran erinnern, das Glas zu füllen, müssen wir im November weitestgehend selbst daran denken. Dabei erfüllt ausreichend Flüssigkeit gleich mehrere Funktionen: So schützen feuchte Schleimhäute vor Erkältungen. Eine ausreichende Flüssigkeitszufuhr wirkt aber auch Abgeschlagenheit und Müdigkeit entgegen. Also hoch die Tassen, mindestens sechsmal am Tag!

Fünf erprobte Tipps gegen den Winterblues

Leiden Sie unter der trüben Stimmung, die mit einem waschechten Winterblues einhergeht, können Sie aber nicht nur über die Ernährung für Abhilfe sorgen. Die folgenden fünf Maßnahmen unterstützen Sie zusätzlich dabei, aus dem müßigen Tief zurück in eine positiv, ausgeglichene Grundstimmung zu finden.

AB NACH DRAUSSEN

Auch wenn es noch so schwerfällt, weil es draußen kalt und ungemütlich ist – treten Sie sich selbst in den Allerwertesten, ziehen Sie sich warm an und gehen Sie raus. Auch wenn es nur eine schnelle Runde um den Block ist, es wird Ihnen guttun, versprochen! Sie müssen nicht mal Sport machen, spazieren zu gehen und dabei Gute-Laune-Musik zu hören, reicht fürs Erste. Dann ist die Hemmschwelle gleich deutlich niedriger. Gehen Sie möglichst früh am Tag raus. Erstens haben Sie Ihren Vorsatz dann schon mal in die Tat umgesetzt und können das To-do abhaken. Zweitens: Wer früh rausgeht, ist den ganzen Tag über fitter. Die frische Luft kurbelt den Stoffwechsel an und schenkt Ihnen Energie. Außerdem sammeln Sie nebenbei Sonnenstrahlen, und das selbst bei einem wolkenverhangenen Novemberhimmel. Treffen diese auf die Haut von Gesicht und Händen, regt das die

TIPP

Lichttherapie
Bei der Winterdepression kann eine Lichttherapie zum Einsatz kommen. Dabei werden die Patient:innen jeden Tag eine Zeit lang mit einer hellen Speziallampe bestrahlt. Nur wenn das Auge die Lichtstrahlen aufnimmt, hat die Therapie eine Wirkung. Daher besitzen die Therapielampen Filter, die bestimmte augen- und hautschädigende UV-Anteile aus dem Licht entfernen. Bei Winterblues können Sie ausprobieren, ob Ihnen eine Tageslichtlampe hilft, mit mehr Schwung in den Tag zu starten. Wichtig ist die regelmäßige Anwendung über einen längeren Zeitraum.

Novemberstimmung: Geben Sie sich einen Ruck – auch der November hat schöne Momente in freier Natur zu bieten.

Vitamin-D- und diese wiederum die Serotonin-Produktion an. Und das macht ... glücklich! Probieren Sie es einfach mal aus!

BEWEGUNG

Eine der Säulen eines generell gesunden Lebensstils ist ebenfalls ein wichtiges Werkzeug gegen den Novemberblues: regelmäßige Bewegung. Einerseits hilft sie dabei, den Stoffwechsel anzukurbeln. Das wirkt gegen Abgeschlagenheit und Müdigkeit. Andererseits wirkt sich Bewegung positiv auf den Serotoninspiegel aus, es werden also mehr Glückshormone ausgeschüttet. Aber: Sport an sich wirkt auch schon stimmungsaufhellend. Das weiß jeder aus eigener Erfahrung – wer sich selbst zum Sport überredet hat, ist hinterher meist erschöpft und glücklich zugleich. Letzter Punkt: Regelmäßige Bewegung reduziert das Stresslevel, gleichzeitig steigt das Energielevel. Nutzen Sie also jede Chance zur Bewegung! Auch eine Steigerung der ganz normalen Bewegungen im Alltag zeigt in der Summe Wirkung!

DIE KRAFT DER NATUR

Haben Sie schon mal was von »Waldbaden« gehört? In Japan gehört Shinrin-Yoku zu einem gesunden Lebensstil und bedeutet, mit allen Sinnen in die Stille und Unberührtheit des Waldes einzutauchen. Erwiesenermaßen verbessert bereits ein kurzer Aufenthalt im Wald Atmung, Puls und Blutdruck. Die sogenannte Waldtherapie ist in Japan seit Jahren ein anerkanntes Forschungsgebiet und wird dort regelmäßg als Begleittherapie bei Burnout und Herz-Kreislauf-Erkrankungen verordnet. Ob Wald oder freies Feld – Sie sollten nicht nur wegen der Sonnenstrahlen nach draußen gehen, sondern auch wegen der Natur. Der Kontakt zur Natur lindert Stress – je mehr Natur, desto besser. Gehen Sie mal wieder in den Wald oder wenigstens regelmäßig in den Park. Die Aufenthalte reduzieren nicht nur Ihre Anspannung, sie schenken auch neue Energie und manchmal tolle Ideen und Tatendrang. Ausprobieren lohnt sich.

GUTER SCHLAF

Gut zu schlafen, ist eine wichtige Quelle für Gesundheit und Wohlbefinden. Konzentrationsmangel und Energielosigkeit können durch zu wenig, gestörten oder schlechten Schlaf zustande kommen. Ein ruhiges, dunkles Schlafzimmer mit kühler Raumtemperatur (ca. 18 Grad) unterstützt einen guten Schlaf. Lüften Sie vor dem Schlafengehen oder lassen Sie sogar nachts das Fenster etwas offen, wenn das räumlich möglich ist und nicht Ihr Kopf direkt daneben liegt

Wintersonne: Nutzen Sie im Winter jeden Sonnenstrahl! Dadurch wird nicht nur die Vitamin-D-, sondern auch die Serotonin-Produktion angekurbelt – Glücksgefühl pur!

(sonst können Sie sich leicht erkälten). Eine Tasse Kräutertee, Entspannungs- oder Meditationsübungen vor dem Zubettgehen wirken ebenfalls unterstützend.

MEDITATION UND ACHTSAMKEIT

Wer antriebslos ist, muss erst mal die Energie aufbringen, sich auf eine geführte Mediation oder Achtsamkeitsübung wie progressive Muskelentspannung oder autogenes Training einzulassen. Wer es schafft und langfristig dabeibleibt, kann sein Wohlbefinden und seine Gesundheit nachhaltig steigern, das Stresslevel reduzieren und die Stimmung heben. Das ist keine Sofortmaßnahme, Effekte treten erst nach längerem, regelmäßigem Training ein. Aber es lohnt sich, auch über die Winterdepression hinaus am Ball zu bleiben. Denn langfristig hebt das die Lebensqualität.

Die Sache mit dem Vitamin D

Die Versorgung mit Vitamin D ist ein Streitthema in der Wissenschaft. Einige vermuten, dass es einen Zusammenhang zwischen Vitamin-D-Mangel und Winterdepression gibt, andere sehen das nicht so eindeutig. Unbestritten ist, dass bei vielen im Winter der Vitamin-D-Status sinkt.

SONDERFALL VITAMIN D

Die meisten Nährstoffe gelangen über die Nahrung in unseren Körper, nicht so Vitamin D. Zwar gibt es wenige Lebensmittel, die Vorstufen des Vitamins liefern, aber hauptsächlich bildet unser Körper es selbst. Treffen Sonnenstrahlen auf Haut, baut unser Organismus Vitamin-D-Vorstufen, die etwa aus Cholesterin gebildet werden, mithilfe von UV-B-Strahlen zu Vitamin D um.

Da wir im Sommer natürlicherweise leichter bekleidet unterwegs sind, die Sonne länger und intensiver scheint und wir uns öfter draußen aufhalten, wird im Sommer mehr Vitamin D gebildet. Im Winter ist das Sonnenlicht zu schwach, um damit ausreichend Vitamin D herzustellen. Aber Sie können im Sommer Reserven aufbauen, auf die Ihr Körper im Winter zurückgreifen kann. Denn Vitamin D ist speicherbar. Deswegen ist es wichtig, in Frühling, Sommer und Herbst oft im Freien zu sein.

VITAMIN-D-LIEFERANTEN

Es gibt wenige Lebensmittel, die Vitamin-D-Vorstufen enthalten, darunter Eier, Hartkäse, fetter Fisch wie Lachs und Makrele, Butter, angereicherte Margarine oder manche Pilze, etwa Steinpilze. Die Zufuhr über die Nahrung kann die Eigenproduktion ergänzen, macht aber nur einen kleinen Teil der Versorgung mit Vitamin D aus.

FUNKTIONEN VON VITAMIN D

Vitamin D spielt eine entscheidende Rolle im Kalzium- und Phosphatstoffwechsel und wirkt damit auf die Gesundheit und Stabilität von Knochen und Zähnen ein. Darüber hinaus gibt es Hinweise, dass Vitamin D sich unter anderem positiv auf das Immunsystem, die Nervenzellen, das Herz-Kreislauf-System und die Psyche auswirkt.

WAS TUN IM WINTER?

Über Ihre Haut können Sie im Winter kaum ausreichend Vitamin D bilden. Dennoch sollten Sie das Sonnenlicht und Aufenthalte im Freien nutzen, allein weil sie sich positiv auf die Psyche auswirken. Wenn Sie einen Vitamin-D-Mangel bei sich vermuten oder ausschließen wollen, lassen Sie Ihren Vitamin-D-Status von Ihrem Arzt oder Ihrer Ärztin überprüfen und sich gegebenenfalls ein Ergänzungspräparat empfehlen, um Ihre Versorgung zu verbessern.

DAUER DER SONNENBESTRAHLUNG FÜR VITAMIN-D-PRODUKTION

¼ der Körperoberfläche, z. B. Gesicht, Arme, Unterschenkel	Hochsommer: Juni, Juli, August	10 Minuten
¼ der Körperoberfläche, z. B. Gesicht, Arme, Unterschenkel	Frühling: März, April, Mai	40 Minuten
¼ der Körperoberfläche, z. B. Gesicht, Arme, Unterschenkel	Herbst: September, Oktober	40 Minuten

NOVEMBER-HELDEN

Langsam wird die Auswahl knapper, aber noch gibt es frisches Gemüse. Und auch Lagerware steht zur Verfügung, um den Speiseplan bunt zu gestalten.

Steckrüben

Sie wirken wie eine Mischung aus Kohlrabi und Rübe, mit einer rundlichen Form und einer weiß-gelblichen Färbung. Geschmacklich erinnert das leicht süßliche Aroma an Pastinaken oder Möhren. Greifen Sie zu kleinen Exemplaren, die sind zarter, große können holzig sein. Entfernen Sie mögliche Blätter, die ziehen nur Flüssigkeit und machen die Rübe trocken. Steckrüben mögen es gerne kalt und dunkel, also ab damit in den Keller, zur Not auch in den Kühlschrank.

Steckrüben zubereiten

Steckrüben enthalten eine gute Portion Vitamin C, die Sie am besten erhalten, wenn Sie die Rübe roh zubereiten, etwa klein geraspelt im Salat. Gegart ist Steckrübe allerdings leichter verdaulich. Für beide Zubereitungen die Rübe vorher waschen, schälen und etwaige holzige Stellen wegschneiden. Steckrüben schmecken beispielsweise in deftigen Eintöpfen, als Puffer, in Currys, gebraten in Gemüsepfannen oder statt Möhren in einer Winter-Bolognese.

Rosenkohl

Rosenkohl liefert sehr viel Vitamin C und bringt viele verdauungsfördernde Ballaststoffe mit. Während Rosenkohl früher sehr bitter schmeckte, kommen heutige Sorten deutlich milder daher. Einkaufstipp: Sind die Blätter gelb verfärbt oder schrumpelig? Dann ist der Kohl nicht mehr frisch. Die Röschen lassen sich ungeputzt einige Tage im Kühlschrank lagern. Vor der Zubereitung heißt es dann äußere Blätter entfernen und den Strunk abschneiden. Rosenkohl können Sie fein geraspelt roh verzehren. Leichter verdaulich ist er gegart, gebacken oder gebraten.

Wirsing

Ein weiteres Winter-Superfood ist der Wirsing. Grundsätzlich gibt es ihn nahezu rund ums Jahr. Sommerwirsing ist heller und zarter als der dunkelgrüne Winterwirsing. Wie die anderen Wintergemüsearten enthält Wirsing relativ viel Vitamin C und punktet mit Eisen, Magnesium und Chlorophyll. Letzteres ist ein Blattfarbstoff, der dem Wirsing seine schöne grüne Farbe verleiht und Blutbildung und Stoffwechsel unterstützt.

STECKRÜBENSUPPE mit Rosenkohl

Wärmt von innen

Für 4 Personen
30 Min. Zubereitung
12 Min. Backen
Pro Portion ca. 175 kcal, 8 g E, 6 g F, 19 g KH

600 g Steckrübe
½ Stange Lauch
1 Apfel
2 Knoblauchzehen
1 Stück Ingwer (2 cm lang)
3 EL Öl
1 TL rote Currypaste
1 Dose Kokosmilch (400 g)
800 ml Gemüsebrühe
450 g Rosenkohl
1 Bio-Zitrone
½ TL Zucker
Salz
2 EL Kürbiskerne

1. Die Steckrübe putzen, schälen und ca. 2 cm groß würfeln. Den Lauch längs halbieren, waschen und abtropfen lassen. Ca. 10 cm vom Grün in sehr feine Scheiben schneiden und beiseitestellen. Den übrigen Lauch in 1 cm breite Scheiben schneiden. Den Apfel waschen, entkernen und das Fruchtfleisch grob würfeln. Knoblauch und Ingwer schälen und beides grob zerkleinern.

2. 2 TL Öl in einem Topf erhitzen, Knoblauch, Ingwer und Lauch darin unter Rühren ca. 2 Min. anschwitzen, dann Currypaste, Apfel- und Steckrübenwürfel dazugeben und unter Rühren 1 Min. weiterbraten. Dann alles mit Kokosmilch und Brühe ablöschen, aufkochen und zugedeckt ca. 10 Min. köcheln lassen, bis die Steckrübe weich ist.

3. Während die Suppe kocht, den Backofen auf 200° vorheizen. Den Rosenkohl waschen, putzen und die Röschen halbieren. Alle auf ein mit Backpapier belegtes Backblech legen. Die Zitrone heiß abwaschen, trocknen, die Schale fein abreiben und den Saft einer Hälfte auspressen. 1 EL Öl, Zitronensaft, Zucker und 3 kräftige Prisen Salz mischen und die Marinade über den Rosenkohl geben. Gut mischen und im Backofen (Mitte) ca. 12 Min. backen, bis der Rosenkohl leicht bräunt und weich ist.

4. Wenn die Steckrübe gar ist, den Topf vom Herd ziehen. Die Steckrübensuppe mit dem Pürierstab cremig-fein pürieren, mit Salz abschmecken und bis zum Servieren warm halten. Sobald der Rosenkohl gar ist, die Suppe auf vier Teller verteilen. Rosenkohl hineingeben, mit der Zitronenschale und den Kernen garnieren und servieren.

STECKRÜBENSTAMPF

Crossover

Für 4 Personen
40 Min. Zubereitung
Pro Portion ca. 255 kcal, 5 g E, 17 g F, 21 g KH

400 g Steckrübe
400 g mehligkochende Kartoffeln
Salz
1 Bund Frühlingszwiebeln
2 Knoblauchzehen
2 frische rote Chilischoten
1 Bund glatte Petersilie
1 Bio-Limette
4 EL Kokosöl
2 TL Cajungewürz (ersatzweise Currypulver)
200 g Kokosmilch
4 Bananen
1 Msp. Chiliflocken
Pfeffer
Cayennepfeffer

1. Steckrübe und Kartoffeln schälen, in gleichgroße Stücke schneiden und in Salzwasser zugedeckt in ca. 20 Min. weich kochen. Inzwischen die Frühlingszwiebeln putzen und waschen. Weiße Teile hacken, grüne in schmale Ringe schneiden. Knoblauch schälen, hacken. Chilis waschen, halbieren, entkernen und klein würfeln. Petersilie abbrausen und trocken schütteln. Die Blättchen abzupfen und bis auf einen kleinen Rest hacken. Limette heiß waschen, trocknen, die Schale fein abreiben, den Saft auspressen.

2. Das Zwiebelweiß in 2 EL heißem Kokosöl glasig dünsten. Knoblauch und Chili 1–2 Min. mitdünsten, die gehackte Petersilie und die Zwiebelringe unterheben. Alles mit Cajungewürz bestäuben. Die Kokosmilch angießen und etwas einköcheln lassen. Inzwischen die Bananen schälen und im restlichen Kokosöl erst bei hoher, dann bei mittlerer Htze in 5-7 Min. goldbraun braten. Mit Salz, Pfeffer, etwas Limettensaft und Chiliflocken würzen.

3. Das Gemüse abgießen, etwas ausdampfen lassen und mit dem Kartoffelstampfer grob stampfen. Die Zwiebel-Kokosmilch-Mischung untermischen. Den Stampf mit Limettenschale, -saft, Salz, Pfeffer und Cayennepfeffer abschmecken. Zum Servieren mit den übrigen Petersilienblättchen bestreuen und mit den Bananen anrichten.

GEMÜSE-NUDELN *mit Tofu*

Asiatisch-würzig

Für 4 Personen
35 Min. Zubereitung
Pro Portion ca. 375 kcal, 14 g E, 18 g F, 37 g KH

120 g Soba-Nudeln
200 g Tofu
100 g Zuckerschoten
2 rote Paprika
2 rote Chilischoten
1 Stange Staudensellerie
1 dicke Möhre
1 Bund Frühlingszwiebeln
1 Knoblauchzehe
1 Stück Ingwer (ca. 3 cm)
3 EL heller Sesam
2 EL Raps- oder Erdnussöl
5 EL Ketjap Manis (süße Sojasauce)
2 EL geröstetes Sesamöl

1. Nudeln nach Packungsanweisung garen, abgießen und abtropfen lassen. Den Tofu in Würfel schneiden. Die Zuckerschoten waschen, putzen und schräg halbieren. Paprika und Chilis waschen, halbieren, Trennwände und Kerne entfernen. Die Chilis fein hacken, die Paprikahälften in dünne Streifen schneiden. Sellerie putzen, waschen und in dünne Scheiben schneiden. Möhre schälen, längs halbieren und in möglichst feine Scheiben schneiden oder hobeln. Frühlingszwiebeln waschen und putzen, den grünen Teil in Ringe, den weißen in ca. 2 cm lange Stücke schneiden. Knoblauch und Ingwer schälen, fein würfeln.

2. Sesam im Wok oder in einer beschichteten Pfanne ohne Fett rösten, bis er duftet, dann herausnehmen. Wok oder Pfanne nochmals erhitzen, Öl hineingeben und richtig heiß werden lassen. Weiße Zwiebelstücke, Möhren, Sellerie und Paprika darin unter Rühren 2 Min. anbraten. Dann Zuckerschoten, Knoblauch, Ingwer und Chilis hinzufügen und unter Rühren weitere 1–2 Min. braten. Das Gemüse mit Sojasauce ablöschen und bei mittlerer Hitze in ca. 5 Min. bissfest garen, dabei eventuell esslöffelweise etwas Wasser hinzufügen, damit nichts anbrennt. Nudeln, Tofu und Sesamöl unterheben und heiß werden lassen. Zum Servieren die Gemüsenudeln mit dem Zwiebelgrün in Schalen anrichten und mit dem Sesam bestreuen.

GEBRATENER ROSENKOHL *mit Linsen*

Ballaststoffreich

Für 4 Personen
30 Min. Zubereitung
Pro Portion ca. 260 kcal, 14 g E, 11 g F, 20 g KH

6 getrocknete Tomaten
1 EL Rosinen
60 ml Weißwein
400 g Rosenkohl
Salz
150 g Berglinsen
4 EL Rapsöl
1 TL frisch geriebener Meerrettich
1 EL Aceto balsamico
Pfeffer
1 EL Honig (nach Belieben)

1. Die Tomaten in Streifen schneiden, mit den Rosinen in ein Schälchen geben und im Weißwein einweichen.

2. Den Rosenkohl putzen, waschen und in reichlich kochendem Salzwasser zugedeckt bei mittlerer Hitze in ca. 12 Min. bissfest kochen. Danach in ein Sieb abgießen, gut abtropfen und etwas abkühlen lassen.

3. Gleichzeitig die Berglinsen in einem Topf mit Wasser gut bedecken, aufkochen und in ca. 15 Min. bei kleiner bis mittlerer Hitze zugedeckt weich kochen. Rosinen und Tomaten durch ein Sieb abgießen, den Weißwein auffangen.

4. In einer tiefen Pfanne das Öl erhitzen und den Rosenkohl darin bei großer Hitze in 4 Min. scharf anbraten, leicht salzen. Dann die Tomaten und Rosinen zugeben und 1 Min. mit durchschwenken. Den Pfanneninhalt mit dem Weißwein ablöschen und die Linsen untermischen.

5. Den Meerrettich schälen und fein reiben. Das Linsen-Rosenkohl-Gemüse mit Meerrettich, Aceto balsamico, etwas Salz und Pfeffer sowie nach Belieben mit dem Honig abschmecken, auf vier Teller verteilen und servieren.

RAHMWIRSING-PFANNE

Herzhaft

mit Grünkern

Für 2 Personen
20 Min. Zubereitung
30 Min. Garen
Pro Portion ca. 525 kcal, 20 g E, 28 g F, 48 g KH

1 Zwiebel
½ kleiner Wirsing (ca. 350 g)
40 g mittelalter Gouda
½ TL grüner Pfeffer (in Lake; nach Belieben)
1 EL Öl
125 g Grünkern
Salz
100 g Sahne
2 EL körniger Senf
Pfeffer

1. Die Zwiebel schälen, würfeln. Den Wirsing waschen, äußere unschöne Blätter entfernen und den halben Kopf nochmals halbieren. Den Strunk herausschneiden und die Wirsinghälften in fingerbreite Streifen schneiden. Den Gouda reiben. Den grünen Pfeffer grob hacken.

2. Das Öl in einer Pfanne mit Deckel erhitzen. Die Zwiebelwürfel darin bei mittlerer Hitze 3–4 Min. anschwitzen. Wirsing, grünen Pfeffer und Grünkern zugeben, salzen und alles gut verrühren. Die Sahne mit dem Senf verquirlen und zusammen mit 350 ml Wasser angießen.

3. Den Pfanneninhalt einmal kurz aufkochen, dann bei kleinster Hitze zugedeckt ca. 30 Min. köcheln lassen, bis der Grünkern weich ist, aber noch etwas Biss hat. Falls nötig, noch etwas Wasser dazugeben, damit nichts anbrennt.

4. Die Grünkernpfanne mit Salz und Pfeffer abschmecken. Den Käse darüberstreuen und kurz bei geschlossenem Deckel schmelzen lassen. Die Pfanne sofort servieren.

DEZEMBER

Ein Jahr voller gesunder Impulse neigt sich dem Ende. Die Zeit der inneren Einkehr ist auch Anlass, Bilanz zu ziehen: Was hat Ihnen geholfen? Was wollen Sie beibehalten?

EIN GESUNDES JAHR GEHT ZU ENDE

Das Leben wird langsamer, die Zeit der inneren Einkehr beginnt: Das ist die Chance, um das Jahr achtsam zu beenden.

Unglaublich, aber das Jahr ist schon wieder vorbei. Ein Jahr, in dem Sie sich sehr intensiv mit den unterschiedlichen Aspekten einer gesunden Ernährung beschäftigt haben. Ein Jahr, in dem Sie viel für sich und Ihr Wohlbefinden getan haben. Was hat Ihnen gefallen? Was möchten Sie beibehalten? In jedem Monat haben Sie kleine Anregungen und Tipps bekommen, um gut durch die Jahreszeiten zu kommen. Und jetzt, da sich das Jahr dem Ende zuneigt, bleibt Zeit zum Innehalten, zum Stolzsein auf das, was Sie geschafft haben, zum Pläneschmieden, was Sie künftig ändern möchten. Vielleicht ist der tägliche Spaziergang aus Ihrem Leben nicht mehr wegzudenken? Und vielleicht haben Sie festgestellt, dass gesunde Ernährung unterschiedlich aussehen kann. Während im Sommer leichte, wasserreiche Kost dem Körper guttut, sehnen wir uns im Winter nach deftigen Aufläufen und Eintöpfen. Während die Empfehlung der Deutschen Gesellschaft für Ernährung (DGE) lautet, etwa ein Viertel seines Tellers mit Eiweiß zu füllen, reduziert man den Eiweißanteil während des Winterblues gezielt. Was sich jedoch durch das ganze Jahr hindurch gezeigt hat, sind folgende fünf Prinzipien:

- Eine gesunde Ernährung ist möglichst abwechslungsreich, damit Sie mit allen wichtigen Nährstoffen versorgt sind.
- Genug zu trinken, ist extrem wichtig – und das nicht nur im Sommer. Ein fitter Körper und ein wacher Geist benötigen ausreichend Flüssigkeit.
- Weitestgehend unverarbeitete Lebensmittel sind gut für Ihre Gesundheit und schonen die Umwelt und das Klima.
- Eine pflanzenbasierte Kost, reich an Gemüse, Obst, Salat, Hülsenfrüchten, Nüssen, Kräutern und Salaten, ist vorteilhaft für Ihre Verdauung, Ihre Gesundheit im Allgemeinen und für die Gesundheit unseres Planeten.
- Superfoods und Wildkräuter sind kein Muss für eine gesunde Ernährung. Sie können Lust darauf machen, Neues auszuprobieren, und sind das i-Tüpfelchen einer ausgewogenen Mahlzeit.

Die vier Säulen eines gesunden Lebens

Immer wieder hat sich zudem rund ums Jahr gezeigt, dass Gesundheit und Wohlbefinden auf mehreren Säulen aufbauen. Ernährung gehört genauso dazu wie regelmäßige Bewegung, guter Schlaf und Entspannung. Besonders die letzten beiden – Schlaf und Entspannung – werden in unserem hektischen Alltag immer öfter beiseitegeschoben, nicht ernst genommen und fallen letzten Endes unter den Tisch. Dabei geht es unserem Körper nur dann besonders gut, wenn auf Zeiten der Anspannung Zeiten der Entspannung folgen. Das gilt sowohl für Workout und Bewegung als auch für Belastungen in unserem alltäglichen Leben, denen wir bewusst mit Entspannung begegnen sollten. Nur dann kann sich ein gesundes Gleichgewicht entfalten. Leider hören wir in den vollgepackten Stunden unseres Alltags oft nicht richtig hin, wenn unser Körper uns versucht zu sagen, dass wir kleine Pausen brauchen.

ENTSPANNUNG: WEIT MEHR ALS MEDITATION

Wie praktisch, dass die Tipps und Tricks, die Sie rund ums Jahr bekommen haben, nicht eindimensional wirken, etwa nur auf die Stärkung Ihres Immunsystems abzielen. Sie erfüllen stattdessen noch andere Zwecke: Oft geht es beispielsweise darum, draußen zu sein – beim Gärtnern (s. S. 119), beim Beeren- (s. S. 139) und Wildkräutersammeln (s. S. 36), beim Spazierengehen oder beim Wassertreten (Kneippen; s. S. 177). Alle diese Aktivitäten finden in der Natur oder naturnah statt, das entspannt, hebt die Stimmung und schenkt Kraft. Einige Wissenschaftler:innen sind der Meinung, dass regelmäßige Aufenthalte im Grünen genauso wichtig für unsere Gesundheit sind wie ausreichend Bewegung und ausgewogene Ernährung. Wer also lieber draußen durch den Wald streift, statt drinnen zu meditieren, kann dennoch einen ähnlichen Effekt erzielen: Entspannung und Entschleunigung. Das klappt auch im Winter.

Waldspaziergänge bringen Ihren Kreislauf in Schwung und wirken Winterblues entgegen, Ihre Atmung vertieft sich, Ihr Körper wird besser mit Sauerstoff versorgt. Und nebenbei bekommen Sie eine kleine Auszeit vom vorweihnachtlichen Adventsstress. Das freut die Psyche und hebt die Stimmung. Aber es gibt darüber hinaus noch weitere, winterspezifische Aktivitäten, die Ihnen die nötige Ruhe bringen.

WINTERAKTIVITÄTEN ZUR ENTSPANNUNG

Auch wenn das Leben im Dezember einerseits langsamer zu werden scheint, nimmt es andererseits noch mal rasant an Fahrt auf: Letzte Dinge wollen vor den herbeigesehnten Feiertagen erledigt sein, das Weihnachtsmenü soll stehen, Geschenke müssen besorgt und Besuche abgestimmt werden. Der Advent als Zeit der Besinnung und inneren Einkehr? Jetzt ist es besonders wichtig, dass Sie immer wieder Pausen zum Innehalten und Energietanken einlegen, damit Sie an Heiligabend nicht völlig platt auf der Couch liegen und vor lauter Erschöpfung das Fest gar nicht richtig genießen können. Warum müssen Adventsbesuche eigentlich immer an einer gedeckten Tafel stattfinden? Wie wäre es mal mit einer Adventswanderung und anschließender Einkehr? Denn Entspannung bedeutet keinesfalls, dass Sie täglich meditieren, Yogaübungen absolvieren oder irgendein anderes professionelles Entspannungsprogramm durchziehen müssen. Jeder hat eigene Methoden, die sich bewährt haben.

Wertvolle Zeit: Gemeinsames Basteln macht nicht nur Spaß, sondern wirkt auch wunderbar entschleunigend und entspannend – und mit den Weihnachtsvorbereitungen ist man nebenbei auch ein Stück weiter …

FÜNF IDEEN FÜR EINEN ENTSPANNTEN DEZEMBER

Es ist erwiesen, dass regelmäßiges Abschalten ein wichtiges Element eines gesunden Lebens ist. Ein Spaziergang in freier Natur (s. S. 218) ist immer eine gute Idee. Doch was halten Sie von folgenden Entspannungsideen?

Brief schreiben
So richtig mit Papier und Stift. Sie könnten Fotos dazu stecken oder den Briefumschlag selbst basteln. Nehmen Sie sich richtig Zeit und machen Sie einem anderen Menschen eine Freude – und sich selbst gleich mit.

Puzzeln
Wetten, dass Sie beim 1000-Teile-Puzzle richtig gut abschalten können? Ihr Gedankenkarussell kommt zur Ruhe und Sie fahren innerlich runter, während Sie Teil für Teil suchen und an den richtigen Platz stecken.

Malen
Wann haben Sie das letzte Mal gemalt? Zeichnen ist nicht so Ihr Ding? Sie schämen sich, weil Sie es nicht so gut können? Dabei ist das eine tolle, einfache Entspannungsmethode. Wie wäre es mit einem Malbuch für Erwachsene, oder kennen Sie Malorte? Dort dürfen Sie sich ausprobieren und ohne Ziel und ohne Bewertung malen. Vielleicht gibt es auch in Ihrer Nähe einen Malort.

Museum
Suchen Sie sich eine schöne Ausstellung und gehen Sie mal wieder ins Museum, am besten alleine, um sich niemandem verpflichtet zu fühlen. Die ruhige Atmosphäre und das Betrachten der Kunst wird Ihren Geist zur Ruhe kommen lassen.

Schlittenfahren
Es liegt Schnee und Sie haben einen Schlitten parat? Welch ein Glück. Schnappen Sie sich Kinder, Partner:in, Freund:in und stürmen Sie die Piste – am besten direkt frühmorgens, wenn noch alles leer ist. Außerdem profitieren Sie dann den ganzen Tag von der zusätzlichen Energie, die Sie dadurch bekommen.

Gesund leben mit den vier Säulen

Gesunde Ernährung und gesund zu leben, ist eine Entscheidung – eine Entscheidung für sich selbst und die eigene Gesundheit. Sie machen das nicht für irgendwen – für Partner:in, Eltern, soziale Medien –, sondern für sich selbst. Weil ein gesunder Körper und ein gesunder Geist neben der Liebe die höchsten Güter sind. Was ist Erfolg noch wert, wenn Sie ihn nicht genießen können, weil die Gesundheit nicht mitmacht?

»Beim Thema gesunder Ernährung geht es darum Lösungen zu finden anstatt Ausreden.«

Zu dieser bewussten Entscheidung, ein gesundes Leben zu führen, gehört auch, sich jeden Tag wieder neu dafür zu entscheiden. Es bedeutet vor allem, dass Sie immer wieder nach Lösungen werden suchen müssen, während die Ausreden fast immer zu Ihren Füßen liegen. Gesunde Ernährung und gesund zu leben, wird leichter werden, je länger Sie das machen. Das liegt unter anderem daran, dass Sie neue Gewohnheiten etablieren und sich Ihr Geschmackssinn anpasst. Aber Sie werden auch immer wieder Phasen erleben, in denen Sie mit anderen Herausforderungen zu kämpfen haben und dann solche Dinge wie Entspannung, ausreichende Bewegung oder eine ausgewogene Ernährung brach liegen. Nicht zuletzt benötigt die stete Entscheidung für gesunde Ernährung eine gewisse Selbstkontrolle. Und die befindet sich nicht immer auf dem gleichen Niveau. Leert sich der Tank an Selbstkontrolle, sollten Sie ihn wieder auffüllen, am besten regelmäßig. Darin liegt der Schlüssel zu einem bewussten, gesunden Leben. Wir haben mehr Selbstkontrolle, wenn wir entspannt sind, ausreichend schlafen und uns in einer guten Stimmung befinden. Sie sehen: Alle Säulen stehen in einer Wechselwirkung. Uns geht es richtig gut, wenn wir uns gesund ernähren, bewegen, entspannt sind und genug schlafen.

Was bedeutet gesunde Ernährung überhaupt?

Eine gesunde Ernährung ist eine Art und Weise, sich selbst mit ausreichend Nährstoffen zu versorgen, ohne dass Sie etwas ausschließen müssen. Lebensmittel oder Gerichte gänzlich vom Speisplan zu verbannen, ist freiwillig und kein zwingender Bestandteil einer gesunden Ernährung. Es gibt einige Zutaten, bei denen Sie reichlich zugreifen können, und andere, die in Maßen Ihren Teller bereichern. Um das Ganze etwas zu erleichtern, haben sich Wissenschaftler:innen der renommierten Harvard-Universität das Prinzip des gesunden Tellers ausgedacht. Das besagt, dass etwa die Hälfte einer Mahlzeit aus Gemüse und Obst bestehen sollte. Dabei ist der Gemüseanteil immer größer als der Obstanteil. Die andere Hälfte des Tellers ist je zur Hälfte mit Getreideprodukten, möglichst aus Vollkorn, und gesundem Eiweiß gefüllt. Wenn

Zuckerfreie Plätzchen: Super für Babys und Kleinkinder in der Weihnachtszeit. Für alle anderen gehören Lieblingskekse an Weihnachten zu einer ausgewogenen Ernährung dazu. Vielleicht können Sie ja den Zucker ein bisschen reduzieren? Oder die Plätzchenmenge auf Ihrem Teller …

Sie dann noch beherzigen, möglichst viel auszuprobieren und eine bunte Vielfalt auf den Teller zu bekommen, sind Sie schon ziemlich gesund unterwegs. Fette, bevorzugt gesunde Öle wie Raps- oder Olivenöl, runden ein Gericht ab und werden in der Regel sparsam dosiert. Nusskerne wie auch Samen, Sprossen und Wildkräuter sind die i-Tüpfelchen einer ausgewogenen, gesunden und nährstoffreichen Ernährung.

WAS IST MIT CHIPS, KUCHEN & SÜSSIGKEITEN?

Im Rahmen einer ausgewogenen, gesunden Ernährung ist nichts verboten. Das bedeutet, dass die Alltagsernährung möglichst nach dem Prinzip des gesunden Tellers gestaltet wird. Wenn dann einzelne Lieblingsgerichte aus dem Rahmen fallen, ein Restaurantbesuch ansteht oder Sie Lust auf Süßigkeiten haben, dann genießen Sie es. Auch das ist Teil einer gesunden Ernährung – nichts auszuschließen, was Sie nicht ausschließen wollen. Aber eben auch nicht übertreiben, sondern maßvoll dabei sein.

ZUCKERFREIE WEIHNACHTS-PLÄTZCHEN – MUSS DAS SEIN?

Gerade jetzt in der Weihnachtszeit ist die Plätzchenbäckerei hoch im Kurs. Jeder hat sein Lieblingsgebäck, Kekstüten werden getauscht und verschenkt, Weihnachtsduft

Unwiderstehlich: Gesund essen heißt auch, sich dabei wohl zu fühlen. Gelegentlich mal ein Donut und heiße Schokolade gehören zum schönen Leben für viele einfach dazu.

liegt in der Luft … Sie können, müssen aber nicht auf Zucker in der Weihnachtsbäckerei verzichten. Meiner Ansicht nach ist es besser, wenige Lieblingsplätzchen zu genießen, als sich den Bauch mit vermeintlich gesünderen zuckerfreien Plätzchen vollzuschlagen. Denn auch ein zuckerfreies Plätzchen erfüllt solo nicht die Kriterien des gesunden Tellers – da müsste noch etwas Obst und Quark hinzu. Dennoch sind zuckerfreie Plätzchen eine gute Möglichkeit, um auch Babys und Kleinkinder an den Weihnachtsnaschereien teilhaben zu lassen. Oder Sie versuchen, den Zuckeranteil in Ihren Plätzchen zu reduzieren. Oft sind die Teige so süß, dass man 20–50 Gramm Zucker weglassen kann, ohne dass es groß auffällt.

MUSS ICH ABNEHMEN?

Bringt es überhaupt etwas, wenn ich mich »nur« gesund ernähre, ohne abzunehmen? Ja, das bringt auf jeden Fall etwas. Durch eine gesunde Ernährung wird Ihr Körper optimal mit allen Nährstoffen versorgt. Und: Körperfett bedeutet nicht automatisch eine Gefahr für die Gesundheit. Fett wird in unserem Körper an verschiedenen Orten für unterschiedliche Funktionen benötigt. Menschen, die viel Fett eingelagert haben, können dennoch einen gesunden Stoffwechsel haben. Und es gibt schlanke Menschen mit einem kranken Stoffwechsel. Denn: Gesundheit ist eine sehr individuelle Sache. Sie müssen also nicht zwingend schlank sein, um auch gesund zu sein. Geht es Ihnen, Ihrem Stoffwechsel, Ihren Gelenken, Ihrem Körper und Ihrer Psyche mit Ihrem aktuellen Gewicht gut, gibt es keinen Grund, daran etwas zu ändern. So oder so profitieren Sie von dem Vier-Säulen-Prinzip: gesunde, ausgewogene Ernährung, ausreichend Bewegung, regelmäßige Entspannung und genügend guter Schlaf.

UMGANG MIT RÜCKSCHLÄGEN

Sie werden auf Ihrer Reise durch ein gesundes Leben Rückschläge erleben. Zeiten, in denen Sie sich nicht für gesunde Ernährung entscheiden, in denen Sie die Bewegung schleifen lassen und denken, eigentlich müsste ich mal wieder ... Das ist vollkommen normal und geht uns allen so. Wichtig dabei ist, dass Sie liebevoll mit sich umgehen und nicht wütend oder verzweifelt reagieren, sich gar innerlich fertigmachen.

FREUNDLICH ZU SICH SELBST SEIN

Warum? Weil für eine gute Selbstkontrolle unter anderem eine gute Stimmung nötig ist, und das klappt selten mit Druck und Zwang. Reden Sie so mit sich, wie Sie mit Ihrem Kind oder einer guten Freundin sprechen würden – liebevoll, einladend, verständnisvoll und ermutigend. Wenn Sie jemand anderen ermuntern möchten, etwas Bestimmtes zu tun, klappt das nicht eher über eine liebevolle Begleitung? Die Kommunikation mit sich selbst funktioniert genau auf dieselbe Weise. Seien Sie milde mit sich! Sie können Ihren selbst gewählten Pfad jederzeit wieder aufnehmen. Und wenn Sie sich Ihre Lebensreise vom Ende her ansehen, kommt es nicht darauf an, dass es einzelne Wochen oder Monate gab, in denen es nicht so geklappt hat. Es geht darum, immer wieder neu anzufangen.

Warum wir essen, was wir essen

Wenn wir uns für eine gesunde Ernährung entscheiden und mit dieser Entscheidung schließlich auch einwilligen, dass wir unser Verhalten jeden Tag selbst kontrollieren müssen, ist es hilfreich zu verstehen, wie manche Entscheidungen für ungesunde

TIPP

AUS GUTEM GRUND?
Es gibt verschiedene Anlässe, warum wir essen. Dazu gehören:

- Hunger
- Essenszeit
- ein bestimmter Anlass, z. B. Weihnachtsessen
- Stress, Langeweile, Anspannung oder andere unangenehme Gefühle
- sich selbst etwas gönnen
- sozialer Druck

und gegen gesunde Lebensmittel zustande kommen. Denn wenn Sie die eigentlichen Gründe kennen, können Sie auch leichter Gegenmaßnahmen ergreifen.

HUNGER ODER APPETIT

Eigentlich das Normalste der Welt: Wir essen, weil wir Hunger haben. Aber stimmt das wirlich? Oder essen wir auch, wenn wir nur Appetit haben? Und wie können wir das eine vom anderen unterscheiden?
Bei Hunger wird uns regelrecht übel, der Magen krampft sich zusammen, es fühlt sich unangenehm und teils schmerzhaft an, Hunger zu haben. Appetit hingegen ist eine Naschlust, die uns überkommt, weil wir etwas Leckeres gesehen oder gerochen haben. Während es bei echtem Hunger nahezu egal ist, was auf den Teller kommt, ist Appetit sehr zielgerichtet. Wenn Sie vor lauter »Hunger« unbedingt einen Schokopudding essen müssen und sich nicht von einem Apfel überzeugen können, dann handelt es sich eher um Heißhunger oder Appetit. Beide haben andere Ursachen als echter Hunger, beispielsweise Stress oder Langeweile. Sie können Appetit und Heißhunger länger ausbremsen, indem Sie darauf achten, dass Ihr Blutzuckerspiegel möglichst konstant bleibt. Ausreißer nach oben und unten ziehen Hungerattacken nach sich. Einen konstanten Blutzuckerspiegel und lange Sättigung erreichen Sie durch eine ballaststoffreiche Ernährung (Vollkorn, Obst, Gemüse, Nusskerne, Hülsenfrüchte) und eine gute Portion Protein zu jeder Mahlzeit.

ESSENSZEIT

Oft essen wir, weil es Zeit ist zu essen. Dadurch verlernen wir, auf unseren Körper zu hören, der uns sagt, wann er »wirklich« Hunger hat. Doch spätestens mit Eintritt in die Schule bestimmen äußere Rahmenbedingungen, wann wir essen. Morgens drängen wir Kinder oder Partner:in dazu, etwas zu frühstücken, um fit in den Tag zu starten. Manche haben früh morgens aber keinen richtigen Hunger. Mittags steht dann das Essen auf dem Tisch oder die Verabredung mit den Kolleg:innen an. Und so ziehen sich die Essenzeiten weiter durch unseren Tag und geben ihm eine Struktur. Und da wir soziale Wesen sind und gemeinsames Essen sehr gesellig ist, passen wir uns den Strukturen an, anstatt auf unseren Körper zu hören. Woher wissen wir, dass wir mittags Hunger haben? Unsere Tage verlaufen nicht immer gleich. Wir schlafen unterschiedlich, wir frühstücken unterschiedliche Speisen und Mengen – warum gehen wir davon aus, dass wir jeden Tag um 13 Uhr Hunger haben? Versuchen Sie doch mal, in sich hineinzuhören und zu erspüren, wann Sie wirklich Hunger haben. Und wenn Sie dennoch mit den Kolleg:innen oder der Familie gemeinsam essen möchten, reicht vielleicht eine kleine Portion?

GELEGENHEIT

Oftmals bestimmen Gelegenheiten, ob wir etwas essen. Was lassen sich hier nicht alles für Beispiele finden: Die Kollegin hat Kuchen mit in die Arbeit gebracht. Im Wohn-

Festessen: Warum nicht mal Neues ausprobieren? Neben Truthahn und Weihnachtsgans gibt es viele Möglichkeiten, ein ganz besonderes Mahl auf den Tisch zu bringen.

zimmer steht eine Schale mit Süßigkeiten griffbereit. Die Freundin lädt zum Nachmittagstee und hat extra gebacken. Beim Gang durch den Supermarkt entdecken Sie ein neues Produkt, das Sie unbedingt ausprobieren möchten. Und an der Ecke hat ein neues Café eröffnet. Es duftet verführerisch und Ihr Weg führt Sie unmittelbar daran vorbei ... In unserem Alltag erleben wir zahlreiche Gelegenheiten, in denen wir oft unbemerkt zugreifen, weil es bequem ist oder verlockend. Wir können Gelegenheiten aber auch bewusst für uns nutzen und es uns bequem machen, mit Lebensmitteln und Speisen, die uns guttun und zu unserem Vorhaben der gesunden Ernährung passen. »Nudging« heißt das Konzept und bedeutet so viel wie »Kluge Entscheidungen durch anstupsen fördern«. Sie könnten sich beispielsweise gesunde Snacks mit ins Büro nehmen oder ein Riechöl, das Sie bei Heißhunger etwas ablenkt. Sie könnten sich eine große Karaffe Wasser an den Schreibtisch stellen und eine schön gefüllte Obstschale ins Wohnzimmer – statt Süßigkeiten. Bereiten Sie gesunde Desserts vor und stellen Sie sich in den Kühlschrank. So schaffen Sie sich selbst positive Gelegenheiten.

EIN PASSENDER ANLASS FINDET SICH IMMER

Gerade jetzt in der Weihnachtszeit gibt es viele »Ess-Anlässe«: Weihnachtsmarkt, Adventskaffee, Plätzchen backen (und naschen) und natürlich die drei Festtage an Weihnachten. Darüber hinaus gibt es weitere gute Gründe wie Geburtstag, Schulabschluss, Jubiläum, Jobwechsel – eigentlich gibt es immer einen Anlass zum Schnabulieren. Meistens lassen wir uns vom Anlass davontragen und machen einfach mit – wie vom Autopilot gesteuert.

Im Rahmen einer gesunden Ernährung ist es hilfreich, sich vorab über den Anlass im Klaren zu sein und diesen ganz bewusst zu gestalten um ihn dann eben nicht »einfach mitzumachen«. Wenn Sie sich ganz bewusst für Genuss an Weihnachten entscheiden, bleibt das schlechte Gewissen einfach zu Hause. Weil Sie das Ruder übernommen haben und nicht die Gewohnheiten.

Genuss gehört zu einer ausgewogenen, gesunden Ernährung unbedingt dazu. Und für jeden bedeutet das etwas anderes. Sie sollten jedoch Genuss nicht mit Völlerei verwechseln. Bei Letzterem übernimmt schnell mal die Gier, und Sie handeln aus einem Mangel heraus. Das geht selten mit glücklichen Gefühlen einher.

Was also ist das Geheimnis? Sich ganz bewusst für einen Anlass und an dem Anlass für ganz bestimmte Speisen und Getränke zu entscheiden. Sie müssen nicht das ganze Buffet probieren, nur weil sich die Gelegenheit bietet. So kommen Sie in den Genussmodus und nicht in den Autopilot.

STRESS, FRUST, LANGEWEILE, ANSPANNUNG

Kennen Sie das auch? Sie fühlen sich gestresst oder sind traurig, und dann muss es ein Seelentröster sein, oder zwei oder drei. Für jeden ist das etwas anderes: Die einen wollen Apfelstrudel, die anderen Chips und die nächsten Gummibärchen. Allen gemein ist, dass es hier nicht um Hunger geht, sondern um schlechte Gefühle, die wir – anstatt sie auszuhalten – versuchen wegzufuttern. Einerseits lenken wir uns ab durch die Futterei, andererseits versuchen wir unsere Gefühle durch bestimmte Lebensmittel oder Speisen zu beeinflussen und uns damit selbst zu trösten. Aber hilft es Ihnen bei Stress tatsächlich, eine Tüte Gummibärchen zu essen? Oder wäre eine Mini-Auszeit an der frischen Luft, ein kleiner Mutmach-Postcast oder einmal ganz laut die Lieblingsmusik über die Kopfhörer zu hören nicht hilfreicher? Und bei schlechten Gefühlen noch Chips obendrauf – gäbe es da nicht auch andere Wege? Zeit für sich selbst und eine Lieblingsaktivität nehmen, lesen, Sport machen oder ein Telefonat mit einem lieben Menschen – probieren Sie doch mal, ob Ihnen nicht auch so etwas hilft in eine bessere Stimmung zu gelangen.

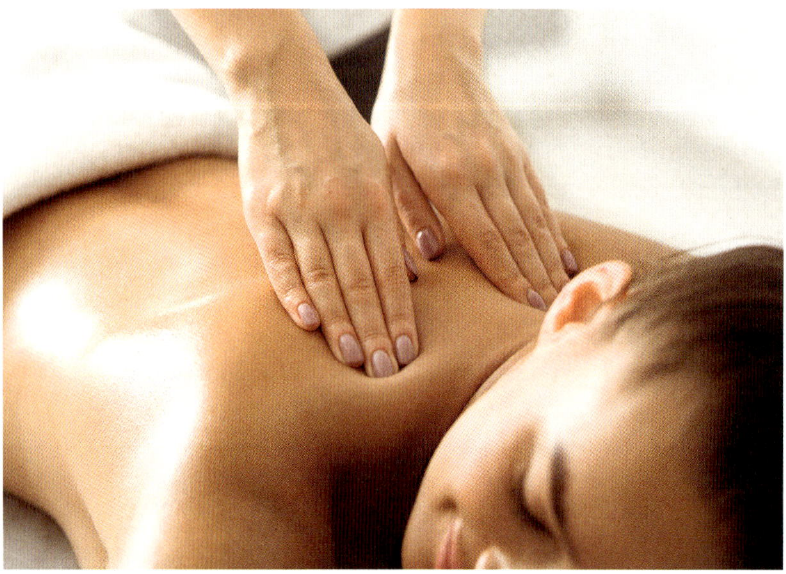

Alternative Belohnung: Eine wohltuende Massage nach getaner Arbeit ist das ideale Verwöhnprogramm und sorgt für maximale Entspannung.

SICH SELBST ETWAS GÖNNEN

Manchmal haben wir das Gefühl, uns selbst belohnen zu müssen, zum Beispiel weil wir ganz fleißig und ganz lange gearbeitet haben. Am schnellsten geht das mit Essen. Fast Food, Schokolade, Donuts ... egal, hab ich mir verdient. Damit wir uns nicht falsch verstehen: Sie können sich selbstverständlich mit Essen belohnen. Aber dann bitte auch bewusst zelebrieren und genießen, wie beim anlassbezogenen Essen. Denn sich vor dem Fernseher »zur Belohnung« ein bis mehrere Donuts reinzufahren, hat nichts mit echter Belohnung zu tun. Wenn Sie sich aber einen Donut kaufen, zu Hause auf einem Teller mit einem Getränk am Tisch oder einem anderen Lieblingsort genießen und sich über die schöne Zeit und den leckeren Geschmack freuen, ist das vollkommen legitim. Sich bewusst etwas zu gönnen, ist völlig in Ordnung, dafür gibt es ja die ganzen leckeren Sachen. Ergänzend dazu können Sie sich ja mal Gedanken machen, was für Sie noch als Belohnung, zum Beispiel für einen harten Arbeitstag, infrage käme: Sauna, Massage, Maniküre, ein neuer Pullover oder ein schöner Film am Abend?

SOZIALER DRUCK

Wenn Sie umgeben von Freund:innen oder Kolleg:innen gemeinsam im Restaurant sitzen und alle bestellen eine Pizza, würden Sie dann den kleinen gemischten Salat wählen? Und wenn die Nachbarin Sie zum Tee einlädt und gebacken hat, würden Sie dann das Stück Kuchen ablehnen, weil Sie eigentlich auf Zwischenmahlzeiten verzichten wollten? Die meisten von uns wollen weder groß auffallen, noch jemanden vor den Kopf stoßen, und so passen wir uns und unser Essverhalten oft den äußeren Bedingungen an. Während wir als Kinder noch ein natürliches Gespür für Hunger, Sättigung und Vorlieben haben und das auch nach außen vertreten, orientieren wir uns mit dem Älterwerden immer mehr an dem, was die Menschen um uns herum tun, und an deren Erwartungen statt unseren eigenen Bedürfnissen. Wir können aber wieder lernen, mehr auf uns und unsere Bedürfnisse zu achten. Und vielleicht gibt es ja einen Kompromiss – Sie essen nur die halbe Pizza und nehmen die andere Hälfte mit. Und wenn Sie Kuchen am Nachmittag essen, obwohl Sie das eigentlich gar nicht wollten, passen Sie einfach Ihr Abendessen daran an. Oder Sie sprechen es ganz offen an: Ich freue mich so sehr, dass du extra für mich gebacken hast. Nur ist es leider so, dass ich gerade im Rahmen einer Ernährungsumstellung nachmittags nichts esse. Ich nehme mir aber gerne ein Stück Kuchen für heute Abend/für morgen früh/für meine Familie mit.

Sie sehen, es gibt zahlreiche Gründe, zu essen – es sollten nur der richtige sein, wenn wir uns für einen Snack oder eine Belohnung entscheiden. Wenn Sie achtsam mit sich und Ihren Essgewohnheiten umgehen, tut das Ihrer Gesundheit, Ihrem Körper und Ihrer Seele gleichermaßen gut. Achten Sie auf Ihre Bedürfnisse! Langfristig führt das zu mehr Wohlbefinden auf allen Ebenen.

DEZEMBER-HELDEN

Pünktlich zum Fest hat »Winterspargel« Saison und wird begleitet von Lagergemüse, frischem Feldsalat und nussigen Maronen. Daraus lässt sich Feines zaubern!

Schwarzwurzeln

Zugegeben, die dunklen Stangen, oft bedeckt von einer Schicht Erde, sehen nicht gerade verlockend aus. Aber der Anblick täuscht. Tatsächlich handelt es sich um eine der edelsten Wintergemüsearten, deswegen wird die Schwarzwurzel auch als Winterspargel bezeichnet. Sie sind übrigens reich an Ballaststoffen – die machen satt und unterstützen die Verdauung.

Zubereitungstipps Schwarzwurzeln

Schwarzwurzel schmeckt anders als Spargel, nämlich leicht nussig mit einem intensiveren Aroma und festerer Konsistenz. Vor dem Schälen gründlich schrubben und bitte Handschuhe verwenden, sonst verfärben sich Ihre Hände braun. Legen Sie die feinen, weißen Stangen sofort in Zitronenwasser, sonst oxidieren sie und die schöne weiße Farbe wird von bräunlichen Flecken überdeckt.

Feldsalat

Weil er auch Minustemperaturen gut übersteht, gehört Feldsalat zum letzten frischen Grün im Winter. Er wird mit Wurzeln geerntet, so bleiben die zarten Blättchen möglichst lange frisch. Beim Putzen macht das etwas Arbeit, Sie können die Wurzeln aber auch mitessen. Feldsalat bringt eine gute Portion Vitamin A und auch Vitamin C mit – perfekt für einen Wintersalat.

Linsen

Es gibt viele verschiedene Sorten, die Sie getrocknet oder vorgegart in der Konserve kaufen können. Linsen sind reich an pflanzlichem Eiweiß und an Ballaststoffen – perfekte Stattmacher! Die verschiedenen Sorten haben unterschiedliche Garzeiten, einige müssen vorab eingeweicht werden, andere sind nach 20 Minuten gar. Manche Linsen, etwa gelbe und rote, zerfallen zu einer breiigen Konsistenz. Sie sind gut in indischen Dahls oder Eintöpfen. Andere bleiben rund und fest, wie Belugalinsen, dadurch passen sie perfekt in Bowls und Salate.

GRÜNKOHLSALAT

Vitamine und Ballaststoffe

mit Hirse und Linsen

Für 2 Personen
20 Min. Zubereitung
Pro Portion ca. 600 kcal, 24 g E, 37 g F, 43 g KH

90 g Goldhirse
100 g Grünkohl
100 g TK-Erbsen
½ Dose braune Linsen (ca. 130 g Abtropfgewicht)
100 g Schafskäse (Feta)
2 EL Mandeln
3 EL Olivenöl
2 EL Zitronensaft
Salz

1. Hirse heiß abspülen, dann mit 180 ml Wasser in einem Topf aufkochen und 5 Min. garen. Vom Herd nehmen und ausquellen lassen. Inzwischen den Grünkohl waschen, die Blätter vom Strunk trennen und klein zupfen. Die Erbsen in kochendem Salzwasser 2 Min. blanchieren. In ein Sieb abgießen und in Eiswasser abschrecken.

2. Die Linsen in ein Sieb abgießen, mit kaltem Wasser abspülen und abtropfen lassen. Den Schafskäse klein würfeln. Die Mandeln in einer Pfanne ohne Fett bei mittlerer Hitze goldbraun rösten. Herausnehmen und grob hacken.

3. Die Erbsen mit 2 EL Olivenöl, 1 EL Zitronensaft und ½ TL Salz in einen hohen Rührbecher geben und mit dem Pürierstab fein-cremig pürieren. Restliches Öl, übrigen Zitronensaft und etwas Salz in eine Schüssel geben und mit einem Schneebesen glatt verquirlen. Den Grünkohl zugeben und gründlich mit dem Dressing vermengen.

4. Die Hirse mit den Linsen mischen und auf Tellern verteilen. Den Grünkohl darüber geben. Die Erbsencreme mit einem Esslöffel darüber tupfen und alles mit den gerösteten Mandeln und Schafskäsewürfeln bestreut servieren.

SCHWARZWURZELSUPPE

Cremig

Für 4 Personen
40 Min. Zubereitung
25 Min. Kochen
Pro Portion ca. 165 kcal, 5 g E, 11 g F, 12 g KH

250 ml Milch
500 g Schwarzwurzeln
200 g mehligkochende Kartoffeln
1 Lorbeerblatt
400 ml Gemüsebrühe
3 TL Zitronensaft
Vanillesalz (alternativ Meersalz)
Pfeffer
frisch geriebene Muskatnuss
Cayennepfeffer
100 g Sahne
Pesto genovese (nach Belieben)

1. Die Milch zusammen mit 250 ml Wasser in einen Suppentopf geben und verrühren. Die Schwarzwurzeln unter fließendem Wasser schälen (Einweghandschuhe verwenden!), in Stücke schneiden und sofort in die Milch legen.

2. Kartoffeln schälen, in Stücke schneiden und mit dem Lorbeerblatt zu den Schwarzwurzeln geben. Alles aufkochen. Das Gemüse zugedeckt in ca. 25 Min. weich garen.

3. Das Lorbeerblatt entfernen und das Gemüse mit dem Pürierstab fein pürieren, dabei so viel Brühe zugeben, dass die Suppe cremig-leicht ist. Mit Zitronensaft, Vanillesalz, Pfeffer, Muskat und Cayennepfeffer würzen.

4. Die Sahne schlagen und unter die Suppe rühren. Die Suppe auf Suppenschalen verteilen und jede Portion nach Belieben mit etwas grünem Pesto anrichten.

SAUERKRAUT-PUFFER

Top Vitamin-C-Lieferant

mit Feldsalat und Lachs

Für 2 Personen

30 Min. Zubereitung

Pro Portion ca. 620 kcal, 20 g E, 40 g F, 31 g KH

125 g frisches Sauerkraut
300 g vorwiegend festkochende Kartoffeln
1 Ei (M)
1 EL Vollkorn-Dinkelmehl
Salz
Pfeffer
6 EL Rapsöl zum Braten
100 g Feldsalat
1 kleiner Apfel
2 EL saure Sahne
2 EL Zitronensaft
4 EL Milch (1,5 % Fett)
100 g Graved Lachs (in dünnen Scheiben)

1. Sauerkraut gut ausdrücken. Die Kartoffeln schälen, waschen, trocken tupfen und grob raspeln. Die Raspel gut ausdrücken, dann mit dem Sauerkraut, Ei und Mehl gründlich mischen, salzen und pfeffern.

2. Backofen auf 80° vorheizen. Das Öl in einer großen beschichteten Pfanne erhitzen. Die Kartoffel-Kraut-Masse portionsweise in zehn bis zwölf esslöffelgroßen Portionen in die Pfanne geben und flach drücken. Die Puffer bei mittlerer bis großer Hitze in 3–4 Min. goldbraun braten, wenden und in 2–3 Min. fertig braten. Auf einem mit Küchenpapier belegten Teller im Ofen warm halten.

3. Inzwischen den Feldsalat verlesen, waschen und gut abtropfen lassen. Apfel waschen, vierteln, entkernen und in kleine Würfel schneiden. Für das Dressing saure Sahne, Zitronensaft und Milch glatt rühren und mit Salz und Pfeffer abschmecken. Feldsalat und Apfelwürfel unter das Dressing mischen. Den Salat mit den Sauerkraut-Puffern sowie dem Graved Lachs anrichten und servieren.

KÜRBIS-KICHERERBSEN-CURRY

Indisch

Für 4 Personen
20 Min. Zubereitung
35 Min. Garen
Pro Portion ca. 270 kcal, 9 g E, 10 g F, 40 g KH

900 g Hubbard-Kürbis (ersatzweise grüner Hokkaido-Kürbis)
1 Stange Staudensellerie
1 dicke Möhre
1 Knoblauchzehe
1 Stück Ingwer (ca. 5 cm lang)
1 Dose Kichererbsen (400 g Abtropfgewicht)
2 EL Butterschmalz
1 ½ TL Currypulver
1 Dose stückige Tomaten (400 g)
Salz
Pfeffer
Zucker
½ TL Garam Masala

1. Kürbis schälen, putzen und das Fruchtfleisch (ca. 600 g) in ca. 2 cm große Würfel schneiden. Den Staudensellerie waschen und putzen, die Selleriestange längs halbieren und in kleine Stücke schneiden. Die Möhre schälen, längs sechsteln und ebenfalls in kleine Stücke (etwa so groß wie den Sellerie) schneiden. Knoblauch und Ingwer schälen und getrennt voneinander fein hacken. Die Kichererbsen in ein Sieb abgießen und abtropfen lassen, dabei das Einweichwasser auffangen.

2. Das Butterschmalz in einem Topf erhitzen. Sellerie, Möhre und Knoblauch darin bei mittlerer Hitze 3–4 Min. unter gelegentlichem Rühren andünsten. Kürbis und Ingwer zugeben, Currypulver darüberstäuben und alles unter Rühren ca. 2 Min. weiterdünsten. Tomaten und 100 ml Kichererbsenwasser zugeben, mit Salz und ½ TL Zucker würzen und alles bei mittlerer Hitze 20–25 Min. zugedeckt köcheln. Dabei gelegentlich durchrühren und bei Bedarf etwas Kichererbsenwasser nachgießen, sodass das Curry dickflüssig und sämig einkocht.

3. Die Kichererbsen und Garam Masala unterrühren und das Curry weitere 5–10 Min. zugedeckt garen, bis der Kürbis weich ist, aber nicht zerfällt. Das Curry mit Salz, Pfeffer, Zucker, Curry und Garam Masala abschmecken.

LINSEN-QUICHES *mit Debreziner*

Deftig

Für 12 Stück
35 Min. Zubereitung
30 Min. Ruhen
25 Min. Backen
Pro Stück ca. 280 kcal, 9 g E, 18 g F, 19 g KH

200 g Mehl
120 g kalte Butter
1 Ei
Salz
150 g Pardina-Linsen
150 g Debreziner Würste
150 g Sahne
2 Eier
2 TL süßer Senf
Pfeffer
1 EL Aceto balsamico
1 TL Honig

Außerdem
weiche Butter für die Form
Mehl zum Arbeiten

1. Für den Teig Mehl, Butter in Stückchen, Ei und ½ TL Salz in einer Rührschüssel mit den Knethaken des Handrührgeräts zu einem glatten Teig verkneten. Zu einer Kugel formen und zugedeckt 30 Min. kalt stellen.

2. Inzwischen für die Füllung die Linsen in einem kleinen Topf mit 450 ml Wasser bedecken, zum Kochen bringen und zugedeckt bei mittlerer Hitze ca. 35 Min. bzw. nach Packungsanweisung garen. Währenddessen die Würste längs vierteln und quer in Stücke schneiden. Sahne, Eier und Senf in einem Rührbecher verquirlen und mit Salz und Pfeffer abschmecken. Die fertigen Linsen in ein Sieb abgießen und gut abtropfen lassen. Linsen mit Wurststückchen, Aceto balsamico und Honig mischen und mit Salz und Pfeffer abschmecken.

3. Die Mulden der Muffinform fetten. Den Backofen auf 200° vorheizen. Den Teig auf der leicht bemehlten Arbeitsfläche dünn ausrollen und daraus zwölf Kreise mit je ca. 12 cm Ø ausstechen. Die Teigkreise in die Mulden der Form legen und mehrmals einstechen. Die Linsenmischung in die Teigkörbchen geben und den Guss darauf verteilen. Die Quiches im heißen Backofen (unten) in 20–25 Min. goldbraun backen, kurz ruhen lassen, aus der Form lösen und am besten lauwarm servieren.

SERVICE & ADRESSEN

REGIONALE ERNÄHRUNG

Foodsharing e. V.
Die Initiative setzt sich für weniger Lebensmittelverschwendung ein. Dazu rettet sie Lebensmittel aus Privathaushalten und Betrieben und verteilt sie weiter. Auch die Fairteiler sind eine Idee des Netzwerks: frei zugängliche Regale und Kühlschränke mit geretteten Lebensmitteln für alle.
www.foodsharing.de

Marktschwärmer
Hochwertige Lebensmittel aus der Region – im Internet bestellen, zentral abholen und noch den Erzeuger kennenlernen.
www.marktschwaermer.de

Mikro Landwirtschaft – gemeinschaftlicher Gemüseanbau e. V.
Alles über gemeinschaftliches Gärtnern, Mietäcker, Saisongärten und Co.
www.mikrolandwirtschaft.org

Netzwerk der Ernährungsräte
Bundesnetzwerk der Ernährungsräte Deutschlands. Für mehr Einfluss und Mitgestaltung kommunaler Ernährungssysteme.
www.ernaehrungsraete.org

Regionalwert Impuls GmbH
Dachorganisation der bestehenden Regionalwert AGs. Idee: Aktien kaufen und damit regionale, nachhaltige Landwirtschaft fördern.
www.regionalwert-impuls.de

Solidarische Landwirtschaft (SOLAWI)
In der Solidarischen Landwirtschaft tragen mehrere private Haushalte die Kosten eines landwirtschaftlichen Betriebs, wofür sie im Gegenzug dessen Ernteertrag erhalten.
www.solidarische-landwirtschaft.org

To Good To Go
Lebensmittel retten per App: lokal, lecker, Lebensmittelverschwendung reduzieren.
www.toogoodtogo.de

Zu gut für die Tonne
Bundesweite Strategie der Bundesanstalt für Ernährung und Landwirtschaft gegen Lebensmittelverschwendung. Fakten, Tipps und Materialien rund ums Thema Lebensmittelwertschätzung und -verschwendung.
www.zugutfuerdietonne.de

GESUNDE ERNÄHRUNG & GESUND LEBEN

Allergieinformationsdienst
Aktuelle, wissenschaftlich geprüfte Information aus allen Bereichen der Allergieforschung und Allergologie – verständlich aufbereitet.
www.allergieinformationsdienst.de

Bundeszentrum für Ernährung (BZfE)
Das Kompetenzzentrum und erste Anlaufstelle für Ernährungsfragen aller Art vermittelt neutrale, wissenschaftliche fundierte und praxistaugliche Informationen. Ins Leben gerufen vom Bundesministerium für Ernährung und Landwirtschaft.
www.bzfe.de

Deutscher Allergie- und Asthmabund (DAAB)
Umfassende, fundierte Informationen zu Allergien und Nahrungsmittelintoleranzen.
www.daab.de

Deutsche Allianz Klimawandel und Gesundheit (KLUG)
Netzwerk aus Gesundheitsakteuren, die Impulse und Ideen geben, vernetzen und vermitteln zur Korrelation von Klimawandel und Gesundheit. Verständliche Hintergrundinformationen beispielsweise zu Hitzewellen.
www.klimawandel-gesundheit.de

Deutsche Allianz nichtübertragbare Krankheiten (DANK)
Netzwerk, dass sich für Prävention von Volkskrankheiten wie Krebs, Diabetes oder Fettleber einsetzt. Aktuelle Informationen und Stellungnahmen zu Entwicklungen im Gesundheitssektor, beispielsweise Zuckersteuer.
www.dank-allianz.de

Deutsche Gesellschaft für Ernährung e. V. (DGE)
Hauptgesellschaft für Ernährungswissenschaft in Deutschland. Wissenschaftliche Informationen u. a. zu Nährwertbedarfen.
www.dge.de

Kneipp-Bund e. V.
Alles rund ums Kneippen, inklusive Hotelsuche, Kneipp-Tipps für daheim oder für Kinder.
www.kneippbund.de

Die

AUTORIN

Sarah Schocke

»

Als Ökotrophologin ist gesunde Ernährung für mich fester Bestandteil eines gesunden Lebens. Das bedeutet keinesfalls Verzicht, sondern Ausgewogenheit. Wie das im Einzelnen aussehen kann, beschreibe ich in diesem Buch rund ums Jahr. So hat jeder die Chance, Monat für Monat etwas für sich zu tun und einen anderen Aspekt von gesunder Ernährung kennenzulernen. Gerne unterstütze ich GU dabei, Chancengeber zu sein. Seit 300 Jahren steht das Traditionshaus für fundierte, alltagstaugliche Ratschläge, die einen durchs Leben führen. Für das Jubiläumsjahr begleite ich Sie jeden Monat durch ein zentrales Ernährungs- oder Gesundheitsthema.

Mehr erfahren unter:
www.alexundsarah.de
www.familien-essen.de

«

S

T

U/V

W

Z

Wichtiger Hinweis
Die Gedanken, Methoden und Anregungen in diesem Buch stellen die Meinung bzw. Erfahrung der Verfasserin dar. Sie wurden von der Autorin nach bestem Wissen erstellt und mit größtmöglicher Sorgfalt geprüft. Sie bieten jedoch keinen Ersatz für persönlichen kompetenten medizinischen Rat. Jede Leserin, jeder Leser ist für das eigene Tun und Lassen auch weiterhin selbst verantwortlich. Weder Autorin noch Verlag können für eventuelle Nachteile oder Schäden, die aus den im Buch gegebenen praktischen Hinweisen resultieren, eine Haftung übernehmen.

IMPRESSUM

LIEBE LESERINNEN UND LESER,

wir wollen Ihnen mit diesem Buch Informationen und Anregungen geben, um Ihnen das Leben zu erleichtern oder Sie zu inspirieren, Neues auszuprobieren. Wir achten bei der Erstellung unserer Bücher auf Aktualität und stellen höchste Ansprüche an Inhalt und Gestaltung. Alle Anleitungen und Rezepte werden von unseren Autoren, jeweils Experten auf ihren Gebieten, gewissenhaft erstellt und von unseren Redakteur*innen mit größter Sorgfalt ausgewählt und geprüft.

Haben wir Ihre Erwartungen erfüllt? Sind Sie mit diesem Buch und seinen Inhalten zufrieden? Wir freuen uns auf Ihre Rückmeldung. Und wir freuen uns, wenn Sie diesen Titel weiterempfehlen, in Ihrem Freundeskreis oder bei Ihrem Online-Kauf.

Sollten wir Ihre Erwartungen so gar nicht erfüllt haben, tauschen wir Ihnen Ihr Buch jederzeit gegen ein gleichwertiges zum gleichen oder ähnlichen Thema um.

KONTAKT ZUM LESERSERVICE

GRÄFE UND UNZER VERLAG
Grillparzerstraße 12
81675 München
www.gu.de

Ein Unternehmen der
GANSKE VERLAGSGRUPPE

GU ist eine eingetragene Marke der GRÄFE UND UNZER VERLAG GmbH, www.gu.de

ISBN 978-3-8338-8242-5
1. Auflage 2022

Projektleitung: Nikola Teusianu
Lektorat: Dr. Stefanie Gronau, Franziska Sorgenfrei
Korrektorat: Annette Hartwig
Bildredaktion: Henrike Schechter
Umschlaggestaltung und Layout: ki 36 Editorial Design, Petra Schmidt, Bettina Stickel
Herstellung: Susanne Fuhrmann
Satz: Longo AG, Bozen
Repro: Longo AG, Bozen
Druck & Bindung: aprinta GmbH, Wemding

Umwelthinweis:
Nachhaltigkeit ist uns sehr wichtig. Der Rohstoff Papier ist in der Buchproduktion hierfür von entscheidender Bedeutung. Daher ist dieses Buch auf PEFC-zertifiziertem Papier gedruckt. PEFC garantiert, dass ökologische, soziale und ökonomische Aspekte in der Verarbeitungskette unabhängig überwacht werden und lückenlos nachvollziehbar sind.

Die GU-Homepage finden Sie unter www.gu.de

Bildnachweis:
Cover: Stockfood
Icons: The Noun Project
123 RF: S. 22 o., 42 o., 87 o., 87 mi., 107 o., 128 o., 129 o., 148 u., 166 o., 166 u., 167 o., 167 u., 186 u., 187 u., 204 o., 205 m., 205 u., 223 o., 223 u., 244 o., 245 o;
Adobe Stock: S. 22 u., 23 u., 42 o., 42 u., 66 o., 80, 82, 86 o., 87 u., 99, 106 o., 106 u., 107 u., 120, 122, 127 o,. 147 u., 148 o., 149 m., 160, 166 m., 186 o., 187 o., 204 u., 222 o., 222 u., 245 u.;
Andreas van Art: S. 59;
Getty Images: S. 165;
Gräfe und Unzer Verlag: S. 90, 93, 229 (Mona Binner); S. 48 (Barbara Bonisolli); S. 45, 246 (Becca Crawford); S. 190, 208, 211, 224 (Vivi d'Angelo); S. 237 (Sabrina Sue Daniels); S. 173 (Tina Engel); S. 30 (Fotostudio Eising); S. 102, 161, 192, 217, 250 (Grossmann&Schürle); S. 24, 26, 27, 49, 70, 73, 89, 110, 113, 130, 132, 150, 189, 228 (Julia Hoersch); S. 227 (Ulrike Holsten); S. 46, 112, 131, 169, U4 li. (Silvio Knezevic); S. 28, 162 (Kramp & Gölling); S. 54, 68, 71, 108, 109, 134, 135, 151, 188, 207, 251 (Coco Lang); S. 172 (Jana Liebenstein); S. 12 (Mader&Schmid); S.193 (Mathias Neubauer); S. 2/3, 29, 34, 72, 153, 168, 226, 247 (Wolfang Schardt); S. 37 (Anke Schütz); S. 15, 22 o., 44, 128 u., 152 (Nicky Walsh); S. 88, 170, 206, 210, 248 (Katrin Winner); S. 92 (Michael Wissing);
iStockphoto: S. 4, 17, 19, 23 m., 38, 39 o., 39 u., 42 u., 57, 65, 74, 79, 85, 86 u., 94, 119, 123, 126, 127 u., 129 u., 147 o., 181, 185, 186 u., 194, 201, 219, 220, 230, 234, 238, 242, 244 u., U4 re.;
Sarah Kastner: S. 6, 253;
mauritius images: S. 144, 174, 178;
plainpicture: S. 136;
Privat: S. 140;
Sarah Schocke: S. 40
Season Agency: S. 63
shutterstock: 67 o., 67 u., 105, 148 o., 148 u., 205 o.;
Stockfood: S. 50, 101, 114, 124, 142, 241;
Stocksy: S. 8, 21, 66 u., 146, 154, 159, 212

Syndication: www.seasons.agency